U0927383

丛书主编　曾天山　陈才明

G20 国家教育研究丛书

芬兰基础教育

康建朝　李　栋　著

同濟大學出版社
TONGJI UNIVERSITY PRESS

图书在版编目(CIP)数据

芬兰基础教育/康建朝,李栋著. --上海:同济大学出版社,2015.8

(G20 国家教育研究丛书/曾天山,陈才明主编.第1卷,基础教育卷)

ISBN 978-7-5608-5924-8

Ⅰ.①芬… Ⅱ.①康… ②李… Ⅲ.①基础教育—研究—芬兰 Ⅳ.①G639.531

中国版本图书馆 CIP 数据核字(2015)第 182313 号

G20 国家教育研究丛书

芬兰基础教育

康建朝　李　栋　著

责任编辑 陈佳蔚　**责任校对** 徐春莲　**封面设计** 王国樑　**出版策划** 曹　建

出版发行　同济大学出版社　www.tongjipress.com.cn

(上海市四平路 1239 号　邮编 200092　电话 021-65985622)

经　　销　全国各地新华书店

印　　刷　大厂回族自治县祁各庄乡冯兰庄兴源印刷厂

开　　本　710 mm×1 000 mm　1/16

印　　张　17.75

字　　数　355 000

印　　数　5 001—8 000

版　　次　2015 年 8 月第 1 版　2019 年 3 月第 2 次印刷

书　　号　ISBN 978-7-5608-5924-8

定　　价　80.00 元

G20国家教育研究丛书
基础教育编委会

丛书主编

曾天山　　陈才明

执行主编

王　素　　朱维炳

分册主编

（按姓氏笔画为序）

冯俊华　　刘定鸣　　朱俊红　　肖　京
杨　明　　郑武天　　郭晋保　　徐钦福
徐晓蓉　　曹　岩　　喻　进

特约编辑

（按姓氏笔画为序）

计　琳　　宋旭辉　　沈勉荣　　张国强
陆志丰　　顾晓寒

视觉设计

王国樑

统　筹

陈征峰　　顾根荣　　谢　震　　郑　伟

资　助

上海文帆教育科技发展有限公司

序

“G20国家教育研究”丛书已经部分出版了，这套丛书由基础教育、大学教育、职业教育及幼儿教育四卷组成，已经出版的是“基础教育卷”部分，是一套分量不轻的丛书。

这套丛书首先引起我关注的是研究对象。从国内外来看，把G20国家的教育作为研究课题，将世界教育的发展情况进行系统的、全面的、集中的比较研究的丛书，目前尚未发现。G20，即20国集团，由美、俄、英、法、德、日本、意大利、加拿大8个发达国家，加上中国、阿根廷、澳大利亚、巴西、印度、印度尼西亚、墨西哥、沙特阿拉伯、南非、韩国、土耳其11个新兴工业国家以及欧盟组成。G20总人口约40亿，GDP占全球经济的90%，贸易额占全球的80%。G20教育发展的情况，一定程度上代表了世界教育的发展趋势和方向。其发展过程中的得与失，可为中国的教育改革向纵深发展提供可资借鉴的经验。由此可以说，出版发行这样一套书很有必要，也应该关注。

这套丛书的构思，不拘泥于国别的研究，它把国别教育的变革与发展放在全球化、信息化的大背景下展开，并与国际教育潮流有机地结合起来，使本丛书具有21世纪的时代特征。

从国别教育(基础教育部分)所写的内容来看，是比较丰富多彩的。它既有史诗般的展开，又有现实改革中的各种举措；既有各国改革的共同关注方面，又有各国在改革中的重点、特点和亮点。编写的内容比较全面、系统，涵盖了招生考试制度的改革、学校管理、教师队伍的建设、课程设置和教育装备等诸多方面。

其次，编写基础教育部分的作者是中国教育科学研究院和部分高等院校的中青年理论研究者，他们都在所著书的国家生活、学习、工作过，了解、熟悉编写所在国的基础教育的状况及发展趋势。这是一件可喜的事情，我国教育理论队伍亟须不断壮大并注入新鲜血液，需要大量的新生力量参与，才会显得更有朝气、更有活力。我衷心希望这支队伍能真正成为有战斗力的教育理论队伍中的生力军。

第三，引起我关注的是此丛书可资借鉴的积极意义。当前，教育资源在全球进行配置，教育要素在全球加速流动，世界各国教育相互影响、相互依存的程度不断提高，各国教育相互交流、相互竞争、相互包容、相互激荡，共同促进世界的繁荣和发展。各国在人才培训目标的确定、教育内容的选择以及教育手段和方法的采用等方面，不仅要满足来自本国、本土化的要求，而且还要适应国际间产业分工、贸易互补等经济、文化交流与合作的新形势。各国都想充分利用国内和国际两个教育市场，优化配置本国的教育资源和要素，抢占世界教育的制高点，培养出在国际上有竞争力的高素质人才，为本国的最高利益服务。

党的"十八大"以来，习近平总书记对教育工作作出了一系列重要论述，深刻阐明了新时期我国教育改革发展的重大理论和实践问题，丰富发展了中国特色社会主义教育理论，这是推进教育事业改革发展的强大思想武器。这些重要论述揭示了教育的本质属性，阐明了教育在实现中国梦伟大征程中的重要作用和战略地位。

中国自古以来就是一个教育大国，先人为我们留下了极其丰富的办学、治学遗产，我们一定要把扎根于祖国大地的这份遗产中最精华部分传承、发扬、光大。只有坚持从历史走向未来，从延续民族文化血脉中开拓前进，才能做好今天的事业。

然而，要坚守传承民族教育文化精华，还必须要有国际视野。所以，我们必须坚持改革开放。深化教育改革要有全球的视野，海纳百川，兼收并蓄，吸收国际先进经验，为我所用，推动我国教育事业健康发展。当今世界各国无不把教育改革与创新作为应对时代挑战和提高竞争力的重要举措，"提高质量，促进公平，推动发展"已成为许多国家教育改革的共同主题。在各国教育发展过程中，没有哪国的教育发展不需要参考和借鉴其他国家的经验。为此，我们希望有一套丛书来全景式地展示世界各国教育的现状、改革举措和教育成果，为我们揭示世界教育的共同点,比较不同点,寻找各国教育改革得失的原因,提出可资借鉴的可行性建议,为我国教育工作者提供一套不出国门就能知晓全球教育的权威资料性丛书。我希望这套丛书能起到这个作用。

第四,此套丛书也是教师素养培训的好教材。如果说科教兴国是国家的基本国策,那么,教师就是教育事业之本。强国必强教,强教必强师,教育质量本质上是师资质量。一个庞大的教育体系,必须要有一支庞大且道德高尚、业务精良的教师队伍。因此,要加强教师的继续教育。在这里,我特别强调一点,要大力提倡教师多看书,多读书,阅读是教师职业的本能。有了教师大量的阅读,才能对学生进行"传道、授业、解惑"。尤其在今天这个知识不断更新的时代,更要不断吸收新营养,来充实自己。此套丛书可以拓展教师的眼界,为其教育、教学和科研工作提供可资借鉴的经验,吸收营养,加强理论修养,提高业务水平。中国知识分子历来有手不释卷的习惯,而现在很多年轻人却手不释"机"。我希望我们的教师能成为社会阅读的榜样,至少在学校里为学生做一个努力阅读的楷模。当然,我们所有的教育工作者都应该如此。

最后,我要感谢"G20 国家教育研究"丛书的策划者、组织者、编写者以及出版者,感谢他们经过数年潜心研究,为我国基础教育推进国际化进程,融入全球化,加强国际教育文化交流,奉献了这样一套有时代意义的丛书。

郝　平

(作者为教育部副部长)

Brief Summary of 'Basic Education in Finland'

Basic education in Finland is sound, which should be attributed to the Program for International Student Assessment (PISA) sponsored by the Organization for Economic Cooperation and Development (OECD). Basic education in this country strives for quality on the basis of fairness and efficiency. Finland, in fact, holds first place in the world in basic education.

Since World War II, the country has continued to promote development and reform of education slowly but firmly. Radical changes are always an inevitable result of long-term reform and development, instead of short-term reform launched by some leader or party.

This book seeks to provide a systematic introduction in nine chapters: Chapter I explores the development course of reform; Chapter II expounds the current situation of basic education, including educational concepts, systems and major elements; Chapter III reveals the salient features of basic education-fairness, quality, and efficiency by making multi-dimensional comparison and analysis of Finnish PISA results in the past; Chapter IV analyzes the basic education management at various levels; Chapter V provides a comprehensive introduction of basic education curriculum in this country from various perspectives including curriculum development, concepts, framework and formulation mechanisms, management, implementation and evaluation; Chapter VI tries to show the basic education and teaching from various perspectives, such as transformation of teaching methods, teaching concepts, teacher's role, special courses, and so on, while summarizing the teaching features in this part of the world; Chapter VII presents a picture of the basic education assessment by introducing relevant assessment background, system structure, objects, standards, principles and the like; Chapter VIII explores teacher education development, teacher education enrollment, teachers' pre-service cultivation and in-service development, attraction of faculty positions and teacher's workload, and the characteristics of teaching; and Chapter IX mainly deals with the challenges currently facing basic education, development goals in the future and countermeasures to be adopted.

目录

引言

2001年,世界经济合作与发展组织(OECD)发布首届国际学生学业测试项目(Program of International Student Assessment, PISA)结果报告,自此,芬兰基础教育被公认为世界的佼佼者。在接下来的连续几届国际学生学业测试中,芬兰排名都名列前茅,这使其基础教育备受世人瞩目,被称作世界第一。芬兰基础教育取得的骄人成绩,使得每年都有成百上千来自不同国家的教师、校长、学者、官员、媒体记者等教育利益相关者,来到芬兰本土探寻教育成功的秘密。

在PISA2009、PISA2012中,中国上海、新加坡等亚洲地区或国家取得了优异成绩。虽然芬兰在PISA中的成绩排名有所下降,但仍然保持着较高的位置。如果不单从成绩高低来考量,而是结合不同学校之间的成绩差异、不同学生之间的成绩差异、学生家庭背景与其学业成就之间的关联强度、教育资源的投入与产出比等诸多更深层次的因素来综合考量,芬兰在PISA中的表现彰显其基础教育一直兼顾质量、公平与效率,在三者之间保持着较好的平衡。芬兰基础教育不以牺牲公平为代价来追求质量,不以牺牲质量为代价来追求效率,也不以牺牲质量与效率为代价来一味追求教育公平。芬兰基础教育追求的是公平基础上的质量,质量基础上的效率。从此意义上而言,芬兰基础教育世界第一仍然当之无愧,续写着教育领域的传奇。

然而,2000年之前,芬兰教育并无名气,其他国家也很少对其关注。尽管芬兰在国际语言素养测试中一直表现不错,但其在1962—1999年间有关数学和科学素养的国际测试中向来表现平平。

芬兰教育是如何发生巨变的?有学者认为,尽管芬兰教育在2000年之前表现平平,但自二战结束之后的几十年中,芬兰教育改革和发展从未止步,步履缓慢却很坚定，教育发生巨变是长期改革发展的必然结果，而不是由某个领导者或政党发起的疾风骤雨式的短期改革所带来的偶然结果。

有学者认为芬兰教育成功与其特定的历史和文化有着密不可分的联系，其他国家未必能从芬兰学习到适合他们国家的经验。比如，持此种观点的人认为，芬兰民族构成相对单一化，从而使其国家文化具有高度同质性，这是很多国家不具备的。然而，事实上这些年来芬兰的外来移民在不断增加，赫尔辛基某些学校移民学生甚至占到近一半的比例。有人认为，芬兰教育成绩与其发达的经济，尤其是蓬勃发展的IT产业分不开。但他们忽略的是，芬兰的生均支出实际上低于美国等一些发达国家。有人认为，芬兰之所以取得如此优异的教育成绩，是因为中小学教师是芬兰当前最受欢迎的职业之一，因此高校教师教育专业吸纳了最优秀的高中毕业生，从而使得芬兰拥有高质量的师资。然而，这些人却没有认识到，历史上芬兰的教师职业并未如此受欢迎，这些都是芬兰采取了一些实质性的教育改革措施并经由时间积累才取得的良好局面。

二战后，尤其从20世纪六七十年代起，芬兰自上而下发起了初等和中等教育改革，历经数十载，经由诸多教育政策出台和实施，同时伴随整个国家经济、政治与文化的不断变迁，逐步推进教育改良，使得教育不断改头换面、日新月异，从保守、落后、等级森严、质量不高走向开放、发达、公平和质量并行，并最终取得令世人瞩目的成绩。

纵观芬兰基础教育改革发展历程，其之所以取得卓著成绩得益于以下四大方面因素：

首先，芬兰20世纪六七十年代对过去不公平、人才培养效率不高的基础教育体制做了根本性调整，创立了综合学校（英语：Comprehensive School；芬兰语：Peruskoulu），从而使得所有学生都能享受高质量的公立教育。这种高质量的公立教育不仅包括高质量的教学，而且包括学生指导、健康养护、营养供给，以及其他针对有需要的学生所提供的专门服务。综合学校的成立与发展，对芬兰教育取得成功起到重要作用。为所有学生提供最好的学校教育，日渐成为芬兰教育的根本宗旨。

其次，芬兰教育改革是逐步推进的而非疾风骤雨的突变。从改革之初，芬兰教育利益相关者就达成共识——没有一蹴而就的变革能为所有学生带来优质教育，目光短浅的改革难以持续。因此，芬兰教育一直在学习中推进变革，在变革中进一步学习。

再次，芬兰政治、文化、经济等诸多社会因素共同促使教育取得成功。芬兰高速发展的经济、健全的公共服务、严格公正的法律制度、清正廉洁的政府、福利社会理念等多重因素都对教育成功起到一定的推动作用。

最后，稳定的政治环境也是芬兰教育逐步取得成功的关键因素。芬兰的教育改革往往以坚定的长远规划为基础，然后各方教育利益相关者在达成共识的基础上，对改革目标抱有良好期望，充分发挥专家学者的智慧，采取坚定有力的实际措施，来确保教育规划不断落实，从而有效减少了政策频繁更迭给教育发展带来的损害。

芬兰基础教育改革发展经验及当前课程设置、教学、学生评价等教育理念与特点，有很多值得我们学习借鉴之处。我国台湾学者对芬兰基础教育研究相对多一些，大陆学者对芬兰基础教育的系统研究较少。

本书尝试对芬兰基础教育开展较为系统的研究。全书共分为九章：第一章对芬兰基础教育在过去几十年的改革发展历程做了探索；第二章对芬兰基础教育理念、体系、要素等现状做了阐述；第三章通过对芬兰与其他主要国家在历届PISA测试中的表现进行多维比较分析，总结出芬兰基础教育公平、质量、效率三足鼎立的优秀特质，并对其一再创造并保持教育奇迹的多方面原因进行追问；第四章对芬兰国家、地区、地方、学校等多个层面的基础教育管理做了阐述和分析，并对校长、教师、学生与学校管理之间的关系做了探讨；第五章从基础教育课程权力发展演变，课程理念根基，当前课程权力架构与生成机制，课程管理、实施与评价体系等多个侧面对芬兰基础教育课程进行了全方位透视；第六章从教学方式变革、教学理念、教师在教学中的角色、特色课程教学等多个角度对芬兰基础教育教学展开剖析，并对芬兰教学特点做了提炼；第七章从评估背景，评估系统架构，国家、地方及学校层面的评估对象、标准、原则等维度，对芬兰基础教育评估进行立体描绘，并由此得出一些有益启示；第八章从教师教育变革历程、教师教育专业招生、教师职前培养与在职发展、教师吸引力及工作负担、教师教学特点等多个侧面对诸多学者所认为的芬兰基础教育成功至关重要的保障因素——高质量的教师资源进行全方位探秘;第九章主要对芬兰基础教育当前所面临的诸多挑战及未来发展目标与对策做了阐释。

希望本书能为我国基础教育改革发展提供一些来自芬兰的启示,同时也为有志于了解和学习芬兰基础教育经验的同仁提供一些有价值的信息。

第一章

芬兰基础教育改革

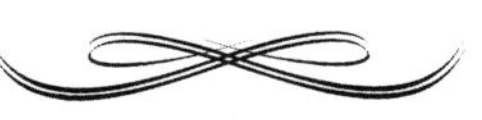

二战后，尤其从20世纪六七十年代起，芬兰自上而下发起了初等和中等教育改革，历经数十载，经由诸多教育政策出台和实施，同时伴随整个国家经济、政治与文化的不断变迁，逐步推进教育改良，使得教育不断改头换面、日新月异，从保守、落后、等级森严、质量不高走向开放、发达、公平和质量并行，并最终取得令世人瞩目的成绩。

第一节 二战后初期:保守落后的教育体系开始向教育公平化改革迈进

应当说，二战后初期，芬兰教育既不公平又不发达，当时的教育系统只能满足传统的、闭塞保守的、等级森严的农业社会对劳动力的需求，而不能满足现代工业社会对人才的需求。尽管当时芬兰仍属于农业社会，但工业化和城市化进程已明显开始。

1950年左右，芬兰大部分学生只能接受六年初等教育，只有那些生活在乡镇或城市的学生才有机会进一步接受中等教育。当时芬兰中等教育分为明显的两轨：一轨是某些城市所开办的公民学校，只提供二至三年的初中教育；另外一轨是文法学校，提供五年的初中教育。从公民学校毕业的学生，大部分只能结束学业，只有极少数生活在大城市的幸运儿才能进一步接受一定的职业教育。而从文法学校毕业的学生，一般都能进一步接受学术性质的高中教育，并最终升入大学。

1945年芬兰首届议会选举中，社会民主党、中间党和共产党三大党派基本各占三分之一席位。多党制使得国家重大政策推进，要以各党派达成一致意见为基础。当时多个党派一致认为芬兰教育系统亟须重建并走向现代化，而且特别注重推进教育公平改革。

二战之后，芬兰几届议会先后两次成立教育改革委员会，议会委任他们出谋划策，设计教育改革方案，以更好地赢得公众支持和凝聚政治共识，来推进教育系统改革调整，更好地满足广大民众对公平的受教育机会的需求。除了推进教育公平，教育改革还旨在为国家经济迅速发展培养所需人才，同时通过教育改革更好地宣扬传播民主政治理念，使青年人成为合格的国家公民。

第一个教育改革委员会成立于1945年，主要关注初等学校课程和教学改革。它反对芬兰传统学校所采取的刻板僵化的教学方式，主张更加人性化，更加强调学生中心的课程和教学模式，令人耳目一新。该委员会在芬兰300所学校中组织实施了课程和教学模式改革试验，为教育研究如何引领教育政策发展提供了可资借鉴的经验。

第二个教育改革委员会成立于1946年，主要关注教育组织体系改革。它试图对芬兰传统的不公平的教育体制进行颠覆，倡导推行为所有学生提供1—8年级学校教育的综合学校模式。然而，该委员会向议会提交的教育改革方案，受到大学以及文法学校等诸多教育利益相关者的强烈反对，从而未能付诸实践。

虽然大的教育教育结构变革还未获得普遍支持，但教育改革动向已经非常明显，教育公平性明显增加。1955—1956年，就读文法学校的学生只有34 000名，而5年之后，人数飙升至215 000名，1965年达到270 000名，1970年高达324 000名。[1]就读文法学校的人数有如此迅速的增长，主要得益于很多私立的文法学校，它们从1950年左右开始受到政府资助，并接受政府统一管理。数字的迅速增长表明芬兰普通民众对教育机会有着强烈渴求，同时芬兰议会和政府也支持民众的渴求。

第二节　20世纪60年代初期到80年代中期：教育进行大刀阔斧的公平与质量改革

一、教育改革的背景

1. 政治

20世纪60年代芬兰政治最大的变化在于左派政党力量加强，并在1966年

---

〔1〕 Finland: Slow and Steady Reform for Consistently High Results [M]// OECD. Strong Performers and Successful Reformers in Education: Lessons from PISA for United States. Paris: OECD Publising, 2001.

议会选举中争取到多数席位。当时社会民主党成为议会第一大党，其次为芬兰人民主党。以左派政党力量为主的芬兰政府将教育公平化改革作为首要目标。

这一时期，芬兰工会组织日益发展壮大。20世纪60年代之前，只有18%的劳动者加入工会组织，而到70年代，这一比例增至43%。[1] 工会组织不再仅关注工资问题，而且要求像瑞典这种福利国家的工会组织一样获得教育、医疗等公共服务政策方面的发言权。芬兰工会组织越来越多地参与到社会改革与法律制定工作之中，扮演起日益重要的政治角色。工会组织特别关注由社会阶级差异导致的劳动者子女受教育机会的不公平性，发动劳动者支持左派政党对教育体系进行公平化改革。如当时的教师协会，20世纪70年代中期已经有权决定教师是否配合参与某项教育实验，在教育改革和教育政策发展发面具备强有力的话语权。

2. 经济

二战后芬兰需要赔付大量战争赔款，这种经济压力反而刺激其经济加速了多元化与工业化进程。传统上芬兰工业以木材加工为主，二战后初期钢铁工业迅速成为主导。与此同时，战后土地大规模重新分配也加强了传统的农业经济基础。战后芬兰将12%的国土割让给苏联，使得芬兰政府需要重新安置原本生活在这些国土上的约10%国民。政府将3万平方千米土地重新分配给这些国民，建立起约10万个农场。这些农场大部分规模较小，归私人所有，在很大程度上解决了大量人口需要重新就业的问题。[2]

然而，总的来看，20世纪50年代芬兰工业化进程突飞猛进，工业产值占GDP比重不断增加，而农业产值占GDP比重不断下降。到20世纪60年代初期，芬兰已经步入工业化国家行列并将经济发展作为国家首要目标。农业经济难以吸收越来越多的就业需求，传统的小型农场经济日益衰落。以林业加工和

〔1〕 Erkki Aho, Kari Pitanen & Pasi Sahlberg. Policy Development and Reform Principles of Basic and Secondary Education in Finland since 1968 [M]. Washington, D. C.: The Word Bank publishing, 2006: 72.

〔2〕 Erkki Aho, Kari Pitanen & Pasi Sahlberg. Policy Development and Reform Principles of Basic and Secondary Education in Finland since 1968 [M]. Washington, D. C.: The Word Bank publishing, 2006: 27-28.

钢铁加工为主的工业高度自动化与现代化，只能吸纳少数人就业。越来越多的农村人口放弃经营农场，大量涌入城市的服务行业寻找工作机会。芬兰第三产业高速发展，亟须培养更为多元化的人才。

芬兰传统上将社会支出视为一种削弱国家生产力的因素，但20世纪60年代这一观点发生改变。芬兰一些社会学家和经济学家开始认识到，社会支出能够刺激消费，从而在一定程度上增加生产力。这种观点得到经济领导者和政策制定者越来越多的认可。与此同时，人力资本理论开始受到芬兰学者青睐，发展教育被认作最好的人力资本投资。

3. 文化

二战之前及二战后初期，传统文化价值观占据芬兰社会主流，如人人争做守法好公民、权威至上、等级观念、集体主义、注重社会地位与形象、爱国精神等。但到20世纪六七十年代，越来越多的学术青年与大学生开始批判与颠覆传统文化价值观。同时期，芬兰和世界其他一些国家一样兴起了和平运动，这是一种以维护和平为宗旨的超越阶级、民族、国家界限的社会运动，如反对美国军队参加越战、呼吁裁军等。避孕药物的兴起及社会传统习俗的变迁，促使年轻人性观念日益开放。芬兰老一辈人更加看重个人对集体的责任，与他们不同，芬兰年轻人日益崇尚个人主义和个人自由。

电子媒介在社会文化价值观变迁过程中扮演了重要角色。20世纪60年代，芬兰电视机数量由10万台暴增至100万台。[1] 1965年，芬兰最大的广播电视公司开始使用收音机和电视机，播报激烈的社会评判性观点，促使芬兰传统文化价值观被新兴的文化价值观所代替。

4. 人口

芬兰在20世纪60年代之前的长时期内，城市人口基本占30%，乡村人口基本占70%，城市人口在逐步增加，但幅度不大(表1-1)。步入60年代之后，芬兰城市化进程加快，大量乡村人口涌入城市，城市人口大幅增加，到70年代开始

〔1〕 Erkki Aho, Kari Pitanen & Pasi Sahlberg. Policy Development and Reform Principles of Basic and Secondary Education in Finland since 1968 [M]. Washington, D. C.: The Word Bank publishing, 2006: 33.

超过乡村人口。人口迅速城市化,亟须教育做出根本性变革来适应这种变化。

表 1-1 1940—1995 年芬兰城市和乡村人口比例变化情况〔1〕

年份	城市人口百分比	乡村人口百分比	人口总量/百万
1940	26.8%	73.2%	3.695
1950	32.3%	67.7%	4.03
1960	38.4%	61.6%	4.446
1970	50.9%	49.1%	4.598
1980	59.8%	40.2%	4.788
1990	61.6%	38.4%	4.999
1995	64.6%	35.4%	5.117

5. 社会

20 世纪 50 年代开始,全力构建福利社会成为芬兰政治议程的重要组成部分。在构建福利社会方面,芬兰主要学习对象是瑞典。瑞典是构建福利社会的先行者与成功典范。20 世纪 60 年代,由芬兰赴瑞典寻找工作机会和更好的生活环境的人数多达 22 万。〔2〕 人口流动的增加使得芬兰和瑞典建立起越来越多的合作,从而可以更好地学习对方公共服务提供模式。推进教育公平化改革是构建福利社会的题中之义,综合学校改革在很大程度上学习了瑞典基础学校模式。

二、教育改革的内容

1. 综合学校体系

芬兰议会于 1960 年又成立了第三个教育改革委员会,该委员会极力倡导推行综合学校模式,为所有学生提供 1—9 年级的学校教育。它建议将芬兰传统的公民学校和文法学校融合形成综合学校,并由各市行政部门负责运营。该教育

〔1〕 Erkki Aho, Kari Pitanen & Pasi Sahlberg. Policy Development and Reform Principles of Basic and Secondary Education in Finland since 1968 [M]. Washington, D. C.: The Word Bank publishing, 2006: 26.

〔2〕 Erkki Aho, Kari Pitanen & Pasi Sahlberg. Policy Development and Reform Principles of Basic and Secondary Education in Finland since 1968 [M]. Washington, D. C.: The Word Bank publishing, 2006: 31.

体系改革方案引起很多有关教育核心价值理念的争议和讨论。有人认为,大部分学生具备同等的潜质,都能经由一定的学校教育达到理想的学业成就;有人认为,传统上就读公民学校的学生在学习能力上和就读文法学校的学生有本质差距,从而很难取得更高的学业成绩;有人认为,只有那些就读文法学校的少数学生才需要学习除芬兰语和瑞典语之外的其他语言,其他年轻人没必要学习;有人认为,芬兰国际化趋势已经很明显,亟须培养更多具备多种语言能力的人才;等等。

尽管这些争议和讨论非常激烈,但芬兰政府和整个社会已经明确要向经济竞争力更强、政治更加民主透明的现代型国家迈进,教育体系改革已成大势所趋,不可扭转。芬兰民众对社会和经济地位的公平诉求日益强烈,迫使议会尽快推进教育体系改革。在教育改革委员会大量实验和试点的基础上,同时广泛采纳基础学校校长、教师及普通民众意见,多方征求政治支持并达成政治共识,芬兰议会于 1963 年做出决定,彻底改革芬兰传统的双轨制的基础教育体系,将公民学校和文法学校进行融合,在全国范围内构建统一的综合学校体制。1968 年,芬兰议会将教育改革方案以法律形式确定下来。但改革直到 1972 年才正式开始实施,先从国家北部偏远地区开始,进而推进到东南部人口更为密集的城市地区。直到 1977 年南部最后一个城市建立综合学校,这场旷日持久的基础教育体系改革才基本完成。

这场改革之所以历时较长,因为综合学校体制改革牵涉诸多因素,正如芬兰教育专家、芬兰国际交流与合作中心(Center for International Mobility, CIMO)前主任帕西·萨尔贝格(Pasi Sahlberg)所言:"综合学校改革并不是简单的学校组织结构改革,其背后所涉及的其实是学生的学习需求和学习能力等一系列教育核心理念和社会价值观念的总体变革。"[1]

朱卡·撒亚拉(Jukka Sarjala)曾于 1970—1995 年在芬兰教育部任职 25 年,后又担任国家教育委员会主任。他曾直接领导综合学校改革,如他所言:"我当时面临的挑战是制定科学合理的改革规划来确保综合学校体制落实到芬兰每个地区。很多地方政府对这项改革并不支持,因此需要立法来强制推行。对于习

〔1〕 Pasi Sahlberg. A Short History of Education Reform in Finland [J]. White Paper, 2009:6.

惯了传统教育体制的教师而言,这是一项重大而复杂的改革。他们习惯于按照能力高低将学生进行分组的教学模式,对于新的不对学生进行能力分组的教学模式感到无所适从。有些学校,数年之后才接受这样的改革。”[1]

综合学校教育体系改革初期,主要目的在于确保所有适龄儿童都能接受九年学校教育,而不论其父母社会经济背景如何。教育是免费的,全国所有综合学校所开设的课程是一致的。通过综合学校改革,芬兰不同地区间的基础教育不均衡状况也在很大程度上得以解决。

然而,综合学校改革面临一些实际困难,使其不得不在初期采取一些过渡性措施。传统上,公民学校和文法学校教师的教学能力有一定差异,学生的学习能力也有差异。综合学校改革将这两类学校在体系上融合在一起,给教师教学带来挑战,学习能力不同的学生由传统上接受不同的教育向接受相同的教育转变,使教师们无所适从。

为使教师更好地接受并适应综合学校改革,改革初期允许综合学校高年级(7—9 年级)按照能力和兴趣差异将学生分为不同的小组,分别开展初、中、高三种不同等级的教学。初级教学内容相当于传统上公民学校的教学内容,高级教学内容相当于传统上文法学校的教学内容。这意味着,那些接受高级教学内容的学生更有可能进一步接受更高阶段的普通教育或职业教育,而那些接受初级教学内容的学生接受更高阶段教育的可能性仍然较小。这使得综合学校内部实际上仍然存在双轨制教育体系。当时有相关调查指出,综合学校将学生按照不同能力分组的做法,实际上固化和加剧了芬兰不同地区、社会阶层及性别之间的不公平性。那些接受初级教学内容的学生,多为地处偏远地区、社会经济背景较差的学生。因此,允许综合学校高年级将学生进行能力分组的做法,本质上与综合学校改革的初衷相违背。

1977 年芬兰议会举行的关于教育政策的听证会上,主要议题聚焦于综合学校高年级阶段能否对学生进行能力分组。当时正在开展的《高中阶段教育发展

---

[1] Finland: Slow and Steady Reform for Consistently High Results [M]// OECD. Strong Performers and Successful Reformers in Education: Lessons from PISA for United States. Paris: OECD Publising, 2001:120.

法》的起草工作,也对这一问题非常关注。最终,议会主张取消综合学校高年级阶段对学生进行能力分组的做法。

实际上,在1975—1977年间,一些教育行政官员与学校校长已就综合学校高年级阶段取消能力分组开展试点工作,但由于缺乏足够的政治支持,无法在全国范围内推广。1979年,内阁明确了综合学校高年级阶段取消能力分组的日程表,要求到1986年从综合学校毕业的所有学生,都要具备进一步接受更高阶段普通教育或职业教育的知识与能力。1981年教育部又强调指出,综合学校高年级阶段不能按照所谓的能力差异对学生进行分组,不同学习组应具备同质性,而且分组不应一成不变,或不利于一些学生掌握进一步接受更高阶段教育所需具备的知识与能力。在高层政治力量推动、地方政府配合及学校共同努力下,综合学校高年级阶段逐步取消了对学生进行能力分组的做法,破除了综合学校内部存在的双轨制。

当时芬兰内阁总理卡莱维·索尔萨(Kalevi Sorsa)的讲话表明了综合学校内部取消能力分组的意义:“综合学校内部取消能力分组,使综合学校成为真正意义上的综合学校,只有才这样才能真正确保所有适龄学生受到平等的基础教育并在毕业后具备同样的知识与能力。”[1]

2. 学校教育目的

传统上,学校教育过分强调传授知识使得学生片面发展,综合素质较差,难以适应新的社会、经济状况对人才的要求。综合学校的教育目的,在于促进学生多方面的发展,旨在培养身心健康、自主、富于创造性、热爱和平、善于与人沟通合作的公民。综合学校特别强调培养和发挥儿童的非智力因素,以使他们全面发展。发展儿童个性,需要选择适当的教学内容与方法,使教学过程适合学生当前及未来的生活和工作需要,积极调动他们学习的内部动机,激发其内在学习兴趣。

3. 课程

传统上,芬兰学校课程是一种规定教学目标与学习目标,以及具体的学科课

---

〔1〕 Finland: Slow and Steady Reform for Consistently High Results [M] // OECD. Strong Performers and Successful Reformers in Education: Lessons from PISA for United States. Paris: OECD Publising, 2001:123.

表的教学材料。课程是学校教学任务得以落实、教学目的得以实现的重要载体。当学校系统进行重大变革时,课程也是一种重要的教育政策载体。

本质上,只有课程改革才是破除芬兰传统上存在的教育双轨制的根本措施。统一的课程改革,使得原本接受不同种类培训、在公民学校和文法学校不同工作环境中执教的教师能够更好地开展合作。课程能够传递民主、公平与个体自由等价值观。只有学生学习的课程内容是一致的,学校内部教育才能真正实现公平性与一致性。

20 世纪 60 年代中期,伴随综合学校体系改革,课程修订工作启动。当时很多教育利益相关者,尤其是教师们普遍担忧,统一的标准化的九年义务教育对教师教学能力要求过高。新的课程修订需要照顾以下几方面问题:一是传统上不同类型学校的学生学习能力存在差异;二是传统上不同类型学校中的教师教学能力不同;三是传统上民主学校的课程内容偏重实践,文法学校的课程内容偏重理论。

考虑到这几方面问题,课程修订工作需要谨慎开展。1965—1970 年间,课程修订工作历时 5 年,除考虑到文化背景与社会变革对课程带来的影响之外,课程修订主要关注学生的个性特点、心理与生理发展规律,强调课程内容与形式要以学生为中心,并且充分发挥教育专家及广大教师的作用。

1970 年课程修订基本完成,新课程包括两部分:一是课程教授的基本原则,二是具体的教学课表。当时所提的一些基本原则至今仍然有效,因为它们符合教育规律与学校教育所要达到的根本目标。

教师们对新修订的课程表示支持。之前公民学校教师及文法学校低年级教师执教综合学校的低年级(1—6)学生,之前文法学校的高年级教师则执教高年级(7—9)学生。新课表在不同科目间的课时分配上,倾向于知识性和理论性科目,以防止新成立的综合学校整体教学质量出现“削峰填谷”现象,确保综合学校毕业生具备较好的知识与技能。新修订的课程兼顾了教师教学要求和政府改革要求。

传统上,公民学校和文法学校的课时分配由国家法律来规定,但国家课程则由国家基础教育委员会负责起草,然后内阁负责审核和通过。但芬兰传统上赋予地方很多自主管理权,国家层面的课时分配及课程内容规定只是一种指导性文件,地方教育行政部门在学校具体课时分配及课程内容具体安排上有较大自主权,国家规定不能完全取代地方决定。由于各地原有的课时分配制度不同,新课程修订初期不同地方政府在课时分配问题上意见不一、冲突激烈,使得课程修订工作难以按时推进。为确保课改按时推进,内阁在课时分配上作出明确决定并要求国家基础教育委员会按时完成课程修订。

由此形成了新的课程决策权力分配制度并沿用至今,即议会负责对教育体系基本组织架构做出决定,内阁负责对课时分配及总的教育目标做出决定,国家基础教育委员会负责课程内容起草工作。与传统上的课程决策权力分配相比,国家层面明显收权,拥有了更多决策权,地方自主权受到明显约制。

国家课程修订完成后,政府官员们开始担忧如何确保配套教材尽快编写完成并在新学校系统中如期使用。传统上,芬兰教材先由国家基础教育委员会审核通过,然后由私立出版机构出版。为确保教材尽快编写完成,国家课程修订人员、教材编写人员及教育官员共同组成教材编写协调小组,负责协调推进。在国家普通教育委员会、私立出版社、教材编写人员、教材编写协调小组共同努力下,教材在很短时间内如期编写印刷完成,并最终在综合学校中使用。

4. 教师教育与培训

早在综合学校改革启动前,基础学校的教师及教育行政管理者就已认识到教师教育内容与水平需要提高和完善。1967 年始,教师可以自愿参加夏季学校接受培训,培训内容主要是综合学校改革对传统教学可能带来的影响及对教师教学能力的新要求。事实表明,有关数学和外语教学的培训内容受到教师们普遍欢迎。

1972 年综合学校改革正式启动后,教师们要求政府每年组织 3 天在职培训,于此同时议会法案规定综合学校改革前三年,政府每年要组织两天教师在职培训。因此,总的来说,综合学校改革前三年,教师每年有权利参加政府组织的 5 天在职培训,以更好地应对学校体系改革对教学能力带来的挑战。为更好地组织教师在职培训,国家层面和省级层面都成立了专门的教师培训讲师团,学校层面也配有专门的教师培训人员,确保教师更好地应对学校体系改革对教学带来的挑战。

然而,单纯通过教师在职培训难以满足综合学校体系改革对未来教师质量的新要求。新的学校系统要求更高质量的师资，基础学校教师教育与培训整体水平需要提升。1965年，教育部委任专门的委员会来做好基础学校教师教育与培训整体改革规划。该委员会对教师教育与培训整体改革提出如下建议：

(1) 只有通过国家普通高中毕业会考的学生才有资格申请和接受教师职前教育；

(2) 教师职前教育至少要有三年学制，毕业生至少要获得学士学位；

(3) 准备执教1—6年级的教师被称为课堂教师(classroom teacher)，准备执教7—9年级的教师被称为学科教师(subject teacher)，两类教师要在同等水平的教师教育机构接受教育；

(4) 不能以其所执教的年级层次、学生年龄、科目等来衡量教师的地位，教师工资水平只取决于其所获得学位高低而不受其他无关因素影响；

(5) 教师应成为学生学习的咨询者与指导者而非知识和信息的传话筒或教书匠；

(6) 学校教师在职培训的质量和数量都需提高；

(7) 针对想要成为教师的青年人，需要严格考察其职业倾向与匹配度；

(8) 教师教育课程内容需包括一般性教育理论知识、具体科目知识、教学和学习理论知识及教学实习等。[1]

教师教育改革进展较快，1968年小学阶段课堂教师的学制改为三年而且申请学习相关课程者需先通过普通高中毕业考试。传统上的低年级阶段的教师有机会通过一定学习取得学士学位，以此进一步扩充教学知识、提高教学能力。但教师教育和培训仍未实现大学化，仍然以研修班和学院教育的形式开展。

1971年议会的一项法案重新规定了教师教育的组织形式。有七所大学新设立了教师教育部门，后来又有一所以瑞典语授课的大学设立了教师教育部门，另外还有四所大学建立了附属的教师培训机构。相对而言，芬兰教师教育和培训机构分布较广，覆盖到国家大多地区，这是其20世纪70年代构建福利社会所

[1] Erkki Aho, Kari Pitanen & Pasi Sahlberg. Policy Development and Reform Principles of Basic and Secondary Education in Finland since 1968 [M]. Washington, D. C.: The Word Bank publishing, 2006:50.

奉行的地区化政策的反映，以此确保也能为国家东部和北部偏远乡村提供高质量的师资。国家教育部负责监管教师教育开展，国家基础教育委员会负责具体设计和落实教育教育课程，大学在政府管理之下拥有较多自主权。

教师教育和培训在1974—1975年间的大学学位改革中，得到更为根本的改革。芬兰政府规定，中小学教师最低要获得硕士学位。为获得硕士学位，教师教育专业的学生最低要修够160学分，每个学分相当于每周40个小时的学习量。[1] 1978年教师教育学位制度改革完成，1979年芬兰教师教育开始在新的学位制度下开展。因此，自20世纪80年代中期开始，拥有硕士学位成为芬兰普通中小学校教师入职的前提条件。

5. 教育财政制度

综合学校体系改革前，传统公民学校和文法学校主要由地方政府或私立部门开办，基础教育经费主要来自地方财政和学生学费。综合学校改革后，新的学校体系全部转为公有，由国家出资统一办学。

根据不同地市经济发展程度，国家层面划分出10个不同等级的资助标准来补贴地方政府办学所需资金。国家层面承担了综合学校所需绝大部分资金，地方政府只负责一小部分。如当时教师工资开支占到综合学校总经费的70%～80%，而国家层面承担了教师工资总费用的81%～90%，地方政府只需承担其中10%左右。另外，国家层面还承担综合学校学生交通费和住宿费84%～93%。

新的综合学校系统不收取任何学费，学生享用免费校餐。社区负责安排那些家庭和学校的距离超过5千米的学生的交通事宜。而对于一年级学生而言，家庭和学校之间的距离超过3千米就有资格享受免费交通。在某些偏远地区，一些就读7—9年级的学生因家庭距离学校过远，地方政府负责提供学校宿舍或私人家庭解决他们的住宿问题。

6. 行政管理制度

综合学校改革是芬兰全国范围的规模较大的改革，牵涉的因素很多，没有国

〔1〕 Erkki Aho, Kari Pitanen & Pasi Sahlberg. Policy Development and Reform Principles of Basic and Secondary Education in Finland since 1968 [M]. Washington, D. C.: The Word Bank publishing, 2006:51.

家层面自上而下的统一推动，难以如期落实。传统上，芬兰赋予市级政府很多自我管理权限，包括教育在内。而综合学校改革因为实际需要，使得教育权力要上移到国家层面。

教育部在教育决策和教育发展规划制定方面扮演起重要角色，其组织架构也做了调整。改革之前的二十多年时间里，教育部由三个部门组成：学校事务处、综合事务处及大学和科学处，如图 1-1 所示。

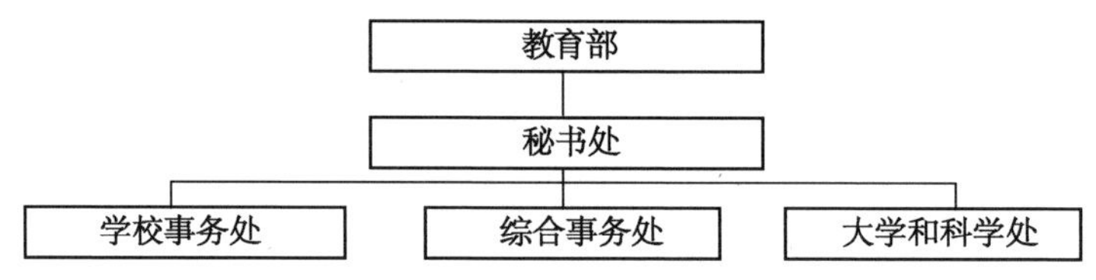

图 1-1 综合学校改革前教育部组织机构〔1〕

综合学校改革正式启动后，1974 年教育部新成立了若干部门，改名为教育与文化部，增加艺术事务处、运动与青年事务处、国际事务处以及教育发展规划处等，如图 1-2 所示。部门的增多，表明教育部实权增加。教育发展规划处的设立，表明教育部对教育发展的分析和规划能力增强。

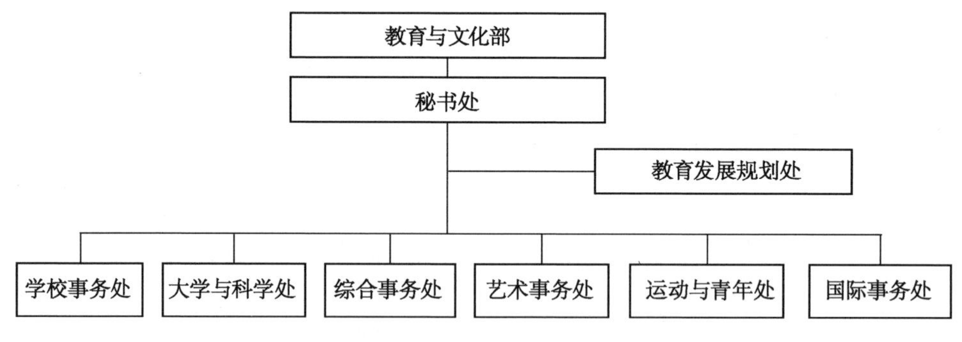

图 1-2 综合学校改革启动后教育部组织机构〔2〕

---

〔1〕〔2〕 Erkki Aho, Kari Pitanen & Pasi Sahlberg. Policy Development and Reform Principles of Basic and Secondary Education in Finland since 1968 [M]. Washington, D. C.: The Word Bank publishing, 2006: 151.

改革前，与学校教育体系的双轨制相对应，教育部直属机构国家普通教育委员会(National Board of General Education, NBGE)的组织架构也是双轨制，如图1-3所示。

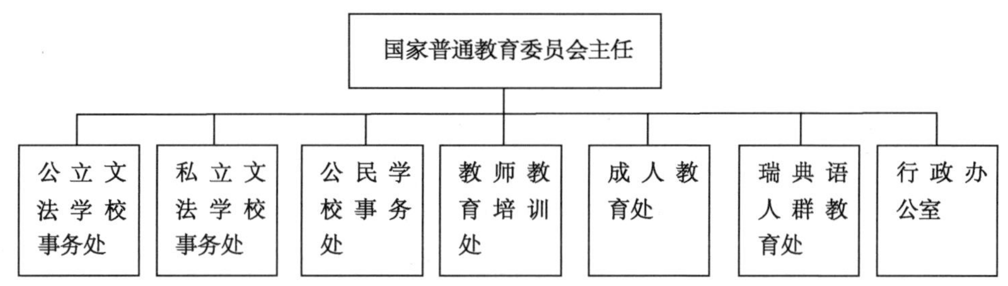

图1-3 综合学校改革前国家普通教育委员会组织机构[1]

1968年议会颁布《学校系统法案》(*School System Act*)两个月后，国家普通教育委员会组织架构做出调整，传统上分管公民学校和文法学校的部门界限被打破，新成立了学校事务处和教育总务处。学校事务部负责学校结构、布局、成立等问题，教育总务部负责课程内容、教学方法、学习材料、教科书审查、教育改革试点、教育科研及特殊教育事务。到了20世纪70年代，教师教育大学化之后，教师教育及培训事宜由教育部负责管理，如图1-4所示。

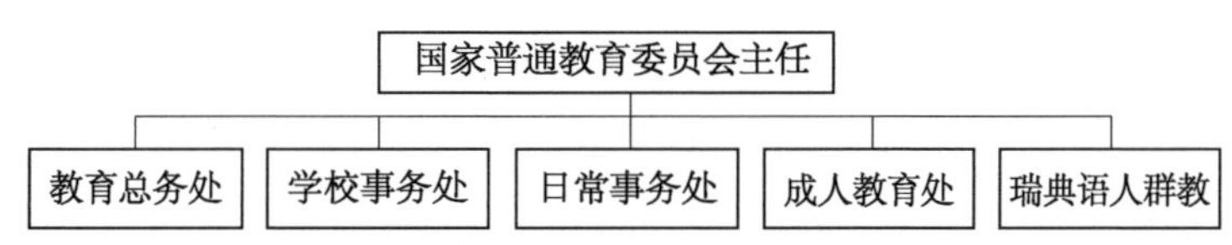

图1-4 综合学校改革后国家普通教育委员会组织机构[2]

三、改革成功的保障因素与原因

芬兰在20世纪60年代初期发起的综合学校改革，核心目标是通过改革学

---

[1][2] Erkki Aho, Kari Pitanen & Pasi Sahlberg. Policy Development and Reform Principles of Basic and Secondary Education in Finland since 1968 [M]. Washington, D. C.: The Word Bank publishing, 2006: 150.

校体系，增加教育和社会的公平性。这既包括不同地区间的教育公平性，也包括母语为瑞典语的人群的受教育公平性。为实现目标，芬兰政府必须将传统的双轨制的学校体系改为统一的综合学校体系，并在全国范围内实施这项改革。20世纪70年代初期，教育的公平性成为芬兰构建福利社会的重要内容。只有全面提高国民受教育水平，才能更好地培养社会所需人才，确保福利社会具备人力资源基础。教育内容改革注重民主价值和理念的传播。到20世纪70年代末80年代初，综合学校改革由结构调整，上升为内容与质量提升，注重课程改革。

总的来看，综合学校改革是成功的，其目标得到很好的实现。综合学校改革使所有学生都能接受公平的1—9年级的基础学校教育，并有机会进一步接受普通高中教育。改革之初，有人担忧综合学校改革，可能会降低传统上文法学校学生的学业水平。但这种担忧从未变为现实，综合学校改革不仅实现了公平目标，而且提高了基础教育质量。芬兰国内一些调查表明，综合学校毕业生学业成绩，平均高于传统上公民学校和文法学校毕业生的学业成绩。

芬兰综合学校改革取得成功离不开特定的社会和经济背景，没有这些成熟的背景条件，改革很难取得成功，这些背景条件包括：

(1) 二战使芬兰国民共同经历了最艰难的岁月，国民团结性增强，不同阶级与政党间的利益矛盾得到缓解，为构建福利社会提供了一定条件。

(2) 芬兰同时注重经济发展与社会公平的做法，符合凯恩斯经典理论观点，得到经济学家和社会学家的认同，使政府官员和普通民众对教育改革抱有信心。

(3) 芬兰作为多党制国家，不同政党经过充分协商，使重大教育决策能兼顾多方利益从而更易落实。其他一些奉行两党制的国家，两大政党在教育改革面前往往各执一词，讨价还价不可开交，使教育改革难以顺利推进，而且教育政策的持续性难以保障。

(4) 政府成立多个委员会来推进综合学校改革，每个委员会都由政府官员、教育专家、教师等不同人员构成，共同为综合学校改革建言献策。政府在选择委员会构成人员方面，特别注重利益权衡，使委员会能够代表更全面的利益。

(5) 芬兰是一个注重法制的国家，为了发起综合学校改革，议会首先颁布了《学校系统法案》，法案涉及综合学校改革多方面因素，政府配合法案还制定了综合学校改革行动方案。

(6) 芬兰政府人员比较务实,一项教育改革政策确定下来之后,都会按部就班,脚踏实地采取一些具体措施去落实。

(7) 芬兰政府决策具有较好的延续性,即使政府换届也不会轻易推翻上届政府有关教育改革的决定,而是继续执行下去。

(8) 综合学校改革使地方政府能够提供更好的学校教育,而且国家层面在改革所需经费方面,给予地方政府很大比例的补贴,这使得大多数地方政府比较支持改革。

下面围绕几个比较重要的方面来具体分析综合学校改革取得成功的原因。

1. 改革的全面性

教育体系改革涉及很多因素,必须同时对这些因素进行全面调整,才能确保改革取得成功。芬兰 20 世纪 60 年代发起的综合学校改革,不仅仅是学校结构和布局的调整,而且同时注重对课程内容、教师教育与培训、财政拨款、行政管理等做出调整,是一项全面的改革。新学校体系要求新课程内容与之配套,新课程内容对教师教学能力提出新的要求,而高质量的师资需要通过高质量的教师教育与培训来实现。

综合学校改革作为全国范围的重大改革,需要国家层面采取强有力的措施整体推进、统一调控,这需要财政拨款和行政管理制度做出调整。当时芬兰国家层面承担了绝大部分基础教育经费需求,充分调动了地方政府办学的积极性,行政管理制度上收,有利于改革按部就班整体推进。改革的全面性是综合学校改革取得成功的重要保障。

2. 改革参与的民主性与广泛性

改革是一把双刃剑,很多改革既有支持者也有反对者,最大程度地争取支持者,使更多利益相关者参与改革,是改革成功的重要保障。芬兰综合学校改革有着广泛参与性,故而改革能够获得相应支持,改革中出现的矛盾也能更好地调解,并达成共识,不断推进改革。

首先,改革推动者充分承认教师的专业地位,并且向教师协会承诺,改革不会对教师工作稳定及薪资水平带来损害,以此极力争取教师对改革的信任与支持。

早期改革试点努力消除教师对改革的种种顾虑。1965年,综合学校改革早期试点扩展至25个地市,大量教师广泛参与到改革试点之中,并积极参与新课程修订工作。教师的广泛参与传递出这样的信号:教师在综合学校体系改革中,扮演着重要角色,发挥着重要的创造性作用,他们的专业知识与实践经验得到教育决策者承认;而教育决策者在教育改革中非常需要他们的专业知识与实践经验。教师的支持为教育改革构筑了坚实基础,使综合学校改革的一些基本工作得以顺利开展。

政府为推进综合学校改革,成立了若干改革委员会(如综合学校课程委员会),委员会的构成人员一般包括教师。因此,教师有很多机会直接与教育决策者对话,表达他们对综合学校改革的意见与建议,并很可能被纳入改革规划。

传统上教师协会有两个,一个主要代表公民学校教师利益,一个主要代表文法学校教师利益。综合学校改革正式启动前,两个协会提出若干利益诉求。一是综合学校改革应确保教师工作平稳过渡,不降低教师工资水平;二是新的学校制度改革给教师教学带来更多挑战,因此应给予教师一定补贴;三是政府应提高教师在职培训水平;四是教师工资水平不应由政府单方面规定,而应由教师与政府、学校等协商确定。综合学校改革正式启动前,政府满足了两个协会提出的利益诉求,从而赢得了他们对改革的支持。旋即,两个协会合二为一,成为新学校系统中教师利益的统一代表性组织。

其次,综合学校改革注重吸纳多方组织的不同利益诉求,确保改革更好地达成共识。芬兰是典型的"契约型"社会,重大社会政策往往会由政府和不同的利益组织共同协商确定。与教育改革关系比较密切的利益组织主要有芬兰行业总会(Central Organization of Finnish Industry, STK)、芬兰总工会(Central Organization of Finnish Trade Unions, SAK)及学术专业组织协会(Confederation of Unions for Academic Professionals, AKAVA)。尤其是学术专业组织协会,其四分之一成员由教师组成,教师的利益诉求可以通过该专业组织得到表达。

地方政府的利益诉求,可以通过三个集中代表不同方面利益的组织得以表达,一个代表乡镇层面的利益,一个代表乡村地区的利益,一个代表母语为瑞典语的人群的利益。某些情况下，如果政府宣称某些重大社会政策已经获得不同利益组织的共同支持，连议会都只能表示赞同，由此可见社会利益组织在芬兰政治中占有重要地位。

综合学校改革的每一项计划和决定，几乎都建立在教育部、财政部、教师协会、不同地市利益的代表性组织，以及芬兰行业总会、芬兰总工会、学术专业组织协会等共同协商的基础上。

3. 经济迅速发展为教育改革奠定了财政基础

二战后，芬兰在很短时间内由传统的农业国家过渡到工业化国家，经济实现了快速转型与飞速增长，使国家层面自上而下推进教育改革具备较好的经济基础。如前面提到的，综合学校改革所需经费，国家层面承担了绝大部分，地方层面基本没有经济负担，使改革推进较为顺利。

4. 改革注重统筹规划与层层落实

综合学校改革代表着芬兰社会政策的深远变迁，促进了芬兰的民主化进程，颠覆了传统的教育阶级界限。这场改革需要政治热情，否则难以启动。改革从人口稀少、教育基础较为薄弱的北部乡村地区开始，并迅速扩展到人口密度较大、传统教育制度根深蒂固的南部城市地区。

综合学校改革迅速影响到学校教育体系的方方面面，涉及学校课程、教师工资、教师教学、学校管理等诸多因素。因此，综合学校改革必须有科学合理的统筹规划才能层层落实。综合学校改革可以称得上芬兰教育史上最具挑战性的工作。国家层面、地区层面都要做好规划，并且接受统一的协调指导，才能使改革顺利开展。

为确保综合学校改革在各省逐步推进，《学校系统法案》要求每个地市都要制定改革配套方案，各省教育行政部门也要与国家普通教育委员会协商制定省级改革配套方案，国家普通教育委员会负责审查与通过这些方案。在所有方案的基础上，内阁再绘制总的改革蓝图。

这些方案不仅确保改革按照一定时间进度进行，还能在不同地区的改革中发挥协调作用。例如，一些比较小的地市没有足够的生源支撑起综合学校的高年级阶段(7—9 年级)，这些地市之间就需要合作开办综合学校高年级教育，改革方案已事先考虑到这种情况并拟定了解决办法。国家普通教育委员会及省级教育行政部门负责监督改革推进，如果某些地市对国家普通教育委员会及省级教育行政部门的行政安排持不同意见，内阁政府出面解决争议。

内阁整体监督改革进展，确保议会规定的日程按时推进。地方政府充分发挥教学专家及教育政策专家的作用，更好地推进改革。实际上，地市政府在综合学校改革中扮演着特别重要的角色，也在改革中积累了丰富的经验，为 20 世纪 80 年代和 90 年代的普通高中教育及职业教育改革奠定了良好基础。

5. 教育改革政策具有稳定性与持续性

综合学校改革取得成功离不开改革政策的稳定性与持续性，朝令夕改往往使教育改革昙花一现，很难落到实处。20 世纪 60 年代到 80 年代中期，芬兰政治、经济、社会、外交并非一帆风顺，中间也出现过波折，但这并未影响综合学校改革扎实推进。

20 世纪 70 年代初，代表少数人利益的党派掌握了议会大权，使芬兰民主政治遭到侵害。但 1972 年社会民主党与中间党重新夺回议会大权，民主政治制度卷土重来。1973 年，芬兰与欧洲经济共同体（European Economic Community，EEC）签署贸易协定，成为芬兰经济发展史上的重要里程碑。但 1973 年 10 月的第四次中东战争（Yom Kippur War）所引发的第一次世界石油危机，使芬兰经济遭到重创。社会民主党与中间党出现政治分歧，失业率激增，总统宣布解散议会并重新选举。但这并未缓解经济衰退，临时政府不得不收紧财政，曾一度威胁到综合学校改革如期推进。总统宣布国家进入危机状态，号召不同政党同时掌握临时政府，但临时政府旋即解散，经济状况进一步恶化。1977 年，芬兰经济第三年零增长，国内消费总额出现了 20 年以来的第一次负增长，失业人员多达 14 万。这迫使不同党派之间开展更具建设性的对话，并重新建立代表多数人利益的政府。1977 年夏，新政府宣布将要采取经济复兴举措，以彻底改善经济状况。

考虑到芬兰当时曾经历的政治、经济动荡，人们不免产生困惑。芬兰当时是怎样确保教育改革不受干扰如期推进的？其实，芬兰教育改革政策之所以如此稳定与可持续，有以下几方面原因：

首先，主要执政党之间保持着良好合作关系。

20 世纪 70 年代初期，芬兰政治经济动荡期间，执政党主要是社会民主党与中间党，两党在教育改革方面虽然会有不同意见，但这从未在根本上撼动两党自 1963 年建立的合作关系。政治经济动荡期间，教育部有两个部长，分别代表两个党派。而且两个党派分管不同的教育事务，社会民主党主要负责总体教育政策，而中间党主要负责职业教育事务，尽管分工有侧重，最终的教育决策还是要建立在两党共同协商基础之上。正由于两党之间有这种合作关系，使得最终的教育改革政策能够符合更多人的利益，也更加合理可行。两大政党之间的合作关系一直持续到 1987 年，在很大程度上保证了教育改革政策的稳定性与持续性。

其次，政党拥有较为健全的教育智囊团。

1967 年，时任内阁总理倡导国家财政每年应划拨一定经费给不同党派，以此保障不同党派得到更好的发展，同时越来越多党派从外围日渐走向政府行政运转的内核，通过议会政治制度更好地参政议政。在这种背景下，不同党派的教育智囊团得到很好的发展。20 世纪 70 年代教育部长开始配备专门的教育专家顾问。不同党派也建立起各自的教育智囊团，对教育改革建言献策，使得教育改革更有远见与合理规划，在很大程度上保证了教育改革政策的稳定与持续。

再次，工会等利益团体在教育改革中有较强话语权。

如前所述，这一时期，芬兰工会组织等社会利益团体日益发展壮大。20 世纪 60 年代之前，只有 18%的劳动者加入工会组织，而到 70 年代，这一比例增至 43%。工会组织不再仅关注工资问题，而且要求像瑞典这种福利国家的工会组织一样，获得教育、医疗等公共服务政策方面的发言权。代表白领及学术工作人员的利益团体也在 70 年代明显增强。企业雇主、农业工作者也分别有代表自身利益的协会组织。这些利益团体在教育改革规划与实施中扮演着越来越重要的角色。20 世纪 60 年代，在政府所组建的若干委员会中，工会组织有 95 名代表参加，而到 80 年代人数增加到 495 名。这一数字还不包括成百上千参与课程改革及其他教育改革规划的教师。同一时期，在政府所成立的委员会中代表雇主利益的人员从 136 人增长到 361 人。在这些委员会中，不同利益团体的代表共同协商重大社会改革事宜。教育也不例外，因此教育改革规划往往是融合利益矛盾、凝聚共识的结果，立足长远、合理可行。即使国家出现政治经济短暂动荡，政府频繁更迭，但这些利益团体对综合学校改革所持的立场比较稳定，在一定程度上确保了改革政策的稳定持续。

最后，冷战在一定程度上促使教育改革成功。

1947—1991 年间，以美国为首的西方资本主义国家和以苏联为首的社会主义国家两个阵营在经济、政治、文化、意识形态等方面长期处于冷战状态。芬兰与苏联在教育方面既保持一定的合作关系，又存在很强的竞争关系。芬兰政府致力于通过教育改革使民众对教育状况更加满意，在意识形态领域更好地对抗苏联。考虑到与苏联的对抗关系，芬兰传统的教育既得利益者也希望政府对教育做出全面改革，以构建更为强大的国家。芬兰政府及民众都希望教育改革取得成功，更好地与苏联教育赛跑，这在一定程度上促使教育改革持续推进。

第三节　20 世纪 80 年代中期至今：教育的新自由主义改革

一、改革的背景

1. 政治

20 世纪 80 年代末 90 年代初，新公共管理(new public management)在世界范围内盛行。所谓新公共管理，某种程度上而言，既可以视作国家对公共服务部门的管理方式进行变革的一种指导思想或理念，也可以视作国家对公共服务部门的管理方式进行变革的一种工具或现象。[1] 在那个时期，世界上许多国家

〔1〕 Rosemary Deem & Kevin J. Brehony. The Case of “New Managerialism” in Higher Education[J]. Oxford Review of Education, 2005, 31(2): 217-235.

都受到其影响,并对公共服务部门的管理方式做出了相应变革。

根据伯利特(Pollit)的观点,新公共管理所包含的基本理念或要素包括以下几方面:一是公共财政的削减;二是使公共服务部门的资源分配和使用情况变得更加透明;三是将国家原有的集中统一的行政部门拆解为更多的分部门;四是对公共服务部门的行政管理进行放权;五是使公共服务产品购买者和提供者的职能相分离;六是在公共服务部门的行政管理中引入市场或准市场(quasi-market)机制;七是要求公共服务部门及其员工按照一定的绩效指标和产出目标,开展更具效率和质量的工作;八是公共服务部门聘用员工,不再采用终身制,而是采用合同制,对员工发放的薪资水平,要讲求差异性和灵活性,要更多地参考员工的工作效率、质量及客户的满意度。[1]

20 世纪 80 年代中期以前,欧洲大陆国家在政治制度上,多以集中统一的行政管理为特征。在新公共管理盛行的整体背景下,欧洲大陆国家在 20 世纪 80 年代末 90 年代初对行政管理制度做出了诸多变革,以放权为主,芬兰也不例外。

当时芬兰社会普遍要求政府放权,甚至批判政府采取“沙皇主义”,芬兰用来成功构建福利社会的集中管理制度面临终结。公共部门成了低效和官僚主义的代名词,官僚制和国家直接控制受到质疑和批判,中央集权管理模式面临挑战。“计划模式”被指责存在很多弊端,如政策实施效果差、耗费时间、管理规则僵硬而无效等。[2]

1984 年,芬兰政府成立专门委员会来负责推进国家权力下放,并对公共行政部门改革,进一步提高公共管理的效率与民主性。专门委员会的主要任务,在于审查那些部属的国家层面的专门管理委员会有无必要继续开设。这种放权改革一直持续到 20 世纪 90 年代末,很多决策权被下放到地方,国家层面的行政管理结构与程序也做了调整。传统的基于行政规章与资源分配为基础的行政管理,被基于数据与结果的行政管理所取代。

---

〔1〕 Pollit, C. Justification by works or by faith? Evaluating the New Public Management [J]. Evaluation, 1995, 1(2): 133-154.

〔2〕 Kivirauma, J., Rinne, R., & Seppnen, P. Neo-liberal education policy approaching the Finnishshoreline? [J]. Journal for Critical Education Policy Studies, 2003, 1(1):513-531.

2. 经济

与20世纪80年代中期之前国家集中管理的政治制度相匹配，芬兰同时期经济发展严格受国家统一控制，具有典型的计划经济特征。新公共管理主义背后的新自由主义思潮促使芬兰经济从80年代中期开始迅速走向市场化，经济发展更为灵活、自由、追求效率。但好景不长，芬兰经济在20世纪90年代初遭遇重创，经济极度衰退。很重要的原因在于，芬兰经济发展一直在很大程度上依赖对苏联出口产品，苏联解体使芬兰对苏联的出口大幅下滑，引起经济连锁反应，整个经济几近瘫痪。1990年经济增长水平为零，而1991—1993年芬兰GDP缩水12%。与此同时，芬兰失业率明显增加，1990年芬兰250万工人中大约7.5万人失业，失业率仅有3%，到了1994年，有45.6万人失业，失业率上升到18%。尽管芬兰政府于1991年出台节流措施以降低财政赤字，然而1995年国债也猛增到GDP的67%，芬兰陷入严重的经济危机中，政府财政受到剧烈影响。1992年，内阁做出两个危机声明，提出需要重新评估国家机能，削减公共支出，对部分国有部门进行私有化和商业化。[1]

3. 外部环境

20世纪80年代末90年代初，国际化和全球化潮流开始席卷全球，芬兰政治、经济、教育等外部环境发生剧烈变化。1995年芬兰加入欧盟，欧盟、世界经济合作发展组织、世界银行等国际组织对芬兰教育政策的影响日益增加。国际化和全球化促使人才流动更加频繁，教育输出与输入增加，国际教育交流日益频繁，要求教育结构和结果增加国际可比性，这都在一定程度上影响着基础教育的政策走向。

二、改革的内容

1. 教育体系

自20世纪70年代末综合学校改革基本完成，到20世纪90年代末的二十余年时间，综合学校分为低年级(1—6年级，相当于小学)和高年级(7—9年级，

〔1〕 乔雪峰.第四条道路——芬兰基础教育改革政策分析[D].南京:南京大学,2011.

相当于初中)两个阶段,而且这两个阶段往往处于不同的校区,在空间上是分离的。为了保证地区间的教育公平性,综合学校改革使基础学校遍布芬兰所有地区,包括那些偏远的乡村地区也纷纷建立起很多学校。但芬兰地广人稀,使得一些学校规模很小,甚至仅几十人,这不利于实现学校规模效益,而且有的地区适龄学生过少,根本无法支撑起初中阶段的办学要求。

为改变这种状况,芬兰1999教育法规定,综合学校不再分小学和初中两个阶段,彻底打通1—9年级所有学习,而且计划将小学和初中不同的校区合并在一起,使综合学校所有年级处于同一空间内,增加同一校区的教师和学生人数,实现规模效益,更好地确保人口稀少地区的学生接受到义务教育。

配合这一结构调整,综合学校的课程标准也有一些变化,以往的课程标准只规定六年级和九年级这两个时间节点上的毕业生应达到的学业目标。但2004年,芬兰基础教育国家课程标准不仅规定综合学校六年级和九年级毕业生的学业目标,而且规定其他年级的学业目标,但不同科目有所差异。

1999年新的教育法颁布后,芬兰政府允许基础学校私有化,虽然教育部的审批标准非常严格,但近些年芬兰的确出现了一些私立基础学校。芬兰中小学传统上雇佣一批专门的非教学人员,开展后勤工作和提供相关服务。但20世纪80年代末以来,芬兰中小学校越来越多利用学校外部的人力和物力资源来开展后勤服务,后勤服务社会化现象日益明显。

普通高中在这一阶段没有大的体系调整,政府主要调整目标是控制和压缩普通高中学生数量,促使更多综合学校毕业生在毕业后进一步选择职业学校。普通高中在这一时期最主要的结构变化是学校内部打破了传统的年级制和班级制,从1994年开始全部采用不分年级和班级制,普通高中教育在学习制度上变得更加灵活。

2. 行政管理

如前文所述,综合学校改革是芬兰全国范围的规模较大的改革,牵涉的因素很多,没有国家层面自上而下的统一推动,难以如期落实。20世纪60年代中期到80年代中期长达20年时间里,可以说芬兰教育是相对集权的,国家和省级教育行政部门事无巨细地严格监督学校教育开展,包括经费使用、课程开设、教师教学等方方面面。

20 世纪 80 年代中期,伴随国家行政放权,基础教育行政管理制度也发生相应变化。省级教育行政部门的教育督导权逐渐废除,国家将越来越多的管理权下放给地市教育行政部门及学校和教师。

20 世纪 80 年代中期议会和政府要求综合学校高年级阶段废除按照学生能力层次分班的做法,采取混合能力分班。这标志着综合学校改革由结构调整向质量提升迈进,改革向更为纵深的方向推进。学校教育改革越是推向深入,就越需要充分调动和发挥学校一线管理人员及教学人员的积极性与主动性,需要他们承担起更多更重的教育责任。自上而下严格细致的管理制度,难以调动和激发教师的积极性与创造性,改革中遇到的一些实际问题得不到更好的解决。责任往往与权利相伴,学校教育一线人员在需要承担更多责任的同时,势必要求获得更多教育教学自主权。因此,芬兰基础教育需要建立新的行政管理制度,既能使国家能够统一管理教育经费和学校资源配置,又能使学校获得充分的教育教学自主权。教育放权势在必行。

国家对学校管理冗繁的干预模式被抛弃,直接的管理被内在的规范取代,国家则以"结果管理"的方式对学校质量进行监控。[1] 改革赋予学校更大自主权,教师聘任、教科书审核、学校管理、预算分配等权力陆续从国家下放到地方和学校一级。

在课程规划方面,国家统一课程模式被抛弃,学校在国家教育委员会指导下自主制定校本课程。教师专业权利获得认可,教师能够自主选择教学内容和方法。财政拨款方面,芬兰摈弃了以往逐条分项的拨款方式,以总额拨款取而代之,国家管理层对资源分配细节不再进行过多干预。新的拨款方式鼓励教育管理者为灵活的功能性和经济性目标寻求解决方案,这些方式促进综合学校向更加灵活、高效的方向转型。[2]

---

〔1〕 Johannesson, I. A., Lindblad, S. & Simola, H. An Inevitable Progress? Educational restructuring in Finland, Iceland and Sweden at the turn of the millennium[J]. Scandinavian Journal of Educational Research, 2002, 46(3): 325-339.

〔2〕 Antikainen, A.. Transforming a Learning Society: the case of Finland [M]. Bern, Frankfurt, Brussels, New York: Peter Lang, 2005: 21-32.

伴随着教育机构的改革和重组，教育决策权也进行了重新分配，表 1-2 列出了 1972 年、1980 年、2005 年这三个时间点上义务教育主要决策权的分配情况。从表中不难看出，从 1972 年到 1980 年，教育权力变化不大。然而，从 1980 年到 2005 年，各种权力纷纷下放到地方和学校一级。对课程的决策权由原来的国家普通教育委员会掌控变为国家教育委员会和学校委员会共同把持；班级规模的决定权由部长内阁下放到地方当局；初等学校、初中学校、高中学校的创办权均由国家普通教育委员会下放到地方当局；聘用教师的权力完全归属于地方当局；教科书审核权由国家普通教育委员会下放到学校委员会；预算分配由国家普通教育委员会下放到地方当局。总体而言，芬兰教育权力正在向地方政府、学校和个体（校长、教师、学生和家长）以及市场方向转移。[1]

表 1-2　1972 年、1985 年、2005 年芬兰教育决策权分配情况[2]

年份	1972	1980	2005
课程时间分配	NBGE	Cab	Cab
课程	NBGE	NBGE	NBE/SB
班级规模	Cab	Cab	Mun
学校创办权：			
初等学校	NBGE	Mun	Mun
初中学校	NBGE	MoE	Mun
高中学校	NBGE	MoE	Mun
职业学校	MoE	MoE	MoE
教师聘任	Mun/NBGE	Mun/NBGE/NBVE/MoE	Mun
教师资格认证	Cab	Cab	Cab
教科书审核	NBGE	NBGE/NBVE	SB
政府拨款	NBGE	NBGE/NBVE	MoE
预算分配	NBGE	NBGE/NBVE	Mun

注：Cab：部长内阁（Cabinet of Ministers）；MoE：教育部（Ministry of Education）；NBGE：国家普通教育委员会（National Board of General Education）；NBVE：国家职业教育委员会（National Board of Vocational Education）；NBE：国家教育委员会（National Board of Educatlon）；Mun：地方当局（Municipality）；SB：学校委员会（School or School Board）.

---

[1][2]　乔雪峰. 第四条道路——芬兰基础教育改革政策分析[D]. 南京：南京大学，2011.

3. 拨款制度

经济下滑对教育经费产生明显冲击，芬兰政府对教育系统的拨款明显下滑，生均开支减少约15%～20%。这是芬兰教育拨款自20世纪70年代以来二十余年首次出现下降。从历史角度来看，当时的经济危机所带来的教育经费紧缩，反而在很大程度上促使国家对教育放权。因为国家对地方的教育拨款减少，要求地方想方设法承担更多的经费比例并尽量节省教育开支，地方承担更多经费责任的同时也要求国家层面赋予更多权力。国家层面也希望通过放权，使教育领域加强选择、竞争与效率。政策制定者的关注点从确保教育公平转向提高学校效能方面。

为提高地方政府和学校对教育经费的使用效率，在一定程度上减少国家教育财政大幅下滑所带来的影响，芬兰摈弃了以往的“条目式”拨款方式，由“总额拨款”取代。所谓“条目式”拨款，即国家层面按照基础设施建设、教师工资、日常管理、学生交通与食宿等不同条目分别计算拨款额度划拨给地方政府，地方政府再按照同样的方式分项划拨给学校，学校按照不同的项目来具体使用经费。“总额拨款”即教育部以学生数、课程数、生均教育开支、不同地区的特殊情况等为参考因素，给地方政府划拨一定的教育总额经费(general fund)，地方政府也根据相同的方式给学校划拨一定的教育总额经费，至于学校如何具体使用经费则由学校按照实际情况与需要灵活处理。当然，市政当局可以根据本地学校情况而对某些项目予以适当倾斜。

由此，地方政府和学校的财政权力大大增加。通过财政拨款方式的改变，政府改变了以往对学校进行严格的投入控制，对资源分配细节不再作过多干预，从而有利于教育管理者对经费的使用更加灵活并提高效益，有利于学校发展特色。

然而，地方政府和学校获得更多财政自主权的同时，也将同时承受更多的财政责任与压力。如前所述，财政权的下放与国家层面教育经费大幅缩减有很大关系。为应对经济危机，国家层面被迫削减教育支出，对综合学校的资助水平从过去的70%下降到不到50%，地方政府从以前只需要负担30%左右的义务教育经费，提高到需要负担54.7%。

对于国家层面而言，如果不赋予地方更多财政权，那么要求地方节省教育支出往往达不到预期效果。为此,国家管理层将困难的决策转嫁到地方层面。对地方而言,权力下放的同时也伴随着责任的提升,综合学校需要不断提高绩效,并承担来自管理和经济发展的压力。如何处理好不同支出以及不同部门之间的关系,妥善协调来自政府、社区以及学校内部的张力,对于综合学校管理层来说依然是一个不小的考验。〔1〕

4. 课程

综合学校改革最主要的目的是保证教育公平,让所有学生都能接受同等质量的教育。为实现这一目标,国家普通教育委员会为综合学校设置统一的国家课程。国家课程详细规定了教学目标、内容、教学手段等。课程内容选择、不同科目的教学时间分配、教科书使用、教学材料的选取均由国家做出规定。在国家强力干预下,所有综合学校均使用相同的课程。

伴随 20 世纪 80 年代中期之后的教育放权,芬兰基础教育课程管理模式也发生根本性变革。1994 年,芬兰颁布了新的国家基础教育课程标准,摒弃了过去对课程内容进行详细规定的做法,芬兰教育委员会仅仅提供宏观的教学目标和内容框架。按照宏观要求,地方政府和学校按照实际情况和需要来自主灵活设置课程。新的课程模式考虑了地方实际和学校特色发展需要,有利于学校灵活多样地办学,使教育更加个性化与多元化。

国家和地方政府仅仅规定每个学校每个科目的最低课时数,其他控制学校课程实施的传统机制,被地方和国家层面的多元化评价机制所取代。国家教育委员会不再审查教科书,政府更加信赖学校和教师,认为他们能够在市场中选择最适合自身的教学资料。这种机制促使教材出版商开展更加自由激烈的竞争,不断提高教材质量。

普通高中课程管理模式和综合学校类似,也是由国家教育委员会制定宏观的课程指导框架,然后由地方政府和学校按照宏观要求制定适合自身需求的课程,并自由选择教材。普通高中课程发生的巨大变化是国家要求其课程开设不再以传统的学年为单位,而是根据不同科目知识点之间的关联性将课程模块化,

〔1〕 乔雪峰. 第四条道路——芬兰基础教育改革政策分析[D]. 南京:南京大学,2011.

传统的学科课程被转化为大大小小的课程模块。普通高中也不再分年级和班级,学生按照一定学分要求完成必修和选修的课程模块,并按期通过一定测试,最终修完普通高中要求的课程。

5. 评价与问责

新公共管理主义使政府对公共服务领域放权的同时,也使政府对公共服务领域加强问责。芬兰国家教育部门对地方及学校赋予更多自主权的同时,也开始对地方及学校加强评价。教育评价是保证教育服务质量的关键途径之一,同时使得国际比较成为可能。教育评价的目的在于为教育发展提供支持,并改善学习环境。

根据教育部相关政策,国家教育委员会负责组织教育评价。地方政府和学校层面都开始进行自我评价,市一级层面的评价最为普遍。国家教育委员会多次声称评价系统并不是国家操控学校教育的工具,而是发展教育服务必不可少的部分。

在教育立法改革中,评价的角色被置于关键地位,并与质量紧密关联。评价不仅仅用于收集可供教育政策决策的参考信息,同时也作为绩效表现的标准。评价分为地方性的、地区性的和全国性的三类,同时芬兰也参与国际性评价(如PISA)。

三、改革的影响

芬兰基础教育在20世纪80年代中期之后所进行的新公共管理主义式的变革,使国家层面集中管理教育的局面打破,地方政府和学校获得了很大自主权。地方政府和学校从国家行政命令的束缚中解脱出来,结合地方特色与学校特色自由发展,有利于教育个性化与多元化。

由于学校获得更多自主权,校长的角色要做出相应改变。传统上,芬兰中小学校的校长被看作是教师的合作伙伴,校长没有过多的管理权,主要是政府政策信息的传递者。学校获得更多自主权后,校长需要由信息传递者变为真正的人力资源管理者与领导者,校长领导力显得更为重要,因为校长要背负更多的责任,要确保学校教育质量与效益。

值得注意的是,这时期的芬兰基础教育改革并未完全受新公共管理主义驱动,而是体现出自身一些特色。如果芬兰完全受世界潮流驱动,芬兰就会在很大程度上将教育推向市场,并且在放权的同时强化对地方政府和学校的不信任和加强问责,并通过标准化测试等牢牢把控学校教学成绩。但芬兰并未完全这样做。在斯堪特纳维亚特定的文化与政治传统下,芬兰的社会改革家一直强调社会公平原则,对市场保持审慎态度。

芬兰在对地方和学校放权的同时,没有加强对它们的不信任感,而是从官僚制的中央管理模式向去中心化的信任文化发展。芬兰的信任文化体现为教育部、国家教育委员会等国家教育行政机构相信地方政府,地方政府相信学校,学校、家长和社区相信教师,使学校和教师充分发挥自主权为每个孩子提供最适合的教育。这在一定程度上促动芬兰教师走向专业化,加上芬兰教师教育大学化改革,使得芬兰教师专业化程度和工程书、律师等其他专业工种相提并论。芬兰学校中的教师能够独立诊断学生学习问题并提供行之有效的解决方案。

然而,这一时期的改革也给芬兰基础教育带来一些负面影响。

首先,一些地区的综合学校大量关闭,教育均衡发展面临威胁。由于国家层面教育拨款削减,一些地方教育经费负担过重,导致很多乡村综合学校因财力不支而关闭。为节约成本,规模较小的学校不得不合并。数据显示,20 世纪 90 年代,综合学校数量从 5 000 余所下降到约 4 000 所,减少近 20%。乡村地区由于缺乏资源和生源,面临日渐衰落的危险。不同地区的综合学校逐渐拉开差距,城市地区的综合学校越来越好,农村地区的综合学校越来越差,不利于教育均衡发展。

其次,教育的个性化与选择性增加,在一定程度上侵害了传统的集体与公平理念。传统的综合学校强调教育公平,所有学校开设内容一致的课程,使所有学生接受同等的教育。而这一时期的教育改革,国家层面开始出台笼统的课程指导框架,具体课程内容和教材选择以及教学设计由地方和学校自主决定,这为地方和学校灵活发展、特色发展提供便利的同时,也在一定程度上导致地区间和学校间教育教学质量拉开差距。有的地区和学校,由于人力物力较为丰富,学校开设的课程内容较为丰富、质量较高,而人力物力相对贫乏的地区在这方面做得较差。另外，这一时期的教育改革使教育个性化增强，中小学选修课比例增加，学校开始采用个性化的学习计划，更加注重学生的个性差异，这也在一定程度上加剧了不同地区和学校之间的教学差异。

同时，国家开始允许家庭自由选择学校，家庭只需为学生到其他学区就学支付一定的交通费用即可。芬兰的择校制度相对特别，地方教育部门依然通过划分学区来分配学生，但是学生不一定接受分配，而是有权申请到任何其他学校中去。总体而言，芬兰的择校比例仍然很低，但这种现象在一些大城市已经较为普遍。如在赫尔辛基，综合学校中即将进入七年级的学生中约有一半申请进入另一学区的学校就读。[1] 那些社会经济背景较好的家庭在择校中更易获胜，从而使学生的学业生涯在一定程度上与其家庭背景形成紧密关联，家庭背景较好的学生更可能受到质量较好的学校教育，而家庭背景较差的学生则成为这场争夺赛的失败者。学校在更大程度上成为复制社会阶层的场所，与芬兰教育公平理念相违背。不仅学生可以选择学校，学校也可以选择学生。虽然芬兰法律禁止中小学举行入学考试，但中小学在选取学生时可以综合考虑学生平时的学习表现及选修音乐、运动等特色课程的记录。[2] 好学校能够吸纳综合素质较好的学生，差学校则相反，学校之间的生源质量日益拉开差距。

对学校而言，择校逐渐使它们分为几个档次，三分之一的学校比较受欢迎，40%的学校不受欢迎，其他学校处于中间位置。[3] 受欢迎的学校能吸纳更多生源，从而获得更多财政拨款，学校越办越强；不受欢迎的学校则进入恶性循环，吸纳的生源越来越少，获得拨款越来越少，教育教学质量每况愈下。当前，芬兰择校现象已引起相关部门重视。

---

〔1〕〔2〕〔3〕 Sirkka Ahonen. A School for All in Finland [M] // U. Blossing et al. The Nordic Education Model. Spring Netherlands, 2014:90.

第四节　基础教育改革特点

有学者将芬兰教育改革发展的特征概括为七大方面，分别如下。

1. 改革有深度（Depth）

芬兰学校教育旨在促进学生知识、技能、价值观、创造性、人际交往能力等个性全面发展。学校更注重学生学习而非考试，学业成就好坏依据学生全面成长和个性发展情况来衡量，而非通过标准化测试成绩来衡量。

2. 改革有长度（Length）

芬兰教育政策变迁着眼于长远，以总的战略规划和顶层设计为基础，并力图使公平、质量等教育价值理念真正落到实处，很少实施目光短浅的短期政策。

3. 改革有宽度（Breadth）

芬兰教育行政管理权不断由中央下放到地方和学校，地方教育行政部门、学校和教师都有很大的自主权。学校和教师有权决定具体的课程内容并自由选择教材。教师有权选择教学方法和学业成就测评方法。教育发展的宏观战略规划的制定，不光是依靠政府力量，而且依靠教育专家学者、教育实践工作者、企业人员、社会人士等多方面力量集思广益。

4. 改革秉持公正性（Justice）

芬兰教育以为每个学生提供最好的学校教育为宗旨，为确保该宗旨落实，必须建立和维持公正的学校体系。自 20 世纪 70 年代以来，芬兰的这一教育宗旨从未发生改变。

5. 改革尊重多样性（Diversity）

芬兰学校和班级秉持全纳教育理念，尽可能将有着特殊教育需要的学生纳入普通学校和班级中学习，认可和满足学生学习需求的多样性。芬兰没有刻板统一的书面标准来指导教师教学和学生学习,而是鼓励教学和学习创新并尝试多样化的方式方法,以更好地适应日益多元化的社会环境。

6. 改革用人多元化(Resourcefulness)

在芬兰,年轻有为、有创造力的人都有可能领导学校,或在地方教育行政部门和中央教育行政部门任职,因为芬兰人认为,一个人的创造能力比传统经验更重要。

7. 改革注重继承性(Conservation)

芬兰教育改革发展力求在创新和继承之间找到平衡点。芬兰教育利益相关者普遍认为,许多所谓的教育创新其实已经存在于教育传统之中,只需将它们发掘出来并加以合理运用。教育改革注重继承性,是对教育传统和以往教育实践者智慧的尊重,同时有利于对标新立异的教育改革论点做出更为理性的选择。

当今芬兰基础教育令世人瞩目,不是凭空而来的,而是经由艰辛曲折的变革发展才得以实现的。二战至今的几十年间,经由诸多教育政策出台实施,芬兰基础教育逐步推进教育改良。芬兰人刚从二战的阴霾中走出来,便开启了教育公平化改革。随后在20世纪60年代中期到80年代中期,对教育进行大刀阔斧的公平与质量改革。从20世纪80年代中期至今,在新自由主义思潮的推动下,芬兰基于自身传统继续推进基础教育改革。芬兰基础教育改革离不开特定的政治、经济、文化、社会背景,更离不开教育利益相关者的热情与努力。芬兰基础教育改革内容全面,参与人员广泛,稳定持续,注重统筹规划与层层落实;有深度、有长度、有宽度、秉持公正性、尊重多样性、用人多元化、注重继承性等;为我们更好地推进基础教育改革提供了有益启示。

第二章

基础教育现状

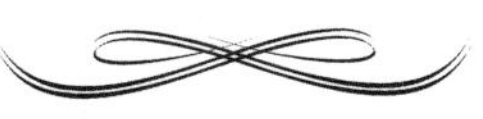

第一节 政治、经济和社会背景

芬兰共和国(芬兰语:Suomi),是北欧国家,陆地上与瑞典、挪威和俄罗斯接壤,西南面被波罗的海环绕,东南部为芬兰湾,西面则为波的尼亚湾,海岸线长1 100千米,有“千湖之国”之称。

芬兰国土面积共约33.8万平方千米,其中水域占10%,林地占69%。由于纬度较高,芬兰春秋季不分明,冬夏季分明,冬季气候恶劣,夏季气候温和。

芬兰语书面语言由牧师麦卡尔·阿格里科拉(Mikael Agricola)创立。麦卡尔牧师最早将圣经《新约》翻译为芬兰语,并于1543年编写了第一本芬兰语教科书,借此教科书教育儿童芬兰语读写技能。芬兰第一所用芬兰语授课的文法学校创立于1858年。

芬兰最早的居民为拉普人,以后芬兰人迁入,建立了芬兰大公国。芬兰于12世纪十字军东征期间被瑞典兼并,在长达几百年的时间里,芬兰只是瑞典王国统治下的属地,在瑞典社会和宗教的长期影响下,芬兰逐步融入西方文化。在1809—1812年间的拿破仑战争中,瑞典王国失去了芬兰这块属地。1809年,芬兰成为沙皇俄国的一个大公国。自此,沙俄开始了对芬兰近100年的长期统治。沙皇亚历山大一世对芬兰大公国施行比较开明的统治政策,芬兰大公国在其内部行政管理、财政及宗教事宜上,开始拥有诸多自主权。然而,芬兰大公国仍然只是一个地域上的概念,而非政治上的概念,芬兰仍然不是一个独立的国家。在漫长的历史进程中,瑞典和沙俄给芬兰的文化和日常生活都打上了深深的烙印。

1917年第一次世界大战期间,芬兰最终脱离沙俄统治,赢得了完全独立。但随后1918年芬兰又遭遇了血腥的内战。直到1919年,芬兰发布并实施宪法,议会民主制政府才正式成立。1921年,芬兰颁布了有关宗教信仰、义务教育和军事国防等方面的法律法规。1939—1944 年,芬兰经历了二战,损失惨痛。芬兰当时的人口数量不足 400 万,战争中有 9 万人丧生,6 万人永久残疾,5 万儿童成为孤儿。除此之外,作为停战条件,芬兰将 12%的土地割让给苏联,同时要重新安置原本生活在这些土地上的 45 万人口。[1]

芬兰官方语言为芬兰语和瑞典语,90.7%的人口以芬兰语为母语,5.4%的人口以瑞典语为母语。尽管瑞典语人群集中在海岸地区,但瑞典语和芬兰语享有平等地位。另外,在芬兰最北部的拉普兰地区,还有约 1 800 人以萨米语(Saami)为母语,他们有权接受以萨米语为沟通工具的社会服务。教育机构的教学用语往往是芬兰语或瑞典语的一种,但也有一些中等职业教育机构和大学同时将芬兰语和瑞典语作为教学用语。在萨米语使用地区,基础教育、中教育和职业教育的教学用语往往是萨米语。另外,2012 年芬兰约有 4.9%的人口是其他语言使用者,主要是俄语、爱沙尼亚语、英语和阿拉伯语,这些人口主要集中在南部城市地区。

芬兰是议会民主制国家,议会是国家最高立法部门,议会由人民民主选举的 200 名成员组成,每四年换届一次。除了立法权,议会还有权掌控国家财政、监督政府行为。政府握有行政权力,负责法律起草工作,接受议会监督,要对议会负责。

相对于议会而言,芬兰总统享有一定的独立地位,由人民直接选举产生,每届任期 6 年。总统负责向议会引介政府起草的法案,有权批准法案。总统也有权力不批准议会通过的法案,从而使相关立法推迟。总统有权发布一些政令,另外还担任国防军总司令。2000 年,塔里娅·哈洛宁(Tarja Halonen)女士当选芬兰共和国第一位女总统。当前,芬兰议会 200 名议员主要来自国内八个不同的党派,分别为芬兰民族联合党、芬兰社会民主党、真芬兰人党、中间党、左翼联盟、绿色联盟、芬兰瑞典人民党以及基督教民主党。其中,芬兰民族联合党、芬兰社会民主党和中间党是几个比较大的党派。

---

〔1〕 Finland: Slow and Steady Reform for Consistently High Results [M] // OECD. Strong Performers and Successful Reformers in Education: Lessons from PISA for United States. Paris: OECD Publising, 2001:118.

芬兰行政体系分为三层:国家层、地区层与地方层。国家层面行政机构有两套结构,一套结构由部级行政部门组成,另一套结构由与部级行政部门配套的中央管理机构组成。每个部级行政部门由部长领导。中央管理机构一般在部级行政部门监督下开展具体工作。比如,国家教育委员会就是中央管理机构,它在教育与文化部的监督下开展课程标准制定等具体工作。部级行政部门虽然有权力监督与之配套的中央管理机构开展工作,但无权直接干涉它们开展工作,中央管理机构在具体行政业务开展方面是相对独立的。中央行政管理机构的业务开展要具备合法性并对公众负责。

地区层面行政管理机构之前由许多不同类的职能部门组成,2010 年改革后,不同类的职能部门经过合并精简,形成两类部门,一类为地区行政管理部门(Regional Administrative Agencies),另一类为经济、交通与环境发展中心(Centers for Economic Development)。地区行政管理部门的职责范围包括公共服务、法律权力与许可、职业安全与健康、环境许可、消防与救急服务、公安服务等;经济、交通与环境发展中心的职责范围包括经济发展、人力资源、文化活动、交通、基础设施、环境与自然资源等。当前,芬兰共有 6 个地区行政管理部门,15 个经济、交通与环境发展中心。这两类地区级部门都在教育方面有一定职责。如地区行政管理部门有权对地方教育法规执行、教育机构成立、教育服务提供、学生评价等进行监督、申诉、推动整改,负责为教师提供短期在职培训等,确保地方教育健康发展。[1]

地方级行政管理机构,即市级管理机构,2013 年芬兰共有 320 个市。市管理委员会成员由市民直选产生,市级管理机构有很多自我管理权,在民主基础上行使相应权力,负责为市民提供多方面公共服务,包括学前教育、基础教育、幼儿养护、老年及残疾人福利等。市级政府有权向市民征税,以确保更好地提供公共服务。地方行政部门提供公共服务的方式可以灵活多样,有些市由于规模较小无法全凭自身提供所有公共服务,可以联合其他市、社区以及企业共同开展公共

[1] Regional State Administrative Agencies[EB/OL]. [2014-04-15]. http://www.avi.fi/en/web/avi-en/opetus-ja-kulttuuri#.U_73f7KBRhk.

服务。为了更长久地开展合作,不同的市往往会组建联合行政部门,联合行政部门更多地负责开展教育、社保和健康医疗类服务工作。

芬兰总体人口分布较为稀疏,给教育和医疗等公共服务的开展带来了很大挑战。芬兰共约520万人口,尽管其中三分之二生活在城市地区,但芬兰总的人口密度仅为17人每平方千米,是全世界人口密度最低的国家之一。芬兰北部广袤的拉普兰地区,占全国三分之一的土地面积,但仅占全国4%的人口,人口密度非常低。人口主要集中于南部地区,尤其是大赫尔辛基地区,该地区人口约100万,占总人口五分之一。芬兰城市人口规模普遍较小,在几百个城市中人口超过10万的只有9个。芬兰目前人口老龄化严重,已成为社会面临的主要挑战之一,人力资源短缺日益严重。芬兰失业率较低,近两年维持在8%左右。芬兰外来人口相对较少,2012年外来人口占总人口3.4%,大部分来自爱沙尼亚和俄罗斯,另外约三分之一来自欧盟其他国家。[1]

芬兰自1917年独立到20世纪90年代,经济和社会福利制度基本稳步发展,只有在20世纪30年代经济大萧条期间、二战期间和20世纪90年代初期受过短暂冲击。二战后到20世纪90年代初期,芬兰GDP年均增长5%。芬兰的经济实力赶得上很多较大的国家。2004年,其人均国内生产总值为27 400美元,另外,芬兰在一些国际组织所开展的多次调查结果中,都位居世界最具竞争力的国家行列。2004年,芬兰以电子科技产品、化学制品和木材制品为主的出口产值达49亿欧元,占到当年GDP总额的26%。芬兰高科技产业的崛起对其经济取得跨越式发展起到重要推动作用。1968年,电子产品只占芬兰出口产品总额的1%,而2004年这一比例飙升至55%。

促使芬兰经济取得跨越式发展的因素是多方面的,包括芬兰为很多大型跨国公司入驻本土提供了友好环境、国内有着受过良好训练并掌握娴熟技能的人力资源、经济政策透明、司法系统健全公正、政府清正廉明等条件。除此之外,还有一个很重要的因素,那就是芬兰有着健全高质的教育系统。

---

〔1〕 EURYPEDIA. Population: Demographic Situation, Languages and Religions[EB/OL]. [2014-04-16]. https://webgate.ec.europa.eu/fpfis/mwikis/eurydice/index.php/Finland:Population:_Demographic_Situation,_Languages_and_Religions.

在全球经济不景气的背景下，近年芬兰GDP增幅很小(2009年为2%)，甚至出现负增长(2013年为-1.4%)。2013年芬兰人均GDP达48 000多美元。[1]

第二节 教育基本理念

一、根本理念——公平

芬兰教育的根本理念是为所有国民提供公平的受教育机会，不论其年龄、生活地域、经济状况、性别、语言、信仰如何。教育被视为国民的基本权利。法律规定每一个常驻居民(不只是芬兰人)都有权利接受免费基础教育，而且政府部门要确保满足一些特殊的教育需求。

政府部门为芬兰语和瑞典语人群提供同等标准的教育，他们有权利分别接受用芬兰语和瑞典语授课的教育。生活在芬兰最北部的萨米人有权利维持和发展他们自身的语言和文化，萨米人接受的基础教育以萨米语为授课语言。芬兰注重外来移民教育，致力于为他们提供公平的受教育机会，帮助他们学习使用芬兰语，尊重多元文化，使他们更好地融入芬兰教育和社会。芬兰教育政策的一项重要目标是使所有国民尽可能接受更高层次的教育并获得更多能力。芬兰学生在接受完基础教育后，有93%继续攻读普通高中教育或中等职业教育，这一比例在国际范围内是比较高的。

在芬兰《2011—2016年教育和研究发展规划》政策文件中，教育公平是最重要的话题之一。该文件提出了若干进一步消除教育不公平现象的政策目标。首

---

〔1〕 EURYPEDIA. Political and Economic Situation [EB/OL]. [2014-04-16]. https://webgate.ec.europa.eu/fpfis/mwikis/eurydice/index.php/Finland:Political_and_Economic_Situation.

先，到2020年，不同地区、不同性别、不同家庭背景的学生在所有教育层次上的入学率差异要减半。其次，不同家庭背景的学生在初等后教育和培训辍学率方面，以及在普通和职业高中入学率方面的差异要减半。再次，到2020年，高等学校毕业率的性别差异要明显减少，到2025年这种差异要减半。芬兰要对教育法律法规、行政制度、财政制度重新调整前，首先考虑的是该种调整是否会对教育公平造成不良影响。[1]

二、义务教育阶段和普通高中教育阶段的具体理念

除了最根本的公平理念，芬兰基础教育基本理念还包括其他很多方面，通过对其义务教育和普通高中教育的具体理念进行考察，有助于更为全面地认识和理解芬兰基础教育基本理念。

芬兰义务教育所要传授给学生的基本价值观，包括人权、公平、民主、自然多样性、环境保护、多元文化主义、责任、集体意识、个人权利和自由等。义务教育阶段的教育教学要以芬兰社会文化为基础，包括语言文化、宗教信仰文化、少数民族文化等，同时要尊重外来移民文化的多样性，支持与促进学生形成对本国、本民族文化的认同感，使他们既具有民族情感又具备国际意识和跨文化理解能力。教育教学要充分考虑与尊重学生个体差异。

芬兰义务教育既要承担教书又要承担育人功能。一方面，它要为不同的学生个体提供接受基本教育的机会；另一方面，它要为社会不断孕育和积累教育资本，增进社会公平和集体意识。芬兰义务教育旨在为每个学生提供多样化的学习、成长和进步机会，使他们获得在生活中和开展更高阶段学习所必须的知识和技能，培育和唤醒他们的终身学习愿望。为确保社会文化的延续性和发展性，义务教育还要发挥促使社会文化传统在代际之间不断进行传承的职能。义务教育也要促使文化创新，培育和发展学生的创新思维和批判思维能力。[2]

---

〔1〕 EURYPEDIA. Fundamental Principles and National Policies [EB/OL]. [2014-04-16]. https://webgate.ec.europa.eu/fpfis/mwikis/eurydice/index.php/Finland:Fundamental_Principles_and_National_Policies.

〔2〕 Finnish National Board of Education. National Core Curriculum for Basic Education 2004 [S]. Vammala: Vammalan Kirjapaino Oy, 2004:12.

芬兰普通高中教育进一步承接和延续义务教育阶段的教书育人职能。普通高中教育要为学生提供丰富的、全面的学习机会,使他们进一步掌握接受高等教育所必须的知识与技能。普通高中教育要培育和发展学生应对社会和环境挑战,以及从不同视角评判问题的能力,使他们在社会生活中和未来工作中成为有责任、有担当的公民,促使他们不断学习新知识,形成终身学习和不断自我提高的理念。

普通高中教育要以芬兰社会文化为基础,同时尊重他国文化,培育和发展学生的求真意识、民主意识、公平公正意识、多元文化理解能力。芬兰认为,普通高中学生应当是自身学习和世界观形成的主动建构者,普通高中教育应当充分认识人类个体基于自身意识来观察和分析现实世界的能力,尊重和积极引导高中学生的主动建构能力。[1]

第三节 教育体系

芬兰社会福利以教育、文化、知识为基础。芬兰教育体系(图 2-1)主要包括三个层次:第一个层次是小学和初中教育(通常意义上的基础教育);第二个层次是普通高中教育和中等职业教育;第三个层次为普通高等教育和高等职业教育。芬兰学生入小学前也可接受一定的学前教育。小学和初中教育统一在九年制的综合学校中开展。各教育层次都提供一定的成人教育与培训机会。[2]

---

〔1〕 Finnish National Board of Education. National Core Curriculum for Upper Secondary Education 2003 [S]. Vammala: Vammalan Kirjapaino Oy, 2004:12.

〔2〕 Finnish National Board of Education. Education in Finland[R]. Helsinki: FNBE.

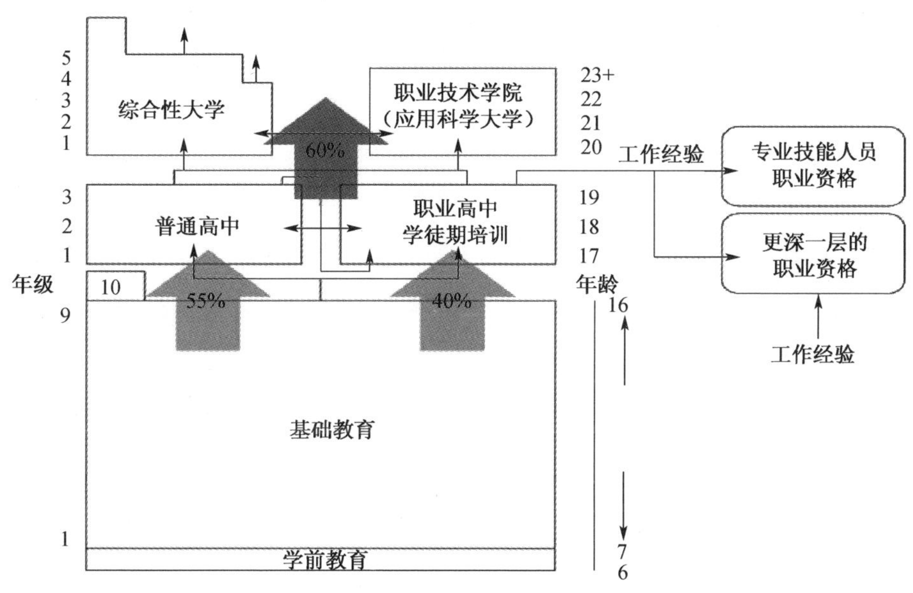

图 2-1　芬兰教育体系(2011 年)〔1〕

一、学前教育

芬兰儿童从出生到 6 岁之间可以在公立或私立日托中心接受一定的养护教育，这些日托中心一般会根据儿童父母收入情况收取一定的费用。自 2001 年，儿童到 6 岁便有权利到设有学前教育部的小学、公立日托中心或私人家庭日托中心等学前教育机构接受一年免费的学前教育。每个地方政府根据《儿童养护法》(*Act on Children's Day Care*)相关要求来提供这种服务。目前，绝大多数 6 岁儿童都会享受这一服务。

二、小学和初中教育

芬兰义务教育从 7 岁开始，绝大多数儿童会在 7 岁入小学，也有约 1%的儿童会提前或推迟入小学，这需要父母提供一定的儿童心理和生理测试材料来说明孩子提前或推迟入小学的原因。如果儿童要进入的小学不是用母语授课，或者侧重音乐等特长教育，入学前一般要接受相应的能力测验。芬兰义务教育包

〔1〕 芬中教育协会供图。

括小学(1—6 年级)和初中教育(7—9 年级),但小学和初中并不分段,绝大多数学生统一在综合学校中接受九年制义务教育,因此小升初的说法在芬兰不存在。有少数儿童因为能力不足,可能在九年教育之外还需要额外接受一年教育。学生接受完综合学校教育后将获得相应的毕业证书。

三、高中教育

获得综合学校毕业证书的学生有资格进一步接受普通高中教育或中等职业教育,这些学生通过统一的电子信息系统来申请入学,普通高中根据学生平时在综合学校的整体学习记录来挑选学生,威望较高、质量较好的普通高中(如罗素中学)对学生的平均学习成绩要求较高,而威望较低、质量一般的普通高中对学生的平均学习成绩要求则较低。中等职业学校在录取学生时,除了要参考学生平时在综合学校的学习成绩,还要考虑其是否具备工作经验,有时还可能要求申请者参加一定的职业倾向测试。

普通高中教育和中等职业教育都不收取学费,但学生可能要缴纳一定的教学和学习材料费用。综合中学毕业生有 90%会在毕业后随即继续接受更高层次的中等教育。按照规定,普通高中学制为 3 年,但学生可以提前一年也可以推迟一年或更长时间毕业,学制实际上较为灵活。

芬兰普通高中课程设置不以学年为单位,而是根据学科的内容与难度将其划分为数量不等的课程模块,学生按照相关要求与个人学习计划,学习一定量的必修课和选修课,并获得一定量的学分即可毕业。由于学生可以根据个人学习计划灵活选择课程模块,因此学生学习不同的课程模块时,其学习的教室会发生变更,与其一起学习的同学也会发生变更,这也就是芬兰普通高中的“无固定班级授课制”或“走班制”。

中等职业教育涵盖七大门类的职业知识与技能教育,可以颁发 52 种不同的职业资格证书,包括 112 种课程类型。学制一般为 3 年。学生要获得任何一种职业资格证书,既要在工作场所进行一定的实操练习,又要进行诸如语言与自然科学等一定的必修科目学习,并完成一定的选修课,还要按要求完成一定的项目任务。学习进度主要由学生根据个人学习计划自主安排。学生按照个人学习计划逐一修习不同的课程模块并通过一定的测试,达到相应学分标准即可获得一定的职业资格证书。

2006年以来,所有的中等职业教育资格证书都要求学习者在工厂或企业实习期间参加若干职业技能实测,职业技能实测内容与评价标准由中等职业教育人员、工厂企业雇主以及相关社会人士共同决定,具体开展也由多方共同组织协调。职业技能实测成为中等职业教育常规课程要求,所有学习者必须完成相关要求达到一定测试水平才能最终获得一定职业资格证书。学习者既可以通过参加中等职业学校也可以通过边实习边工作(相当于学徒制)来完成中等职业教育,不管通过哪种学习方式,只要达到一定的知识水平与职业技能水准,都能获得相应的职业资格证书。

四、高等教育

芬兰高等教育机构包括两类,分别为大学(University)和多科技术学院(Polytechnic)。大学主要提供学术和研究性教育,培养研究型人才;多科技术学院主要提供专业性教育,培养专业性人才。

大学招收对象主要是获得国家高中毕业会考(national matriculation examination)成绩的学生,参加国家高中毕业会考的学生绝大部分毕业于普通高中,也有少部分毕业于中等职业教育机构的学生。那些获得多科技术学院学位证书、一定的中等后职业教育资格证书的学生,也有资格申请大学。大学也可能招收一些具备相应学习能力的人。总之,大学的录取标准严格而灵活,只有一部分申请者能获得大学学习机会。

多科技术学院的招收对象相对宽泛,普通高中和中等教育机构毕业生都可申请多科技术学院。那些获得一定的国际职业资格证书的人也可申请多科技术学院。多科技术学院录取主要参考学生平时在校学习成绩及相关工作经验,很多时候还要求申请者参加一定的入学考试。

大学学位包括学士、硕士、副博士(Licentiates)、博士几个层次,修业年限3~6年不等。多科技术学院主要提供学士学位,修业年限一般在3.5~4年,也有一些可以提供硕士学位。

五、成人教育

芬兰从综合学校到大学等所有层次的教育机构不仅为青年人提供教育机会,也为成年人提供一定的继续教育机会。有些教育机构则专门提供成人教育与培训。企业等用人单位也会给成年人提供一定的在职教育与培训机会。一些在普通高中接受继续教育的成年人,也有机会和青年学生一样参加国家高中毕业会考(National Matriculation Examination)。在中等职业教育机构学习的成年人也和青年人一样有机会获得同样的职业资格证书。

成年人还可以通过专门为他们量身打造的"基于能力的职业资格证书体系"(Competence-Based Qualifications),自由灵活地完成相应学习内容并获得证书。"基于能力的职业资格证书体系"为成年人提供一定的机会,让他们能够证明其所具备的技能,不管其技能获得途径如何(工作、学习或者业余爱好),只要其达到相应的要求(具体要求由国家教育委员会决定)就能获得一定的职业资格证书。成年人的职业资格学习内容往往是个性化的,每个人都可能有所不同。"基于能力的职业资格证书体系"的具体组织与实施,由雇主、被雇佣者、职业教育教师等利益相关者共同组成的团体来负责。这种职业资格证书体系为芬兰终身学习社会的构建发挥着重要作用。

六、特殊教育

芬兰注重教育公平、奉行"全纳教育理念",相信每个学生都有潜力可以发掘,尽量将特殊教育与普通教育相融合。如果一个学生因为残疾、疾病、发育滞后、精神失常等原因无法接受常规教学,政府和学校会给他提供一定的特殊教育。但政府和学校尽量不把这些学生放在特殊班级或特殊学校来单独开展特殊教育,而是在常规学校和班级中给予他们特殊帮助与支持。只有在情况比较严重时,政府和学校才将这些学生放在特殊班级或特殊学校进行特殊教育。对于这些学生的教育主要由特殊教师来负责。政府、学校、家庭、医疗部门、福利部门等利益相关者共同为每个需要特殊教育的学生量身定制课程计划。政府及学校尽量为有特殊教育需要的学生创造条件,让他们接受常规的学前教育和职业教育及培训。

第四节　基础教育系统与要素详述

一、类型

1. 小学和初中

芬兰小学和初中教育是完全免费的,学生不仅不用缴纳学费,而且使用的教材等学习材料也基本由政府出资。对于家庭距学校较远的学生,政府或社区会出资为他们提供交通服务。1999 年以来,芬兰的小学和初中教育不分段,绝大部分在九年制的综合学校(英语:Comprehensive School;芬兰语:Peruskoulu)中开展。综合学校所开展的教育基本一致,但近些年个性化和多元化在日益增加。综合学校绝大部分都是公立的,主要由地方政府负责开办,地方政府应确保儿童就近入学,但也允许父母在一定的条件下自由择校。有些父母可能不愿让孩子到学校接受教育,而是自己在家教育他们,这在芬兰也是允许的。这种情况下,父母要接受市政部门的监督确保其子女能够完成国家规定的义务教育内容。但这种情况非常少,当前综合学校适龄儿童约 50 万人,每年不愿入学而在家接受教育的儿童只有 300 人左右。对于有特殊需要的儿童,地方政府也会利用一些医院场所为他们提供义务教育。有一些综合学校是附属于某些大学内部教师教育机构的教师培训基地学校(Teacher Training School)。另外,还有一些为听力、视觉或运动能力存在缺陷的青少年提供特殊教育的学校,这些学校由国家政府直接管理。有少数儿童因为能力不足或其他原因,可能在九年义务教育之外还需要额外接受一年教育。为保证教育公平,如果一个市辖区内既有芬兰语人群也有瑞典语人群,市政府要分别提供用芬兰语授课和用瑞典语授课的学校教育。

芬兰综合学校绝大部分是公立的,只有约 3%是私立的,而且私立的综合学校虽然由私立组织负责具体管理,但仍受教育与文化部大量拨款资助(与公立学校基本没有区别),并要遵守国家课程框架及其他政策文件要求来办学,同时要接受教育与文化部监管。[1]

2. 普通高中

芬兰普通高中(芬兰语:Lukio;瑞典语:Gymnasium)绝大部分是公立的,主要由地方政府、地方政府联合机构、一些协会或基金组织开办,开办普通高中要获得教育与文化部授权。大部分普通高中开展传统的普通中等教育。教育与文化部也对一些普通高中进行专项补贴,使其承担一定特殊教育任务。还有一些普通高中开展的是非传统教学,如有 14 所普通高中基于施泰纳教学理论(Steiner Pedagogy)开展教学。有些普通高中用外国语开展教学,如赫尔辛基国际学校(International School of Helsinki)主要为生活在赫尔辛基的移民子女用英语提供教学。有 17 所普通高中专门提供 IB(Internationl Baccalaureate)课程,如赫尔辛基德语学校(German School of Helsinki)等。有些普通高中以音乐、体育等特色教育为主。有些暑期学校也提供一些普通高中科目的学习机会。[2]

在芬兰,普通高中教育可以通过远程学习来完成,有上百所普通高中提供这种机会。远程学习要遵照国家课程框架和学时分配制度来进行。选择远程学习的学生与校长、学生指导教师和学科指导教师共同制定好个人学习计划,在教师的监督下按照计划完成相关课程。远程学习可以通过录音机、电视机、电子邮件、在线学习等途径实现,有时会使用一些纸质材料作为补充,在必要的情况下也会接受教师面对面的指导。芬兰普通高中在全国的覆盖范围比较广,确保学生能够就近入学。但近年由于不同地区适龄学生呈现不平衡变化趋势,尤其一些小城市的适龄学生日益减少,使得这些地区的普通高中被迫关闭。2006—2011 年间,普通高中数量从 461 所减少到 433 所,这使得一些小城市的适龄学生就近入学机会面临威胁。为确保这些学生公平接受教育,如果学生家庭与学校距离超过 10 千米或者每月公交费超过 54 欧元,当地政府会给学生提供一定

---

[1] EURYPEDIA. Organisation of Private Education [EB/OL]. [2014-05-16]. https://webgate.ec.europa.eu/fpfis/mwikis/eurydice/index.php/Finland:Organisation_of_Private_Education.

[2] EURYPEDIA. Organisation of General Upper Secondary Education [EB/OL]. [2014-05-16]. https://webgate.ec.europa.eu/fpfis/mwikis/eurydice/index.php/Finland:Organisation_of_General_Upper_Secondary_Education.

交通补助。另外,学生乘坐公交享受 5 折优惠。[1]

芬兰普通高中绝大部分也是公立的,主要由地方政府开办,不收取学费,某些科目可能需要学生支付一定的学习材料费用。普通高中只有约 8%是私立的,而且私立的综合学校虽然由私立组织负责具体管理,但仍受教育与文化部大量拨款资助(和公立学校基本没有区别),并要遵守国家课程框架及其他政策文件要求来办学,同时要接受教育与文化部监管。[2]

二、规模、投入与效率

1. 学校与学生数量

就学校和学生总量而言,近年,由于适龄儿童数量减少、追求学校规模效益等原因,一些综合学校纷纷关闭或合并,数量明显减少。2008 年约 3 200 所,2013 年减少到 2 717 所,学生共 540 477 人(男生占 51%,女生占 49%),其中 1—6 年级 351 663 人,7—9 年级 176 008 人,十年级 1 030 人,当年获得毕业证书的有 59 886 人。[3] 2013 年,普通高中约 374 所,学生共 115 400 人(男生占 57%,女生占 43%),[4] 如表 2-1 所示。

表 2-1 2013 年综合学校和普通高中规模

综合学校					普通高中	
学校总数	学生总数	1—6 年级人数	7—9 年级人数	10 年级人数	学校总数	学生总数
2 717	540 477	351 663	176 008	1 030	374	115 400

就每年新入学学生数量而言,2012 年综合学校新入学学生 59 100 人,普通

---

[1] EURYPEDIA. Organisation of General Upper Secondary Education [EB/OL]. [2014-05-16]. https://webgate.ec.europa.eu/fpfis/mwikis/eurydice/index.php/Finland:Organisation_of_General_Upper_Secondary_Education.

[2] EURYPEDIA. Organisation of Private Education [EB/OL]. [2014-05-16]. https://webgate.ec.europa.eu/fpfis/mwikis/eurydice/index.php/Finland:Organisation_of_Private_Education

[3] Statistics Finland. Pupils in comprehensive schools and with leaving certificates from comprehensive schools by region 2013[EB/OL]. [2014-06-13]. http://www.tilastokeskus.fi/til/pop/2013/pop_2013_2013-11-15_tau_001_en.html.

[4] Statistics Finland. Number of educational institutions fell further, number of comprehensive schools 67 lower than one year before [EB/OL]. [2014-06-13]. http://www.tilastokeskus.fi/til/kjarj/2013/kjarj_2013_2014-02-13_tie_001_en.html.

高中新入学学生 36 000 人。[1]

2. 班额、生师比、效率

(1) 班额

芬兰小学和初中班额平均为 20,OECD 国家平均为 23.4,G20 国家平均为 26.2,中国大陆平均为 52.9。[2] 如图 2-2 所示。

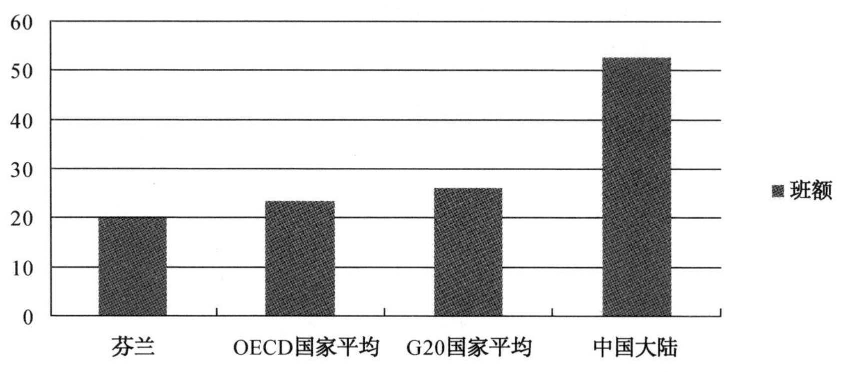

图 2-2 芬兰和其他国家班额情况

芬兰国家层面没有统一规定来限制综合学校的班级规模,但国家层面一直致力于通过增加专项财政补贴等方式鼓励地方政府削减班级规模,如 2013 年教育部为鼓励地方政府削减中小学校的班级规模,给地方的专项补贴高达 6 000 万欧元。

当前芬兰综合学校的班级规模在世界上来说比较小。在芬兰大部分综合学校,同一班级只包括同一年级的学生,但有些规模较小的学校,同一班级可能同时容纳不同年级的学生,不同年级的学生在同一班级接受教育,即所谓的复式教学。

芬兰普通高中由于实行课程模块制,学生可以灵活选择课程,因此没有固定的年级和班级。由于没有固定班级,也就无所谓班级规模。有时很多学生一起学习某个课程模块,有时可能极少数学生一起学习某个课程模块,这取决于学生

[1] Statistics Finland. Number of educational institutions fell further, number of comprehensive schools 67 lower than one year before [EB/OL]. [2014-06-13]. http://www.tilastokeskus.fi/til/kjarj/2013/kjarj_2013_2014-02-13_tie_001_en.html.

[2] OECD Education GPS. Overview of Finland's education system [EB/OL]. [2014-06-18]. http://gpseducation.oecd.org/CountryProfile?primaryCountry=FIN&treshold=10&topic=EO.

具体选课情况。国家也没有关于普通高中生师比的规定。

(2) 生师比

芬兰小学生师比平均为13.7,初中9.3,高中16.3。OECD国家小学生师比平均为15.4,初中13.3,高中13.9。G20国家小学生师比平均为18.3,初中为15.3,高中为15.9。而中国大陆小学生师比平均为17.1,初中14.6,高中18.4。[1] 如图2-3所示。

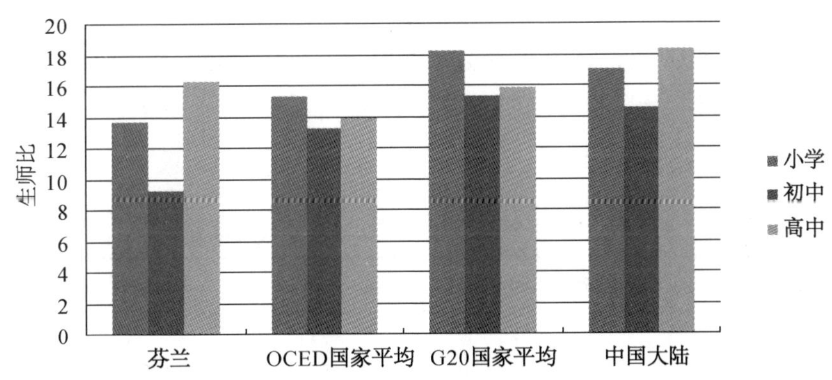

图2-3 芬兰和其他国家生师比情况

(3) 效率

芬兰综合学校教育质量与效率较高,绝大部分毕业生具备进一步接受更高一级教育的能力要求。每年约95%的综合学校毕业生会选择进一步接受普通高中教育或中等职业教育。也有约5%的毕业生选择继续就读综合学校十年级,多接受一年义务教育。这些学生在接受完十年级教育后,绝大多数具备相应的能力来继续接受普通高中教育或中等职业教育,只有约2%选择终止学业。芬兰政府的目标是综合学校毕业生选择进一步接受更高一级教育的比例必须保持在98%左右,这就要求综合学校要具备较高的教育质量与效率。另外,2007—2008学年,芬兰适龄儿童义务教育完成率高达99.8%。[2]

[1] OECD Education GPS. Overview of Finland's education system [EB/OL]. [2014-06-18]. http://gpseducation.oecd.org/CountryProfile? primaryCountry=FIN&treshold=10&topic=EO.

[2] Pasi Sahlberg. Finnish Lessons: What can the world learn from educational change in Finland[M]. New York: Teachers College Press, 2011: 27-28.

普通高中教育属于非义务教育，衡量其质量与效率的重要指标之一是毕业率。芬兰普通高中毕业率在国际上一直比较高。芬兰普通高中学制相对灵活，以 3.5 年为平均毕业年限来衡量，2008 年芬兰普通高中毕业率高达 93%，而同期加拿大只有 76%，美国只有 77%，OCED 国家平均只有 80%。而且，同期芬兰普通高中总体学生只有 2%中途辍学。这表明芬兰普通高中质量与效率较高。[1]

3. 财政投入

芬兰非常重视教育投入，2010 年教育实际开支总额比 2008 年增加了 6%。2010 年，芬兰各级各类教育的生均教育投入达 10 157 美元，OCED 国家平均为 9 308 美元。同年，芬兰教育总投入占 GDP 比例为 7%，OCED 国家平均为 6%。[2] 如表 2-2 所示。

表 2-2 2010 年芬兰与 OECD 教育投入基本情况

	各级各类生均教育投入/美元	教育总投入占 GDP 比例
芬兰	10 157	7%
OECD 国家平均	9 308	6%

芬兰非常注重基础教育，教育投入比较可观。2012 年芬兰教育系统总投入 121 亿欧元，其中综合学校教育投入 44 亿欧元，占最大份额，高等教育与研究投入 23 亿欧元，职业教育投入 17 亿欧元。具体如表 2-3 所示。

表 2-3 2012 年芬兰不同教育层次与类型经费投入[3]

教育层次与类型	投入/百万欧元	百分比
学前教育	342	2.8%
综合学校教育	4 363	35.9%
普通高中教育	727	6.0%
中等职业教育	1 736	14.3%

[1] Pasi Sahlberg. Finnish Lessons: What can the world learn from educational change in Finland[M]. New York: Teachers College Press, 2011: 28-29.

[2] OECD Education GPS. Overview of Finland's education system[EB/OL]. [2014-06-18]. http://gpseducation.oecd.org/CountryProfile?primaryCountry=FIN&treshold=10&topic=EO.

[3] Statistics Finland. Current expenditure on regular education system increased in 2012 [EB/OL]. [2014-06-13]. http://www.tilastokeskus.fi/til/kotal/2012/kotal_2012_2014-05-08_tie_001_en.html.

续表

学徒培训	171	1.4%
多科技术学院教育	928	7.6%
大学教育与研究	2 340	19.3%
其他教育	478	3.9%
行政管理	227	1.9%
学生资助	837	6.9%
合计	12 149	100%

其中，芬兰综合学校教育投入的开支比例如图 2-4 所示。教师工资占 66%，学生住宿与交通补助占 4%，校餐占 8%，学生支持与咨询占 3%，内部管理占 5%，基础设施维护占 14%。

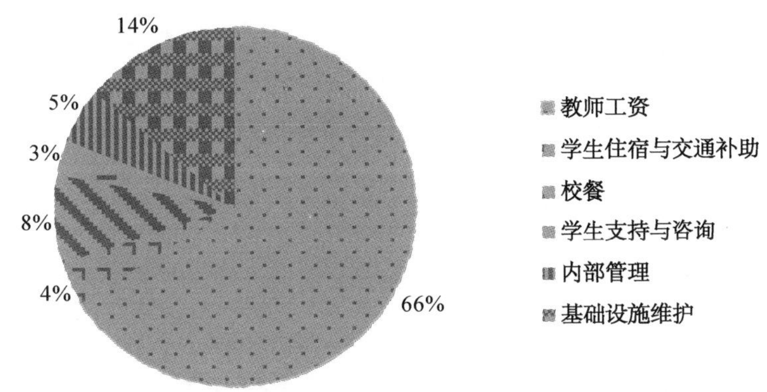

图 2-4 芬兰综合学校教育投入的开支比例[1]

4. 学生支持数量

芬兰基础教育公平体现在很多方面，其中教育个性化支持是很重要的一方面。芬兰中小学注重对学生给予个性化的教育支持，帮助他们取得更好的学习成绩。2010 年国家教育委员会对国家课程框架做了修改补充，进一步明确地方政府和学校应当给有需要的学生必要的教育支持。按照要求，芬兰地方政府和学校应根据学生具体情况给予三个层次的支持，分别是一般性支持、强化性支持

[1] Finnish National Board of Education. School meals in Finland-Investment in learnning[R]. Helsinki: FNBE.

和特殊支持(具体可见本章“学生支持与指导咨询”)。

2013 年,综合学校共 540 477 名学生之中,35 033 人获得强化性支持,占学生总数 6.5%; 39 634 人获得特殊支持,占学生总数 7.3%;两者共约 74 667 人,占学生总数 13.8%。也即,在芬兰综合学校,平均每 10 名学生有 1 名或得到强化性支持或特殊支持。由此可见,芬兰基础教育特别注重对弱势群体的关注,努力不让一个学生掉队,彰显其一贯秉持的教育公平理念。具体如表 2-4 所示。

表 2-4 2013 年综合学校获得强化性支持与特殊支持的学生人数与比例[1]

年级/性别	获得强化性支持的学生		获得特殊支持的学生		获得强化性支持或特殊支持的学生		学生总数/人
	数量/人	占学生总数比例	数量/人	占学生总数比例	数量/人	占学生总数比例	
1—6 年级	24 256	6.9%	22 251	6.3%	46 507	13.2%	351 663
7—9 年级	10 538	6.0%	16 275	9.2%	26 813	15.2%	176 008
十年级	46	4.5%	201	19.5%	247	24.0%	1 030
所有年级	35 033	6.5%	39 634	7.3%	74 667	13.8%	540 477
男生	22 762	8.2%	27 575	10.0%	50 337	18.2%	277 056
女生	12 271	4.7%	12 059	4.6%	24 330	9.2%	263 421

三、师资

芬兰习惯上将综合学校 1—6 年级的教师称为课堂教师(class teacher),将 7—9 年级的教师称为学科教师(subject teacher)。

原因在于,在 1—6 年级阶段,同一个班级的学生主要由同一个教师任教,而 7—9 年级阶段,不同科目由不同的教师任教,有的教师也可能同时担任两三个科目的教学任务。由此可见,芬兰小学教师往往同时具备多学科授课能力,很多小学教师将一个班级的孩子从一年级一直带到六年级,师生之间形成亲密无间的关系,学生乐于向教师倾诉学习中遇到的问题,教师对每个学生也都非常熟

〔1〕 Statistics Finland. Share of students having received special support diminished [EB/OL]. [2014-06-19]. http://www.tilastokeskus.fi/til/erop/2013/erop_2013_2014-06-12_tie_001_en.html.

悉,能真正做到因材施教。7—9 年级的学科教师,按照年级或多个班级为单位分为不同的教学组,每个教学组由一名教师担任组长来统一协调安排教学工作。

两类教师所获学位也有一定差异。课堂教师所获学位一般是教育学硕士学位(Masters of Education),精通教育学、心理学、课程教学论等一般教育学知识;而学科教师所获学位一般是某个学科的硕士学位(Masters' degree in the subject),其中也包括一定的课程和教学理论学习。[1]

四、学期

综合学校每学年从 8 月中旬开始到次年 6 月初结束,授课天数为 190 天(学生每学年总共在校 38 周,每周从周一到周五学习 5 天),每学年包括春、秋两个学期。不同的学校开办者有权决定本地区或本校每学年的具体开始日期,但每学年的结束日期全国一致。综合学校每学年约定俗成地有暑假和圣诞节两个假期,而且两个假期之中分别包括一周所谓的运动假(Sports Holiday),假期总时长约 13 周,相对较长。不同地方、不同学校的假期时长有所差异。综合学校学生每周上课时间从 19 小时到 30 小时不等,这取决于学生所在年级高低和选修科目的多少。[2]

芬兰法律法规没有关于普通高中学年开始日期、结束日期或每周授课时数的统一规定,由地方政府和学校自主确定。但在理论上,普通高中的教学安排一般要能确保学生在三年内完成最低学分要求。按照《普通高中法规》(*General Upper Secondary Schools Decree*)要求,地方政府和学校要根据国家普通高中课程框架相关要求来制定年度教学计划,计划内容应包括教学安排、开课天数、节假日安排、不同科目间的课时分配及其他学校活动安排等。

五、课时

具体而言,1—2 年级学生每周上课时间平均为 19 小时,3—4 年级学生每周上课时间平均为 23 小时,5—6 年级学生每周上课时间平均为 24 小时,7—9 年

---

〔1〕 Finnish National Board of Education. Education in Finland [R]. Helsinki: FNBE.

〔2〕 Pasi Sahlberg. Finnish Lessons: What can the world learn from educational change in Finland[M]. New York: Teachers College Press, 2011:20.

级学生每周上课时间平均为30小时。从课的数量来看,芬兰基础教育相关法律规定,1—2年级每天不能超过5节课,3—9年级每天不能超过7节课。在芬兰,1—9年级每节课通常为60分钟,其中至少45分钟用来组织教学活动,其余15分钟可以用来课间休息。芬兰地方和学校有权灵活安排课堂,有时一节课长达90分钟也是可能的。[1] 但基础教育相关法律对学生每天在校时间上限与每周上课时间下限有所规定,学校应在遵守底线规定的前提下灵活安排。综合学校在整个九年教育中每个科目总的最低授课时数由内阁政府统一规定,地方和学校应在遵守这种规定的前提下灵活安排不同科目的授课时数。

普通高中每节课通常为60分钟,其中至少45分钟用来组织教学活动,其余15分钟可以用来课间休息;有些学校一节课长达90分钟,其中包括15分钟课间休息。每个学生都有不同的课表,这取决于其选课情况。普通高中授课时间一般在早上8点开始、下午4点结束,但国家对此没有统一规定,由学校自主安排。[2]

六、评价与升学

1. 综合学校评价与升学

芬兰小学和初中教育阶段没有全国性的大规模测试。综合学校的教师在日常教学中根据国家课程标准所提的阶段性教育目标对学生进行小规模评价。根据《基础教育法》,评价的目的在于引导和鼓励学生学习并发展他们的自评能力。对学生成长进步、学习能力、行为习惯等的综合评价都围绕国家课程目标来开展。

国家基础教育课程框架对基础教育阶段学生评价给出了原则性指导意见。学生评价分为学习过程中的评价与学习结束后的评价,两类不同的评价有着不同的作用。

学习过程中的评价旨在更好地引导与鼓励学生学习,帮助他们更好地了解

[1] EURYPEDIA. Teaching and Learning in Single Structure Education[EB/OL]. [2014-05-16]. https://webgate.ec.europa.eu/fpfis/mwikis/eurydice/index.php/Finland:Teaching_and_Learning_in_Single_Structure_Education.

[2] EURYPEDIA. Teaching and Learning in General Upper Secondary Education [EB/OL]. [2014-05-16]. https://webgate.ec.europa.eu/fpfis/mwikis/eurydice/index.php/Finland:Teaching_and_Learning_in_General_Upper_Secondary_Education.

自身不足和需要改善之处。评价由教师自主决定，外在力量无权直接干涉，评价多注重形成性与发展性，不以评价结果公开排名，只作为检测学生学习成长情况的辅助手段。

学习结束后的评价是教师们在学生从综合学业毕业时所给的整个九年来的总体性评价，普通高中在录取学生时会参考这种评价结果。学习结束之后的评价以分数为主，因为在全国范围内要具备一定的可比性，以便于普通高中挑选学生。教师们给分数时需要参考国家课程框架所规定的每个分数等级要达到的学习目标，根据学生达成目标的情况给出相应的分数。

在实际中，芬兰小学和初中学生留级现象几乎为零。芬兰教育理念认为，学校和教师对学生所有学习问题，都应防患于未然，并在评价之前想尽各种办法帮他们克服掉，只有这样的教育才是成功的。如果等学生评价结果出来之后，才意识到学生学习已经存在严重问题，这样的教育是失败的。所以芬兰教师特别注重在日常教学中及时发现学生学习问题并予以解决，从而使学生留级现象基本不存在。

综合学校学生毕业后要升入普通高中或职业高中，一般通过统一的中等学校网上申请系统（https://opintopolku.fi/wp/fi/）来选择学校，并接受学校筛选。该系统由国家教育委员会来维护。学生也可以从学校、国家教育委员会、地方就业办公室、图书馆等处获取纸质申请表，填写后提交给国家教育委员会。每年有两个时段可以申请，2—3 月份可以申请秋季入学，9—10 月份可以申请春季入学。有些学生在 2—3 月份如果没有成功申请到学校，还可以在 7 月份再申请一次。普通高中筛选学生的主要标准是他们在综合学校取得的知识性学科的平均成绩积点（Grade Point Average），一般要求学生最低达到 7 分左右，威望越高的学校可能要求越高。[1] 有些普通高中还要求申请者参加入学考试或学习性方向测试，学生的一些爱好和特长也会得到加分。对于一些移民学生，普通高中会提供单独的入学考试。普通高中不允许家长自由择校。录取结果出来后，普通高中一般不会单独邮寄录取通知，而是将被录取者的名字张贴在学校信息宣

---

〔1〕 EURYPEDIA. Organisation of General Upper Secondary Education[EB/OL]. [2014-05-16]. https://webgate.ec.europa.eu/fpfis/mwikis/eurydice/index.php/Finland:Organisation_of_General_Upper_Secondary_Education.

传栏上或挂到学校主页上。申请者对申请程序有不同意见可以向地区行政管理部门提出申诉。

2. 普通高中评价与升学

学生在完成相应课程后，有资格参加国家高中毕业会考(National Matriculation Examination)。芬兰国家高中毕业会考始于1852年，当时只是赫尔辛基大学的入学考试。现在考试的目的，在于检测学生是否真正掌握普通高中课程内容，以及是否达到普通高中教育目标。学生通过了高中毕业会考，即可获得高等教育申请资格。

国家层面有专门的高中毕业会考委员会负责组织和管理考试，普通高中配合工作。高中毕业会考委员会负责考试准备与评分工作。委员会主席及成员(约40名)由教育与文化部任命，教育与文化部的任命决定，建立在与大学和国家教育委员会协商基础上。委员会成员由各考试科目专家组成。另外还有300多位教师或专家协助委员会准备试题与评分。试卷印刷、分发等具体工作，由22位成员组成的秘书处负责。[1]

高中毕业会考每年举行两次，春秋季各一次，考点遍布所有普通高中。考生最多在三次连续性的考试机会中完成某科目(如数学)考试，当然也可以一次性完成。考生至少参加四项考试。其中母语考试是所有考生必选项，其他三项可以从以下四项中自由选择：第二官方语言(芬兰语或瑞典语)、外国语、数学、综合科目考试(考试内容同时涉及社会及自然科学知识)。考生也可以增加一些其他选考科目。

有些考试科目分两种难易程度，考生可任选一种。如数学和外国语考试，分高级和普通两种难度，第二官方语言考试分高级和中级两种难度。考生在至少要参加的四项考试中，至少有一项要选择高级难度。考生通过综合科目考试后，如果对成绩不满意，可以再参加两次该项考试，以其中最高成绩为准。考生在通过其他项考试后，如果对成绩不满意，可以再参加一次该项考试提高成绩，以其

〔1〕 Pasi Sahlberg. Finnish Lessons: What can the world learn from educational change in Finland[M]. New York: Teachers College Press, 2011:22-23.

中较高成绩为准。考生在通过至少要参加的四项考试后，还可以自愿参加一些选考科目，以提高总成绩。

考生在完成至少要参加的四项考试及其他选考项目后，将获得相应证书，证书标明学生所选的考试内容及成绩水平。成绩水平分为7个等级，分别为0(不及格)、2(及格)、3(良好)、4(较好)、5(非常好)、6(优秀)、7(非常优秀)。高等教育机构在录取学生时，将高中毕业会考成绩水平作为重要参考。[1]

七、课外活动

芬兰国家层面鼓励地方政府为综合学校1—2年级的学生及其他年级有特殊需要的学生组织丰富多彩的课外活动。组织这些活动不是地方政府一定要尽的义务，但如地方政府按照国家层面要求组织这些活动，将得到国家层面的专项补贴。为规范地方政府组织这些活动，芬兰国家教育委员会于2011年出台了专门的《基础教育课外活动国家指导纲要2011》(*National Framework for Before-And-After-School Activities in Basic Education* 2011)。如果地方政府要组织这些活动，就要按照《纲要》的要求来进行，并要制定专门的课外活动组织方案，以确保课外活动组织的扎实性、稳定性与持续性。符合条件的学生是否参加地方政府提供的课外活动，由学生家长自主决定，时间也由家长灵活安排，没有强制性要求。如果家长安排孩子参加有关活动，活动提供者可能要向家长按月收取一定费用。

1. 开展课外活动的目的

芬兰国家层面鼓励地方政府为这些特定学生群体组织课外活动，出于多方面目的。

(1) 课外活动可以作为家庭教育和学校教育的一种补充。不同家庭有着不同背景，父母的职业与受教育水平存在差异，有些父母因工作需要可能没有足够的时间来关心孩子成长，有些父母受教育水平较低，可能无法确保为孩子提供良好的家庭教育。年幼学生虽然在校时间较长，但毕竟仍有大量时间要在校外度

---

〔1〕 Pasi Sahlberg. Finnish Lessons: What can the world learn from educational change in Finland[M]. New York: Teachers College Press, 2011:22-23.

过。尤其那些因生理、心理缺陷有着特殊教育需要的学生,家庭教育和学校教育可能不能完全满足他们的教育需要。丰富多彩的课外活动可以为这些学生群体提供一些补充性教育,弥补家庭教育和学校教育的不足。

(2) 课外活动可以更好地促进年幼和有着特殊需要的学生身心健康成长。通过组织丰富多彩的课外活动,学生在集体或个体活动中,得到活动指导者的认可和鼓励,更好地树立自信和自尊。学生通过参加一些运动,增强体质,通过参加一些集体活动锻炼沟通和交往能力,更好地融入家庭和学校。

(3) 课外活动有助于学生找到自身兴趣特长。年幼学生处于兴趣特长培养的关键期,丰富多彩的课外活动为他们提供多种多样的尝试机会,在不同的活动尝试和体验中,发现自身兴趣和特长所在。家长在了解孩子兴趣特长的基础上,找准方向给予孩子更多的支持帮助,让他们的兴趣特长得到健康发展。

(4) 课外活动可以促进这些学生的道德养成。年幼学生正处于道德养成的关键时期,丰富多彩的课外活动有助于他们增进对责任、分享、合作、谦让、关爱等道德观念的切身感受,让他们在活动中、在实践中逐步摒弃不良道德习惯和行为,自然而然地养成优良道德习惯和行为。

(5) 课外活动可以增进不同学生群体之间相互理解和包容,增进社会公平公正。通过课外活动,将来自不同家庭背景、不同性别、不同种族、不同学习能力的学生集合在一起,让他们在同一个平台上开展活动。这有利于外来移民子女与当地学生结成伙伴关系,更好地融入当地学校和社会。在活动指导者的正确引导下,那些身心发展存在缺陷的特殊学生能更好地弥补缺陷,重塑自信。[1]

2. 课外活动的内容

地方政府在设计课外活动内容时,应征求家长、学校、学生、健康部门等多方意见。课外活动内容应当丰富、多彩、有趣,融入地方特定背景和文化特色。课外活动应以游戏和户外活动为主,让学生乐于参与并在参与过程中既能得到放松又能得到成长。地方政府组织的课外活动通常应包括以下内容。

---

〔1〕 Finnish National Board of Education. National Framework for Before-And-After-School Activities in Basic Education 2011 [Z]. Helsinki: Taittotalo PrintOne, 2011:8-10.

(1) 道德成长活动。

(2) 游戏和交往活动。

(3) 体育和户外活动。

(4) 就餐和小憩。

(5) 文化传统活动。

(6) 手工和雕刻活动。

(7) 视觉艺术、音乐、肢体和语言表达活动。

(8) 传媒素养。

(9) 日常生活习惯和社会生活技能培养活动。

(10) 其他知识和技能提高活动[1]。

图 2-5—图 2-7 是芬兰学生户外活动的情形与场地。

图 2-5　芬兰幼儿户外活动[2]

图 2-6　芬兰学生与北极狐亲密接触[3]

---

〔1〕 Finnish National Board of Education. National Framework for Before-And-After-School Activities in Basic Education 2011 [Z]. Helsinki: Taittotalo PrintOne, 2011:12-14.

〔2〕〔3〕 芬中教育协会供图。

图 2-7 芬兰学生户外活动场地[1]

地方政府应注意保护课外活动参与者的个人信息,尤其对那些有特殊需要的学生而言,他们的身心和能力缺陷、成长记录等信息只有获得家长等监护人的授权才能移交给课外活动指导教师。课外活动指导教师在获悉这些信息后,只能作为个性化指导的参考信息来使用,不能向他人随意外泄。当学生的课外活动指导教师发生更换时,现任指导教师只有获得家长等监护人的授权才能将这些信息转交给新任指导教师。

3. 课外活动的组织管理

课外活动的具体组织和管理部门由地方政府根据当地法律来确定。课外活动的具体组织和管理部门要承担下列一些职责。

(1) 做好课外活动的组织与协调。

(2) 如从企业等私立机构购买课外活动服务,需要签署购买合同并监督服务提供情况。

(3) 监管相关资金收支情况。

---

〔1〕 芬中教育协会供图。

(4) 起草审议课外活动实施方案。

(5) 做好课外活动参与学生的登记注册。

(6) 做好活动费用收取或减免工作。

关于课外活动时间安排,按照《基础教育课外活动国家指导纲要2011》政策要求,地方政府每学年为那些参与活动的学生提供的课外活动时间应在570～760小时之间,也即周一到周五每天3～4小时,而且活动时间应安排在早7点到下午5点之间,最好是在早上和傍晚两个时段进行,方便家长安排时间,亲子共同参与活动。活动期间,活动提供者应当为学生准备一些营养可口的小餐,确保孩子在体力支出后得到及时的营养补充,同时增加活动的乐趣。

地方政府可以单独也可以联合其他地方政府共同组织课外活动,活动提供者可以是政府部门或公益组织。地方政府也可以支出一定费用向企业购买相关服务,购买服务要事先签好相关协议并监督服务提供情况。

4. 课外活动的实施方案

地方政府根据《基础教育课外活动国家指导纲要2011》制定课外活动具体实施方案,应包括如下五大方面内容。

(1) 课外活动总体任务与目标。

(2) 课外活动主要内容与实施原则。

(3) 课外活动具体事项:

- 活动地点与设施
- 活动时间
- 活动费用
- 活动信息传达
- 活动申请与注册要求
- 参与活动的学生规模及活动范围
- 活动分组规则
- 活动组织人员安排与活动指导教师资格要求
- 活动指导教师犯罪记录审查
- 活动指导教师职业倾向测评

- 活动中的交通安排
- 活动中的小餐筹备
- 活动安全事项与救援预案
- 人身保险事宜
- 活动资金预算

(4) 课外活动监督与评估:

- 地方政府对组织的课外活动进行自评的安排
- 地方政府参加其他机构对本地课外活动进行评估的安排
- 评估结果的发布事宜

(5) 课外活动合作、协调与信息管理:

- 与家庭合作事宜
- 与学校、班级、特殊教育教师合作事宜
- 学生信息保密制度
- 不同行政部门之间的合作事宜
- 活动提供者与组织者之间的合作事宜
- 与儿童福利部门的合作事宜
- 与相关企业或公益组织的合作事宜

根据《基础教育课外活动国家指导纲要 2011》政策要求,凡是得到国家专项补贴开展课外活动的地方政府,要定期对活动开展情况进行自评,而且有义务参加其他机构所组织的外部评估,评估报告要公开发布。

八、学生支持与指导咨询

1. 支持

芬兰中小学注重对学生给予教育支持,帮助他们取得更好的学习成绩。陈之华在《芬兰教育全球第一的秘密》一书中曾写道:“芬兰着重起跑点式的公平,以及对‘后劲’和‘弱势’学生投入更多的心力,这与我们一向只注重、看好‘优等生’的心态截然不同。但芬兰实实在在地不放弃相对弱势的孩子,却成为芬兰教育被全球评鉴为最平衡,以及受测学生通过比例最高国家的最关键因素。这种不断强化教育、辅导学习能力比较低落孩子们的教学，是一项耗时费力，并且需要庞大教育资源的工作，芬兰政府在各地学校中，从零年级到九年级，都是不断地投入与深耕。”

2010年国家教育委员会对国家课程框架做了修改补充，进一步明确地方政府和学校应当给有需要的学生必要的教育支持。按照要求，芬兰地方政府和学校应根据学生具体情况给予三个层次的支持，分别是一般性支持、强化性支持和特殊支持。对于那些先天聪慧，学习优异的天才儿童，芬兰政府和学校也会给予一定支持，使其获得更大成功。

(1) 一般性支持(general support)

一般性支持针对所有学生，学校管理者和教师应及时发现学生在学习中出现的问题，与家长积极沟通，与学生积极对话，防患于未然，将问题解决在萌芽之中。

(2) 强化性支持(intensified support)

强化性支持针对那些先天存在一定学习困难但程度不太严重，以及那些先天正常但学习存在严重问题，成绩明显不足的学生。

对于那些先天存在一定困难但程度不太严重的学生，在学生入学之前，中小学管理者、教师及家长就会根据学生生理、心理等测评结果，为他们量身打造详细的个人学习计划(personal learning plan)。个人学习计划一般每学年制定一次，并会根据学生学业实际进展情况做出适时调整。芬兰国家基础教育课程框架，对个人学习计划制定的参与者、程序及应当包括的内容要素都有规定。这些学生的家长或监护人也有权利和学校的管理者及教师共同协商有关学校教学和课程设置等方面的问题，以确保其符合学生个性化需求。在某些关键时间节点，诸如学生转学或由低年级升学到高年级或在整个基础教育阶段即将结束时，家校合作更为频繁紧密，以确保这类学生平稳顺利过渡。

对于那些先天正常但学习出现严重问题，成绩明显不足的学生。中小学教师有责任为他们提供一定的矫正和补偿性教学，这种矫正和补偿性教学可以在课上进行也可以在课下进行。一般情况下，芬兰中小学教师会尽职尽责完成这种教学任务，以保证他们尽快赶上学业。

（3）特殊支持（special support）

特殊支持针对那些先天不具备正常的生活自理能力和学习能力的特殊儿童。芬兰虽然也开设特殊学校，但只有那些实在无法融入正规教育的特殊儿童才会就读这类学校。只要儿童尚具备一定的生活自理和学习能力，芬兰一般倾向于让他们就读普通学校，和普通学生共同接受教育。并且，普通学校也尽量避免将这类学生单独编班，而是将他们编排到不同的班级中，和普通学生在同一片蓝天下成长。

针对这类特殊儿童，在入学前，中小学管理者、教师及家长就会根据其生理、心理等测评结果，为他们量身打造详细的个人教育计划（Personal Education Plan）。个人教育计划与上文提及的个人学习计划相比，更加强调量身打造，更加符合特殊儿童的特殊需要。特殊儿童的个人教育计划一般每学年制定一次，并根据学生实际情况做出适时调整。芬兰国家基础教育课程框架，对个人教育计划制定的参与者、程序及应当包括的内容要素都有规定。

另外，特殊支持系统还包括很重要的学制保障。所谓学制保障，即芬兰义务教育学制可以为这些特殊儿童由 9 年延长至 10 年，让他们多接受一年义务教育。

再者，对那些学习特别困难的特殊儿童，芬兰普通中小学或特殊学校就不再按照传统的学科划分进行教学，因为他们的学习和理解能力已经无法适应传统的学科教学。芬兰对这些儿童采取的是大的活动模块式的教学（activity areas），如分为情感技能、语言交流能力、社会交往能力、日常生活能力、认知能力等几大活动模块来开展相关教学。芬兰普通中小学或特殊学校对这些儿童的学习环境的布置也是有针对性和独特性的。

（4）天才儿童支持

芬兰教育的重要特点之一是多元化和个性化，芬兰不刻意培养所谓的天才，但对那些天生聪慧、学习能力较强的学生，也会根据他们的个性化需要提供尽可能的专门支持，以保证这些学生得到更好的发展。但对于秉持“有教无类”“因材施教”教育理念的芬兰而言，更倾向于通过多元的、个性化的教育教学激发每个儿童的潜能、发挥每个儿童的特长，努力把每个儿童都培养成天才。

2. 指导咨询

芬兰2004年对《基础教育法案》做了修订，其中明确规定学校教育应为学生提供指导与咨询服务。芬兰中小学为学生提供指导与咨询服务，旨在帮助学生及时解决学习中遇到的困难与问题，取得更好的学习成绩，并在教育道路选择、个性发展、日常生活与未来职业选择方面给予帮助。根据《基础教育法》要求，国家基础教育课程框架针对综合学校不同学段分别设置了一定的学生指导与咨询目标。由于7—9年级学生面临更多选择困惑，因此学校提供的指导与咨询服务主要集中在这一学段。普通高中也为学生提供指导与咨询服务，帮助他们科学合理的制定个人学习计划、在毕业后更好地选择就业方向或选择适合自己的高校进一步接受高等教育。

为更好地提供指导与咨询服务，芬兰中小学一般有专门的学校咨询员，他们对学校的管理、课程设置、教学和学生学习情况有着全面了解，学生可以在遇到困难或疑问时向咨询员寻求帮助。学校咨询员通常是经过专业学习或培训的教师，也有学校由校长亲自担任这一职务。普通教师在行政上接受咨询员领导，配合他们开展指导与咨询工作。在普通高中，经过一年学习的学生可以通过申请和选拔成为小组辅导员，以亲身经历和体会帮助新生尽快适应新的学习生活。

芬兰中小学为学生提供指导与咨询的途径与方法多种多样，包括开设专门的课程，组织学生到更高一级的学校或工作场所学习参观，在线指导等。

芬兰国家层面还有学校咨询顾问委员会(SOPO)，由近1 000名学校咨询员组成。2002年该委员会修订出版的《学校咨询伦理规范》要求中小学提供指导与咨询服务，要注意保护学生隐私，并要秉持真实性、客观性等原则。[1]

九、校餐

芬兰综合中学、普通高中和职业高中每日都提供免费午餐，使所有学生健康快乐地学习成长。芬兰将学校免费午餐视作一种教育投资，也是保证教育公平的重要手段。芬兰是世界上第一个为中小学生提供免费午餐的国家。

---

〔1〕 魏振波，蔡敏.芬兰中小学生指导与咨询[J].原创地带，2005(4):16-18.

芬兰中小学免费午餐有一定历史,20世纪初期已有少数学校开始提供免费午餐,但真正普及是从1948年开始的。20世纪60年代之前,学校免费午餐比较简单,只有一些汤或粥,学生需要自带面包和牛奶来补充。20世纪60年代,学校午餐日渐丰富起来,开始提供一些冷冻和加工好的食品,而且蔬菜种类越来越多。到20世纪70年代,学校午餐往往提供一些新兴食品,如米饭和意大利面,当时这些食品在芬兰普通家庭中尚不常见。不仅如此,学校午餐还开始提供蔬菜沙拉和水果。

如今,芬兰学校午餐特别注重营养均衡,更好地促进学生身心健康成长并有充足的精力投入学习。为确保营养均衡,学校午餐按照国家营养协会(National Nutrition Council)出台的营养膳食标准来提供。学校午餐所含的营养量须占儿童一天中应当摄入的总营养量的三分之一,而且要色香味俱全。芬兰学校午餐为保证营养均衡,必须符合如下配置标准:新鲜或烹饪好的蔬菜占餐盘二分之一,土豆、米饭和面食占餐盘四分之一,鱼或肉类占餐盘二分之一,脱脂或半脱脂牛奶一杯,清水一杯,适量抹有黄油的面包片以及水果或甜点。[1] 如图2-8所示。

图2-8 芬兰中小学免费午餐实例[2]

[1][2] Finnish National Board of Education. School meals in Finland-Investment in learnning[R]. Helsinki: FNBE.

学校午餐提供时间一般在中午 11 点到 12 点之间。芬兰中小学餐厅通常干净、整洁、宽敞、温馨,为学生提供良好的取餐和就餐环境。学生在餐厅工作人员的指导和帮助下自助取餐,如图 2-9 所示。

图 2-9 芬兰学生自助取餐〔1〕

学生可以很好地享受就餐时光,和同学边就餐边交流(图 2-10)。

图 2-10 学生共同就餐〔2〕

较高年级的学生还可以参与学校餐厅的一些工作,锻炼吃苦耐劳精神。如图 2-11 所示。

〔1〕 芬中教育协会供图。

〔2〕 Finnish PISA Team. The finnish success in PISA and some reasons behind it [R]. Jyvaskyla: Kirjapaino Oma Oy, 2007:46.

图 2-11 芬兰学生在学校餐厅劳动[1]

芬兰学校期望学生在就餐过程中学会合理膳食,养成良好就餐习惯和与人相处的能力。

芬兰基础教育有着特定的历史、政治、人口、语言、经济等国家社会背景。芬兰的历史艰辛曲折,在时间的磨砺中,逐步摆脱被周边强国统治的命运,走向独立自主。芬兰独立后,政治体制秉持民主化原则进行改革。芬兰人口规模较小,民族和语言相对单一。芬兰经济在二战后成功转型、迅速崛起,经济竞争力和人均财富拥有量迅速走向世界前列,为基础教育改革发展提供了坚实后盾。

芬兰基础教育秉持公平理念,恪守高福利和免费原则,对所有公民和外来移民一视同仁,不论其经济、政治、文化、种族、民族、语言、信仰如何。小学和初中不仅无需缴纳学费,而且使用的教材等学习材料也基本由政府出资。每个孩子都可以享受学校提供的免费午餐,为学习补充所需营养。对于家庭和学校距离较远的学生,政府或社区会出资为他们提供交通服务。

芬兰人口较少,学校数量和学生规模不大。芬兰学校班额较小、生师比较小、师资力量强大、对学生的评价理念先进。芬兰学校特别注重为学习困难学生提供有针对性的支持,不放弃每一个学生。这些都成为芬兰基础教育的特色和亮点。

[1] Finnish National Board of Education. School meals in Finland-Investment in learnning[R]. Helsinki: FNBE.

第三章

芬兰基础教育奇迹及探因

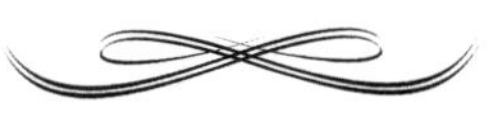

21 世纪以来,芬兰在世界经济合作与发展组织(OECD)所开展的历届国际学生学业测试项目(Program of International Student Assessment, PISA)[1]中取得了优异成绩,彰显其基础教育取得了显著成功,一度被视为世界教育奇迹,基础教育也被有关学者称为世界第一。

然而,2000 之前,芬兰不管是在数学等科目的国际奥林匹克学业水平竞赛中,还是在国际教育成就评价协会(International Association for the Evaluation of Educational Achievement, IEA)组织的数学、科学等一系列国际评价中,整体排名一直处于中游地位,并无优异表现,基础教育国际地位一般,很少有人对其关注。

2001 年,世界经济合作与发展组织发布了首届 PISA 测试报告。自此,芬兰基础教育被公认为世界的佼佼者。在接下来的连续几届 PISA 测试中,芬兰排名都居高不下。不仅如此,芬兰不同学校之间的成绩差异,以及学校内部不同学生个体之间的成绩差异都比较小,凸显了其基础教育既注重质量又注重公平的特质,这使其基础教育备受世人瞩目。芬兰基础教育取得的骄人成绩,使得每年都有成百上千来自不同国家的教师、校长、学者、官员、媒体记者等教育利益相关者,来到芬兰本土探寻教育成功的秘密。

第一节 2000 年之前芬兰基础教育国际地位

2000 年首届 PISA 成绩公布之前,芬兰基础教育并无名气,其他国家也很少

[1] 国际学生评价项目(Programme for International Student Assessment, PISA)是由世界经济合作发展组织(Organization of Economic Cooperation and Development, OECD)组织实施的,旨在测验 15 岁左右的青少年学生在义务教育阶段结束时对相关知识与技能的掌握程度,以此判断他们是否能应对知识社会带来的挑战。20 世纪 90 年代中期,OECD 开始着手准备 PISA 项目,1997 年正式启动项目。国际学生评价项目是一个动态的评价框架,每 3 年选择一个主题,每 9 年完成一个周期。参评国家根据 PISA 评价结果审视本国教育发展与变化,考察本国学生是否实现了相应的学习目标及本国学生学业成就在国际上的位置。

对其关注。作为人口小国,芬兰未曾奢望成为全球范围内基础教育的佼佼者。

芬兰人喜欢竞争,但更崇尚合作。20 世纪 90 年代初期,芬兰教育部长访问瑞典时,有关人士告诉他,到 90 年代末瑞典教育要力争成为世界之最。芬兰教育部长回应:“芬兰教育发展目标没有如此高远,只要走在瑞典之前就心满意足了。”芬兰教育部长幽默风趣的回答,一方面折射出芬兰与瑞典友好邦交关系,另一方面也折射出芬兰人喜欢竞争,但更乐于合作的民族性格。

二战后初期,芬兰教育既不公平又不发达,当时的教育系统只能满足传统的、闭塞保守的、等级森严的农业社会对人才的需求,而不能满足现代工业社会的需求。当时芬兰教育系统还存在明显的双轨制。

至 20 世纪 80 年代,芬兰教育仍少有人关注,而且很多教育改革政策是从瑞典借鉴的。在国际学业测试中,芬兰教育只有一个方面表现不错,即 10 岁左右儿童的阅读素养。除此之外,其他教育指标远不如瑞典、英国、美国和德国等国家。

2000 年 PISA 成绩公布前,德国、法国、挪威、英国、苏联、美国等许多国家都认为自身教育系统与学生成绩应是世界之最。因为这些国家在国民平均受教育水平、教育花费、高等学院毕业率等教育指标,在国际比较中一直占有优势。而且,这些国家在数学、物理、化学、计算机科学、生物、哲学等科目的国际奥林匹克学业水平竞赛(注:参赛者一般是普通高中阶段学习特别优异的学生)中,也是名列前茅。

一般而言,那些比较注重教育筛选,而且及早发现天才儿童,并给予尽可能多教育支持的国家,比较容易在奥林匹克国际学业竞赛中取得优异成绩。人口和教育大国(如中国、美国、苏联)一直在这类国际竞赛中表现优异。另外,如匈牙利、罗马尼亚、保加利亚等中东欧国家也在这类国际竞赛中表现不错。芬兰自 1959 年首次参加国际数学奥林匹克竞赛以来,与很多国家相比,成绩一直平平(表 3-1)。长时间内,这类奥林匹克学业竞赛成绩一直被视为一国教育系统质量的重要衡量标准。即使芬兰数学奥林匹克竞赛成绩经过人口参数矫正,在所有参与国之中的排名仅徘徊在 25～35 之间。

20 世纪 60 年代到 2000 年之前,在国际教育成就评价协会(International Association for the Evaluation of Educational Achievement, IEA)组织的一系列国际评价中,芬兰除 9 岁和 14 岁学生阅读素养排在前列之外,数学和科学成绩排名一直处于中等地位,并无优异表现,如表 3-2 所示。

表 3-1 1959 年以来芬兰及其他国家普通高中学生数学奥林匹克竞赛成绩对比[1]

国别	奖牌			参赛次数	参赛学生数量
	金	银	铜		
中国	101	26	5	23	134
美国	80	96	29	34	216
苏联	77	67	45	29	204
匈牙利	74	138	77	48	324
罗马尼亚	66	111	88	49	332
俄国	65	28	9	17	102
保加利亚	50	89	88	49	336
日本	23	52	30	19	114
加拿大	16	37	66	28	168
瑞典	5	23	66	41	271
荷兰	2	21	48	38	250
挪威	2	10	24	25	142
芬兰	1	5	47	35	224
丹麦	0	3	18	18	102

表 3-2 20 世纪 60 年代到 2000 年之前

芬兰学生在若干国际学生评价项目中的排名情况[2]

评价项目	评价对象	参评国家数量	芬兰排名
IEA 首届国际数学成绩评价(1962—1967)	13 岁学生及高中毕业生	12	中等
IEA 首届科学成绩评价(1967—1973)	10 岁、14 岁学生及高中毕业生	18	中等
IEA 阅读理解能力评价(1967—1973)	10 岁、14 岁学生及高中毕业生	14	中等(仅一个测试模块排名第 3)

〔1〕 Pasi Sahlberg. Finnish Lessons: What can the world learn from educational change in Finland [M]. New York: Teachers College Press, 2011: 43.

〔2〕 Pasi Sahlberg. Finnish Lessons: What can the world learn from educational change in Finland [M]. New York: Teachers College Press, 2011: 50.

续表

IEA 第二届数学成绩评价(1977—1981)	13 岁学生及高中毕业生	19(13 岁学生) 15(高中毕业生)	中等
IEA 第二届科学成绩评价(1980—1987)	小学毕业生、初中毕业生及高中毕业生	23	小学毕业生成绩排名较高; 初中毕业生和高中毕业生成绩排名中等
IEA 写作能力评价(1980—1988)	小学毕业生、初中毕业生及高中毕业生	14	中等
IEA 阅读素养评价(1980—1988)	9 岁和 14 岁学生	32	优异
IEA 第三届数学和科学成绩评价	四年级和八年级学生	1995:45 1999:38 2003:50 2007:59	芬兰仅 1999 年参加,排名中等偏上
IEA 阅读素养进步性评价	四年级学生	2001:35 2006:45	未参加

第二节 2000 年之后芬兰基础教育奇迹

芬兰在 PISA2000 中,取得了世界第一的成绩,之后在 PISA2003、PISA2006 中一直保持这一成绩,引起世人瞩目,彰显其基础教育取得了显著成功,一度被视为世界教育奇迹。在 PISA2009、PISA2012 中,中国上海、新加坡等亚洲国家或地区取得了优异成绩,芬兰在 PISA 中的排名下降,但仍然保持较高的位置。

如果不单从阅读、数学和科学素养的平均成绩来考量,而是结合不同学校之间的成绩差异、不同学生之间的成绩差异、学生社会政治经济背景与其学业成就之间的关联强度、教育资源投入产出比等诸多更为深层次的因素来综合考量,芬兰在 PISA 中的表现，彰显其基础教育一直兼顾质量、公平与效率。从此意义上而言，芬兰基础教育世界第一当之无愧，仍然续写着教育领域的传奇。

所谓芬兰基础教育奇迹，不仅是它在历届 PISA 评价中保持了较高的成绩，而且在较高成绩的背后彰显了其一直兼顾质量、公平与效率，在三者之间保持着较好的平衡，不以牺牲公平为代价来追求质量，不以牺牲质量为代价来追求效率，也不以牺牲质量与效率为代价来一味追求教育公平。芬兰基础教育追求的是公平基础上的质量，质量基础上的效率。而且，芬兰基础教育在资金和时间资源上投入较少，学生学业压力较小。

一、芬兰基础教育质量探析

芬兰基础教育质量主要表现在两方面：一是其学生阅读、数学和科学素养在历届 PISA 测试中都取得了较高的平均成绩；二是其学生成绩的等级分布在历届 PISA 测试中都呈现出优越态势。下面主要选取德国、日本、韩国、新加坡、中国香港、中国上海、美国、加拿大、巴西和 OECD 平均值为比较对象进行分析。其中大多数国家都是 PISA 测试中的佼佼者，以此更加凸显芬兰基础教育奇迹。

1. 阅读、数学和科学素养在历届 PISA 测试中的平均成绩比较分析

历届 PISA 测试中，芬兰学生阅读素养都取得了较高的平均成绩，PISA2000 中得分 546，PISA2003 中得分 543，在选取的比较对象中得分最高。PISA2006 中得分 547，仅次于韩国的 556 分。PISA2009 中，中国上海和新加坡成为新加入的国家和地区，而且取得了优异成绩，中国上海得分 556，超过了芬兰的 536 分。PISA2012 中，中国上海得分 570 分，新加坡得分 542 分，超过了芬兰的 524 分。但芬兰在历届测试中阅读素养得分都明显高于 OCED 国家平均分。如图 3-1 所示。

历届 PISA 测试中，芬兰学生数学素养都取得了较高的平均成绩，PISA2000 中得分 536，PISA2003 中得分 544，PISA2006 中得分 548，仅次于中国香港。但亚洲学生在数学测试方面一直表现较好。相较于 OECD 国家平均分，芬兰学生数学素养在西方国家中取得了较为独特的优越成绩。PISA2009 中，中国上海和新加坡成为新加入的国家和地区，而且取得了优异成绩，中国上海得分 600，新

加坡得分 562，超过了芬兰的 541 分。PISA2012 中，中国上海得分 613 分，新加坡得分 573 分，超过了芬兰的 519 分。但芬兰在历届测试中数学素养得分都明显高于 OCED 国家平均分。如图 3-2 所示。

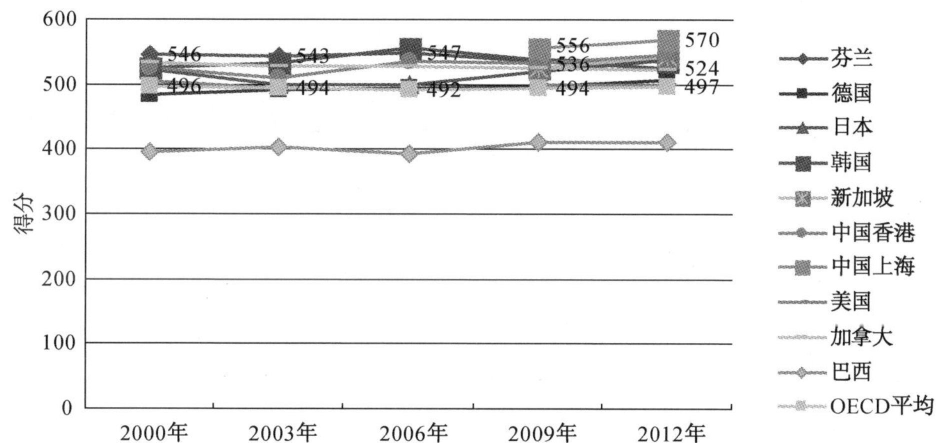

图 3-1 芬兰与其他国家和地区在历届 PISA 测试中阅读平均成绩比较〔1〕

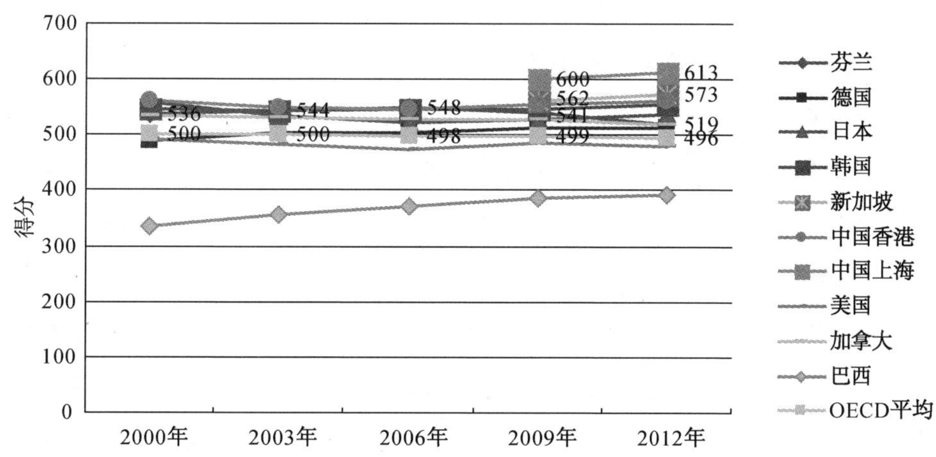

图 3-2 芬兰与其他国家和地区在历届 PISA 测试中数学平均成绩比较〔2〕

历届 PISA 测试中，芬兰学生科学素养都取得了较高的平均成绩，PISA2000

〔1〕〔2〕 OECD PISA. Key Findings[EB/OL]. [2014-07-20]. http://www.oecd.org/pisa/keyfindings/.

中得分538,略低于日本和韩国。PISA2003、PISA2006中,芬兰分别得分548、563,均高于其他所选国家。PISA2009中,中国上海得分575,高于芬兰的554分。PISA2012中,中国上海得分580,新加坡得分551,超过了芬兰的545分。但芬兰在历届测试中数学素养得分都明显高于OCED国家平均分。如图3-3所示。

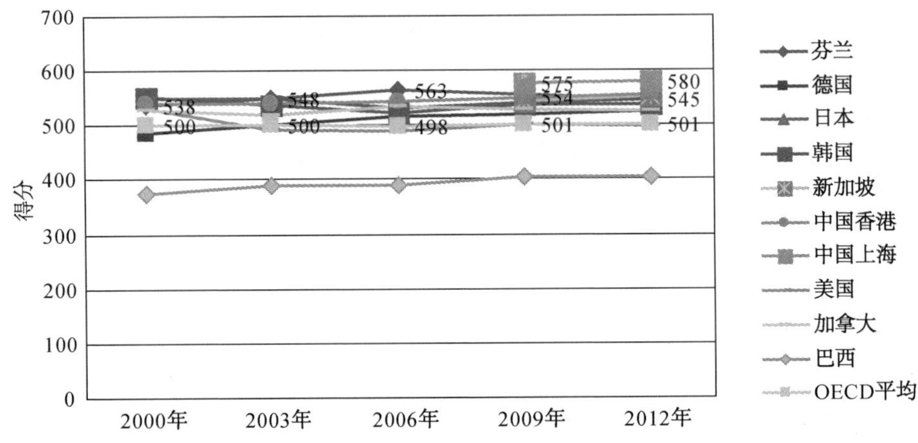

图3-3 芬兰与其他国家和地区在历届PISA测试中科学平均成绩比较[1]

2. 学生成绩等级分布比较分析

PISA报告对不同测试主题及其之下不同知识和能力领域的测试分数,按照一定的分数标准划分不同等级,以更好地标明受测者所达到的知识和能力水平。第一水平只要求达到完成问题的最基本的技能。水平越高表明学生在测试中展现出的知识和能力越高。

历届PISA评价对学生在不同评价主题上的得分所做的等级划分略有不同。PISA2000将阅读素养得分,划分为低于水平1、水平1、水平2、水平3、水平4、水平5等6个等级;PISA2003将数学素养得分,划分为低于水平1、水平1、水平2、水平3、水平4、水平5、水平6等7个等级;PISA2006将科学素养得分,划分为低于水平1、水平1、水平2、水平3、水平4、水平5、水平6等7个等级;PISA2009将阅读素养得分,划分为低于水平1b、水平1b、水平1a、水平2、水平3、水平4、水平5、水平6等8个等级;PISA2006将数学素养得分,划分为低于水平1、水平1、

[1] OECD PISA. Key Findings[EB/OL]. [2014-07-20]. http://www.oecd.org/pisa/keyfindings/.

水平 2、水平 3、水平 4、水平 5、水平 6 等 7 个等级。

一国学生在特定评价主题上得分的等级分布，在很大程度上反映出该国基础教育质量，同时在一定程度上也折射出其教育公平状况。一国学生成绩在最高等级分布越多，表明其知识与能力较高的学生越多，在最低等级分布越少，表明其知识和能力较低的学生越少，同时也表明其教育更加注重公平。

芬兰在历届不同主题的 PISA 评价中，学生阅读、数学和科学素养等级分布都呈现出较优态势，不仅在最高等级分布较多，而且在最低等级分布较少。

在 PISA2000 中，芬兰学生阅读素养成绩达到水平 5 的占到 18.5%，高于其他所选国家和地区。而 OCED 这一比例仅 9.5%，明显不如芬兰。与此同时，阅读素养低于水平 1 的学生，芬兰仅有 1.7%，明显低于 OECD 国家在这一等级上的比例均值 6%。如图 3-4 所示。

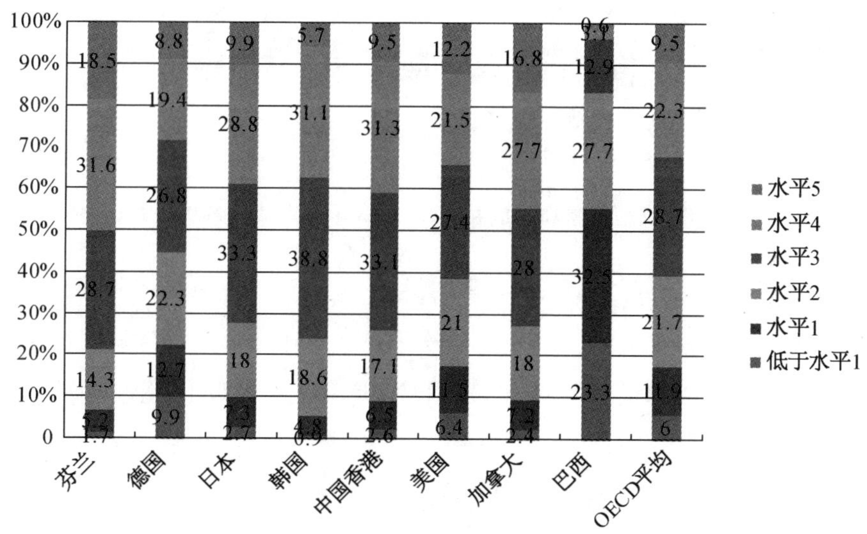

图 3-4 芬兰与其他国家和地区在 PISA2000 中阅读成绩等级分布比较〔1〕

在 PISA2003 中，芬兰学生阅读素养成绩达到水平 6 的占到 7.9%，低于日

〔1〕 OECD PISA. OECD, PISA2000database, Read, download and/or buy the report from the OECD's ilibrary [EB/OL]. [2014-07-20]. http://www.oecd.org/edu/school/programmeforinternationalstudentassessmentpisa/literacyskillsfortheworldoftomorrowfurtherresultsfrompisa 2000-publications 2000.htm.

本、韩国和中国香港这些亚洲国家或地区,因为亚洲国家和地区在数学测试中一直表现较好。但 OCED 在这一等级上的比例仅为 5.7%,不如芬兰,芬兰学生数学素养在非亚洲国家中首屈一指。与此同时,数学素养低于水平 1 的学生,芬兰仅有 2.5%,明显低于 OECD 国家在这一等级上的比例均值 10.6%。如图 3-5 所示。

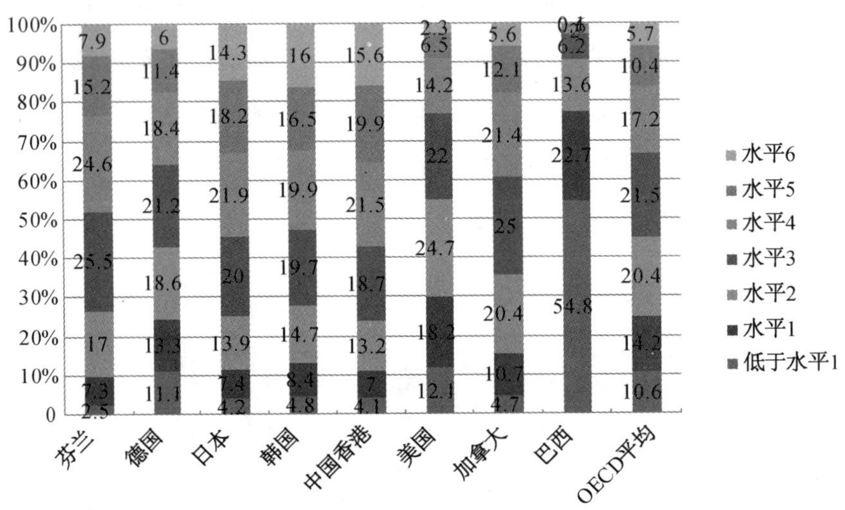

图 3-5 芬兰与其他国家和地区在 PISA2003 中数学成绩等级分布比较[1]

在 PISA2006 中,芬兰学生科学素养达到水平 6 的占到 3.9%,高于其他所选国家,而 OCED 这一比例仅 1.3%,不如芬兰。与此同时,科学素养低于水平 1 的学生,芬兰仅有 0.5%,明显低于 OECD 国家在这一等级上的比例均值 5.2%。如图 3-6 所示。

在 PISA2009 中,芬兰学生阅读素养达到水平 6 的占到 1.6%,略低于日本、新加坡、中国上海、加拿大,但高于 OCED 国家在这一比例上的均值 0.8%。与此同时,阅读素养低于水平 1 的学生,芬兰仅有 0.2%,低于 OECD 国家在这一等级上的比例均值 1.1%。如图 3-7 所示。

---

〔1〕 OECD PISA. OECD, PISA2003database, Text and data tables in English chapter by chapter [EB/OL]. [2014-07-20]. http://www.oecd.org/edu/school/programmeforinternationalstudentassessmentpisa/learningfortomorrowsworldfirstresultsfrompisa2003.htm.

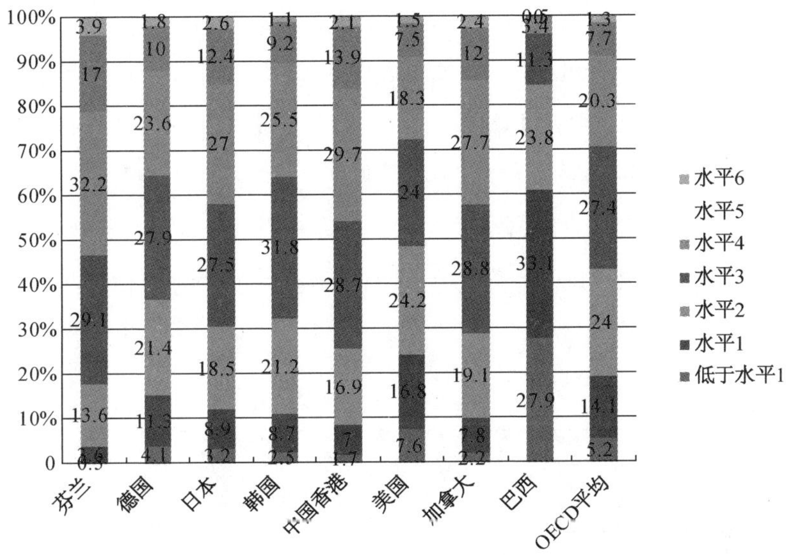

图 3-6 芬兰与其他国家和地区在 PISA2006 中科学成绩等级分布比较[1]

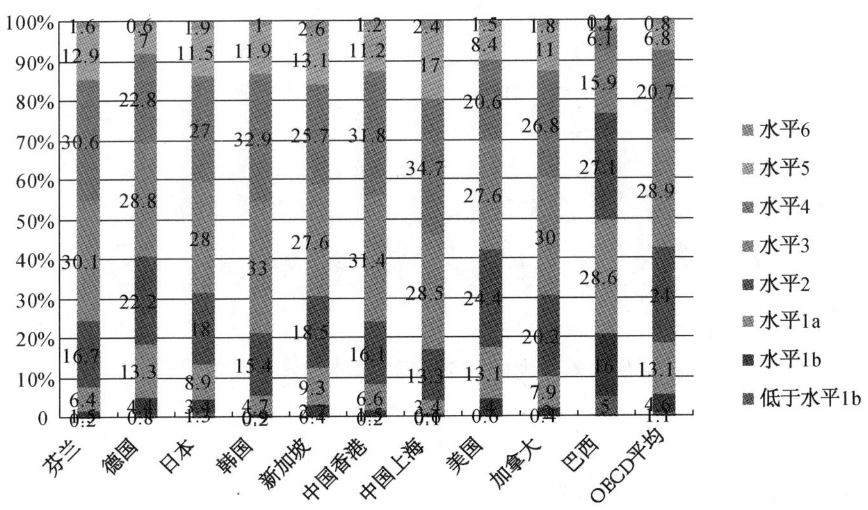

图 3-7 芬兰与其他国家和地区在 PISA2009 阅读成绩等级分布比较[2]

---

[1] OECD PISA. OECD, PISA2006database, looks at student performance in science[EB/OL]. [2014-07-22]. http://www.oecd.org/edu/school/programmeforinternationalstudentassessmentpisa/pisa2006results.htm.

[2] OECD PISA. OECD, PISA2009database, What Students Know and Can Do: Student Performance in Mathematics, Reading and Science [EB/OL]. [2014-07-22]. http://www.oecd.org/pisa/keyfindings/pisa2009keyfindings.htm.

在PISA2012中,芬兰学生数学素养达到水平6的占到3.5%,低于德国、日本、韩国、新加坡、中国香港、中国上海,略高于OCED国家在这一比例上的均值3.3%。这表明,芬兰学生在PISA2012中的数学成绩出现下滑,这已引起教育与文化部高度重视,并已采取行动努力改变这一状况。与此同时,阅读素养低于水平1的学生,芬兰有3.3%,高于德国、日本、韩国、新加坡、中国香港、中国上海,低于美国的8%及OECD国家在这一等级上的比例均值8%。如图3-8所示。

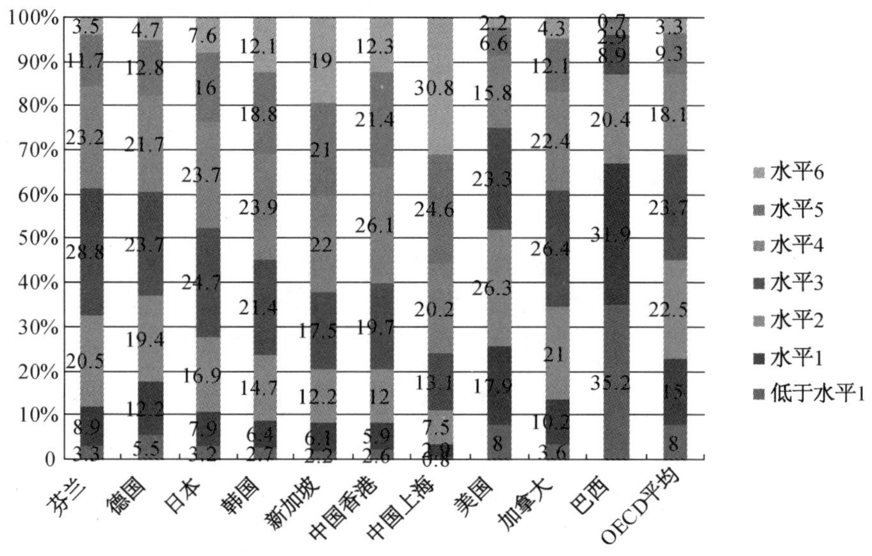

图3-8 芬兰与其他国家和地区在PISA2012中数学成绩等级分布比较[1]

二、芬兰基础教育公平性探析

芬兰基础教育公平体现在很多方面,此处主要从两方面进行分析,一是在历届PISA评价中芬兰与其他国家和地区在学校之间与学校内部成绩差异系数上

[1] OECD PISA. PISA2012database, What Students Know and Can Do: Student Performance in Mathematics, Reading and Science [EB/OL]. [2014-07-22]. http://www.oecd.org/pisa/keyfindings/pisa-2012-results.htm.

的对比，二是在历届 PISA 评价中芬兰与其他国家学生社会、经济、文化背景与成绩关联强度的对比。

学校之间的成绩差异系数越小，表明该国不同学校发展较为均衡，在很大程度上折射出基础教育在不同学校和不同地区之间的均衡发展与公平性。学校之间的成绩差异系数越大，则表明该国不同学校之间教育教学水平存在越大差异，不同学校和不同地区之间的基础教育发展不均衡。学校内部成绩差异系数越大，表明总的成绩差异主要是由不同学生个体因学习能力不同而产生的，在一定程度上折射出学生成绩受学校教育教学条件、社会政治经济文化背景等外在因素影响较小。〔1〕 学校内部成绩差异系数越小，表明总的成绩差异主要是由学校教育教学条件不同、学生社会政治经济文化背景不同等外在因素造成的，在一定程度上折射出基础教育在不同学校、不同地区之间的不均衡性及针对不同学生个体的不公平性。〔2〕

学生社会、经济、文化背景与成绩关联强度越大，表明学生知识与能力获得情况在越大程度上受其所处的社会、经济、文化背景影响。也即，背景越优越的学生越易获得更多知识与能力，而反之则越难获得知识与能力。这也在一定程度上折射出基础教育针对不同的学生个体公平与否。关联强度越大，基础教育公平性可能越小，反之则基础教育公平性可能越大。〔3〕

1. 学校之间与学校内部成绩差异系数比较分析

历届 PISA 评价都揭示，芬兰学校之间成绩差异系数较小、学校内部成绩差异系数相对较大，表明芬兰不同学校之间教育教学水平差距较小，不同学校和不同地区之间的基础教育发展较为均衡。详情分别见图 3-9—图 3-13。

---

〔1〕 Pasi Sahlberg. Finnish Lessons: What can the world learn from educational change in Finland[M]. New York: Teachers College Press, 2011. 46.

〔2〕 Pasi Sahlberg. Finnish Lessons: What can the world learn from educational change in Finland[M]. New York: Teachers College Press, 2011. 34.

〔3〕 Pasi Sahlberg. Finnish Lessons: What can the world learn from educational change in Finland[M]. New York: Teachers College Press, 2011. 36.

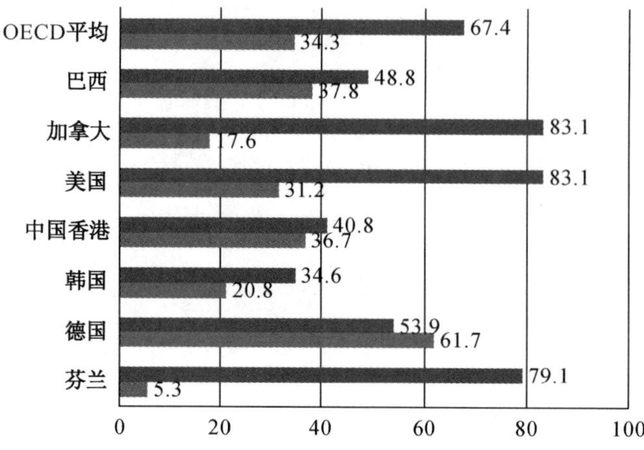

图 3-9 芬兰与其他国家和地区在 PISA2000 中学校之间与学校内部阅读成绩差距系数对比[1]

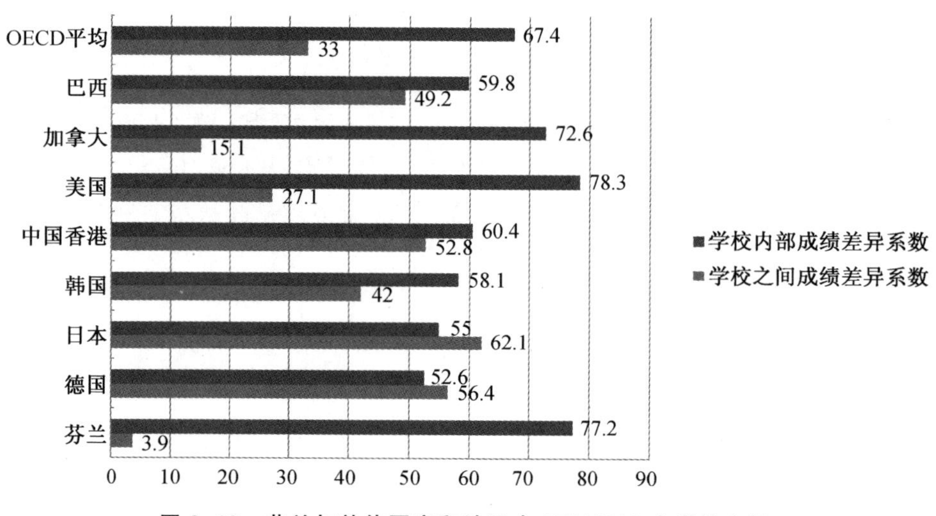

图 3-10 芬兰与其他国家和地区在 PISA2003 中学校之间与学校内部数学成绩差距系数对比[2]

---

[1] OECD PISA. PISA2000database [EB/OL]. [2014-07-24]. http://www.oecd.org/edu/school/programmeforinternationalstudentassessmentpisa/literacyskillsfortheworldoftomorrowfurtherresultsfrompisa2000-publications2000.htm.

[2] OECD PISA. PISA2003database [EB/OL]. [2014-07-28]. http://www.oecd.org/edu/school/programmeforinternationalstudentassessmentpisa/learningfortomorrowsworld-englishversion-chapter-bychapter.htm.

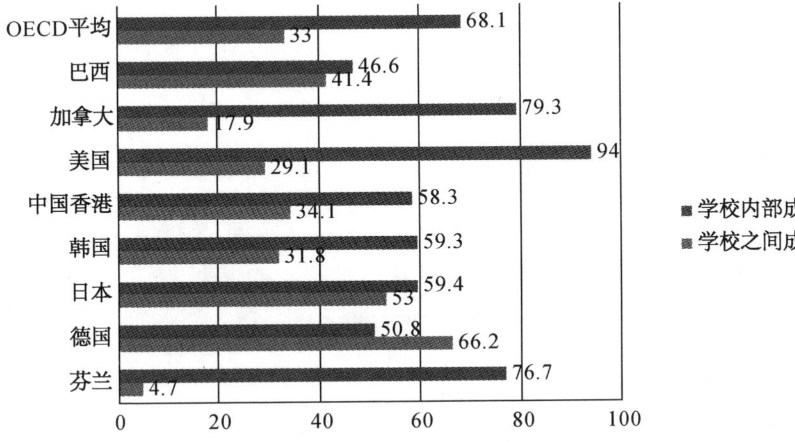

图 3-11 芬兰与其他国家和地区在 PISA2006 中学校之间与学校内部科学成绩差距系数对比[1]

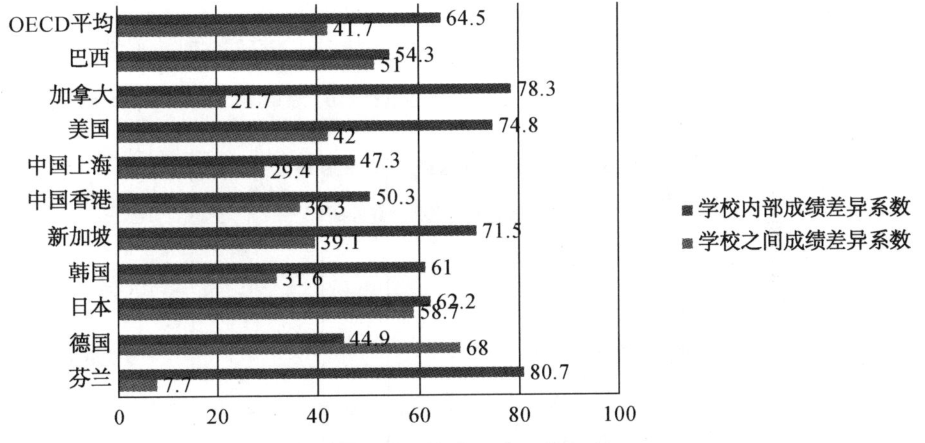

图 3-12 芬兰与其他国家和地区在 PISA2009 中学校之间与学校内部阅读成绩差距系数对比[2]

---

〔1〕 OECD PISA. PISA2006database, looks at quality and equity in the performance of students in schools [EB/OL]. [2014-07-28]. http://www.oecd.org/edu/school/programmeforinternationalstudentassessmentpisa/pisa2006results.htm.

〔2〕 OECD PISA. PISA2009database, Overcoming Social Background: Equity in Learning Opportunities and Outcomes [EB/OL]. [2014-07-28]. http://www.oecd.org/pisa/keyfindings/pisa2009keyfindings.htm.

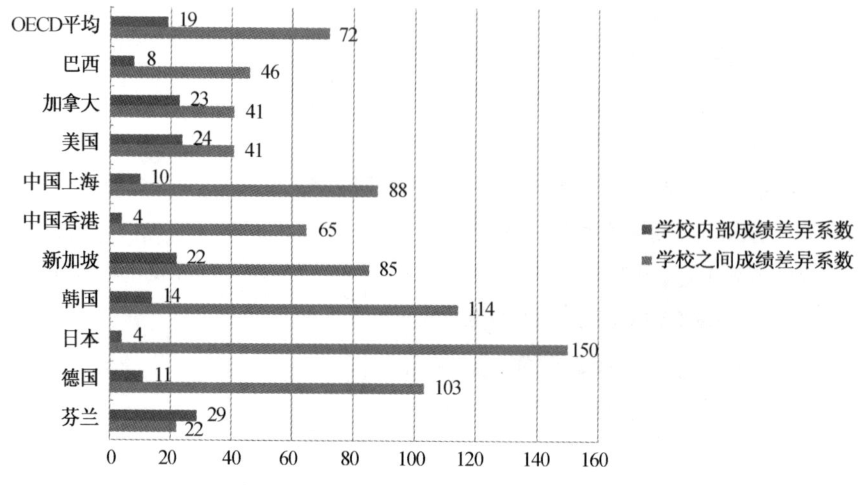

图 3-13 芬兰与其他国家和地区在 PISA2012 中学校之间与学校内部数学成绩差距系数对比〔1〕

2. 学生社会、经济与文化背景与其阅读成绩差距关联强度比较分析

历届 PISA 测试都揭示,芬兰学生在阅读、数学和科学素养方面的成绩差距与其社会、经济、文化背景关联强度都较小。除中国香港和韩国之外,其他大多数所选国家这一关联强度都比芬兰要大。详情分别见图 3-14—图 3-18。

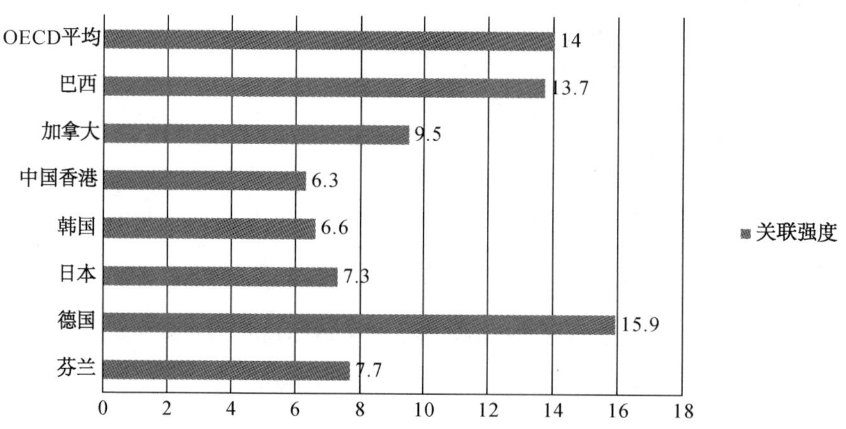

图 3-14 芬兰与其他国家和地区在 PISA2000 中学生社会、经济与文化背景与其阅读成绩差距关联强度〔2〕

〔1〕 OECD PISA. PISA2012database, Equity in opportunities to learn and in resources [EB/OL]. [2014-07-28]. http://www.oecd.org/pisa/keyfindings/pisa-2012-results-volume-ii.htm.

〔2〕 OECD Statistical Institute. Literacy Skills for the World of TomorrowFurther Results from PISA 2000 [EB/OL]. [2014-07-31]. http://www.oecd-ilibrary.org/content/book/9789264102873-en.

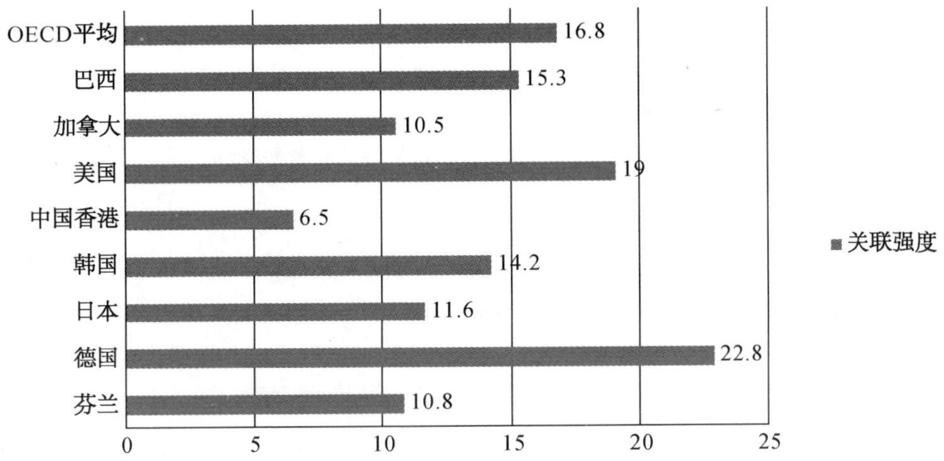

图 3-15　芬兰与其他国家和地区在 PISA2003 中学生社会、经济与文化背景与其数学成绩差距关联强度[1]

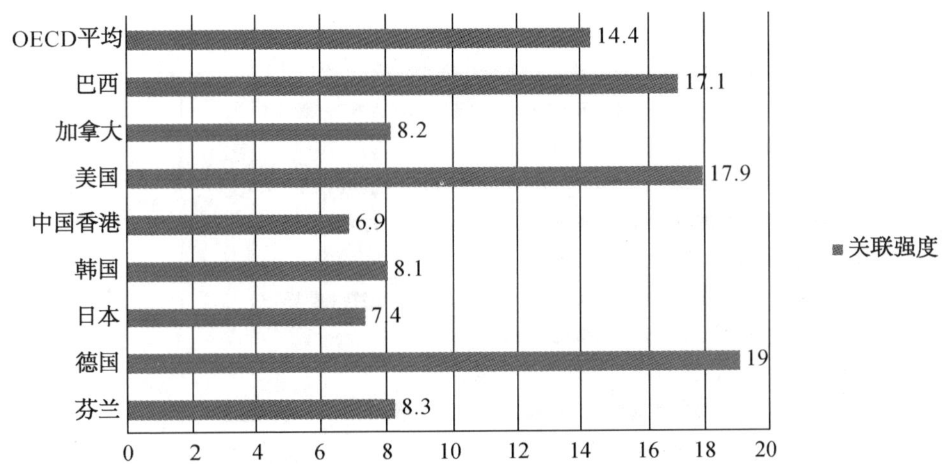

图 3-16　芬兰与其他国家和地区在 PISA2006 中学生社会、经济与文化背景与其科学成绩差距关联强度[2]

---

〔1〕 OECD PISA. PISA2003database, How Student Performance Varies Between Schools and the Role that Socio-Econoimic Background Plays in this [EB/OL]. [2014-08-02]. http://www.oecd.org/edu/school/programmeforinternationalstudentassessmentpisa/learningfortomorrowsworld-englishversion-chapterbychapter.htm.

〔2〕 OECD PISA. PISA2006database looks at quality and equity in the performance of students in schools [EB/OL]. [2014-07-31]. http://www.oecd.org/edu/school/programmeforinternationalstudentassessmentpisa/pisa2006results.htm.

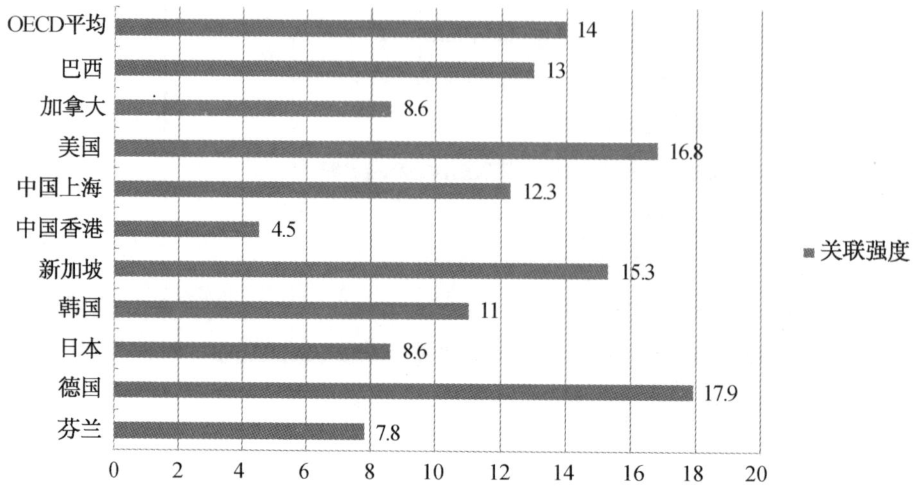

图 3-17 芬兰与其他国家和地区在 PISA2009 中学生社会、经济与文化背景与其阅读成绩差距关联强度〔1〕

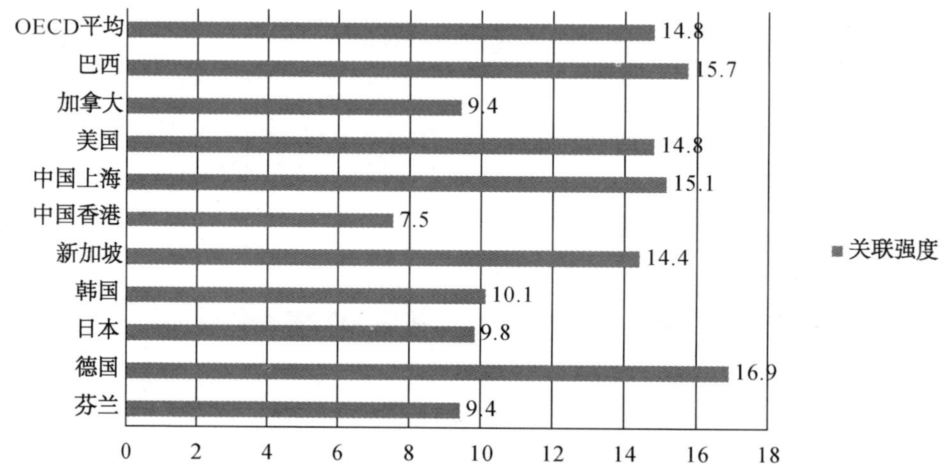

图 3-18 芬兰与其他国家和地区在 PISA2012 中学生社会、经济与文化背景与其数学成绩差距关联强度〔2〕

〔1〕 OECD PISA. PISA2009database, Overcoming Social Background: Equity in Learning Opportunities and Outcomes [EB/OL]. [2014-07-31]. http://www.oecd.org/pisa/keyfindings/pisa2009keyfindings.htm.

〔2〕 OECD PISA. PISA2012database, Equity in opportunities to learn and in resources [EB/OL]. [2014-07-31]. http://www.oecd.org/pisa/keyfindings/pisa-2012-results-volume-ii.htm.

三、芬兰基础教育效率探析

芬兰基础教育在最大限度保证质量与公平的同时，还有着较高的效率，最明显的表现为基础教育资金和时间等资源投入相对较少，用较少的资源投入取得了较高的教育回报。

1. 资金投入

从历届PISA数据库可获得的有关教育投入的数据可知，芬兰与其他国家相比，对6—15岁学生的累计教育资金投入并不高，基本处于中等水平。当然，由于经济整体发展程度存在差异，与中国上海及韩国相比，芬兰教育投入显得较高。以2007年统计数据为例，芬兰对6—15岁学生累计教育投入总额为71 385美元，而韩国为61 104美元，中国上海为42 064美元。但与美国、日本等相比，芬兰教育投入较低。还以2007年统计数据为例，美国为105 752美元，远远多于芬兰的71 385美元，而日本也多达80 451美元。如图3-19所示。

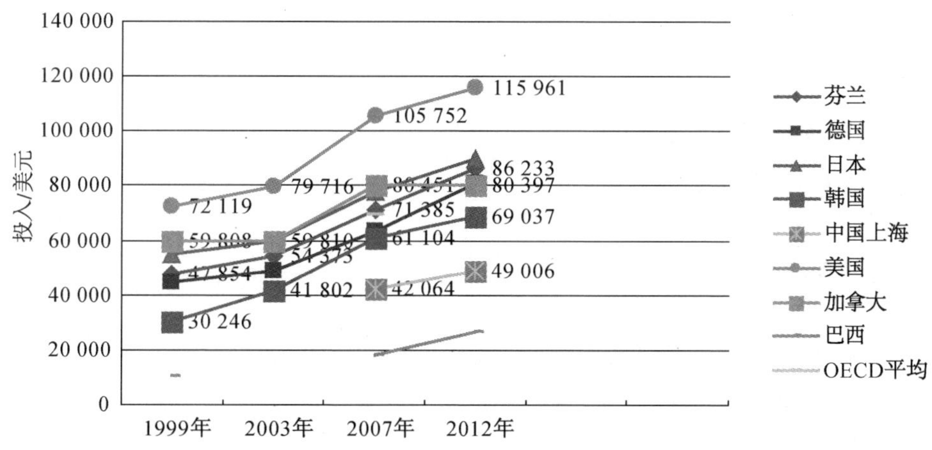

图3-19 不同国家和地区对6—15岁学生累计教育投入比较〔1〕

注：投入金额根据同等购买力PPPs对不同货币转换之后所得。

2. 时间投入

与资金投入相对应，教育资源的另一项重要投入是学生学习时间和教师教

〔1〕 OECD PISA. PISA2000database, PISA2003database, PISA2009database, PISA2012database [EB/OL]. [2014-08-02]. http://www.oecd.org/pisa/keyfindings/.

学时间投入，通过越少的学习和教学时间获得更多的知识与能力，在很大程度上反映出学校教育效率较高。反之，则表明学校教育效率较低。学校教育效率高低与一国社会政治经济环境是否有利于教育发展、教育理念正确与否、学校管理制度是否合理、教师教学水平高低、课程质量等因素有着内在关联。

在保证学业成就的基础上，学生学习时间越少，学业压力和负担则可能越轻，用于娱乐和发展兴趣爱好的时间则越多。教师教学时间越少，工作负担则可能越轻，用于个人专业发展的时间则可能越多。

从 PISA 数据库可获得的有关时间投入的数据可知，芬兰与其他国家和地区相比，学生学习时间和教师教学时间都较少，以较少的时间投入获得较高的教育成就回报，表明其学校教育效率较高，在一定程度上折射出其教育理念、学校管理制度、教师教学水平、课程质量等都存在优越性。

以 PISA2003 中不同国家和地区 15 岁学生报告的每周学习时间差异为例，芬兰学生每周总的学习时间比其他所选国家都少，校内学习时间处于中间水平，校外学习时间比其他所选国家也都少。具体如图 3-20 所示。

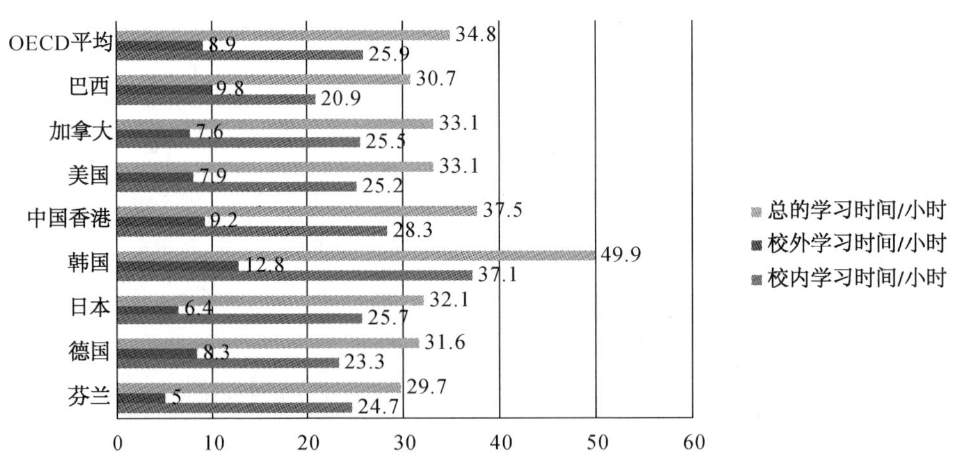

图 3-20 PISA2003 中不同国家和地区 15 岁学生报告的每周学习时间差异〔1〕

〔1〕 OECD PISA. PISA2003database, datatable 5.14 [EB/OL]. [2014-08-03]. http://www.oecd.org/edu/school/programmeforinternationalstudentassessmentpisa/learningfortomorrowsworld-englishversion-chapterbychapter.htm.

韩国学生每周总的学习时间最多，为 49.9 小时，不管是校内学习时间还是校外学习时间也都最多，这在很大程度上反映该国中小学生学业压力和负担较重。芬兰学生每周校外学习时间只有 5 小时，而韩国学生每周校外学习时间多达 12.8 小时，是芬兰的两倍多。学生校外学习时间主要花费在两大方面，一是完成家庭作业，二是参加教育培训班。韩国学生家庭作业较重，而且放学后和周末参加教育培训班的现象较为普遍，使学生背负着较为沉重的学业负担。而芬兰中小学生很少有家庭作业，即使学校布置一些家庭作业学生也可以在较短时间内轻松完成。由此可见，虽然韩国在历届 PISA 测试中也取得了优异成绩，但其学校教育效率与芬兰、日本、中国香港等相比较低。

虽然未能获得上海方面的数据，但我们单纯凭经验和屡屡见诸报端的学业减负呐喊也可知，中国中小学生学业负担普遍较重，放学回家和周末似乎有着永远做不完的家庭作业，而且参加各类教育培训班的现象早已司空见惯。

2014 年 3—9 月，华东师范大学和纽约大学社会发展联合研究中心开展的一项调查揭示，上海小学生进入一年级后，85％的小学生几乎每天都有作业，约有 60％的家长表示每天都指导孩子完成作业。这样的教育不仅给孩子造成很大负担，连家长休息娱乐的时间也牺牲进去。虽然上海在 PISA2009、PISA2012 中的成绩明显赶超芬兰，但如果学生知识与能力的获得是以牺牲年幼时期本应快乐的时光和身心健康为代价的，这样的教育是否真正成功值得我们反思。

芬兰学生不仅学习时间投入少，芬兰中小学教师教学时间投入也较少。根据 OECD 相关数据，2012 年不同国家公立小学、初中和高中各层次每学年平均教学时数如图 3-21 所示。小学阶段，芬兰为 673，少于其他所选国家，美国为 1 131，德国为 804，加拿大为 802，OECD 国家均值为 782，欧盟国家均值为 761。初中阶段，芬兰为 589，少于其他所选国家，美国为 1 085，德国为 755，加拿大为 747，OECD 国家均值为 694，欧盟国家均值为 657。高中阶段，芬兰为 547，略高于日本的 510，少于其他多数国家，美国为 1 076，加拿大为 751，德国为 718，OECD 国家均值为 685，欧盟国家均值为 638。

前文一系列数据分析，让我们对芬兰基础教育奇迹有了更清晰的认知，芬兰基础教育兼顾质量、公平和效率，长时期内倍受世界瞩目。虽然在 PISA2009、

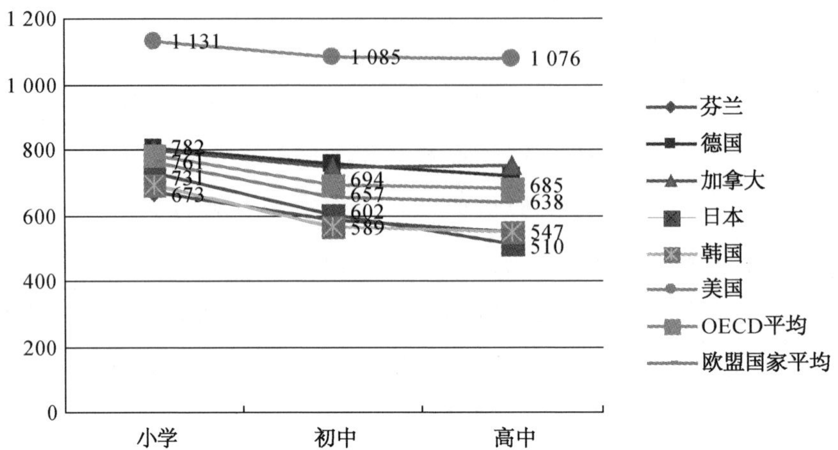

图 3-21 2012 年不同国家公立小学、初中和高中各层次每学年平均教学时数〔1〕

PISA2012 中,中国上海、新加坡等亚洲国家或地区取得了优异成绩,芬兰在 PISA中的排名下降,但与 OECD 其他国家相比,它仍然保持较高的位置。而且从质量、公平和效率兼顾的角度来看,芬兰基础教育世界第一当之无愧,仍然续写着教育领域的传奇。芬兰基础教育奇迹背后的原因值得探寻。

第三节 芬兰基础教育奇迹探因

一、重视学习和教育的文化传统

芬兰有重视学习和教育的文化传统,很重要的原因在于学者和教师在芬兰国民意识形成的过程中,发挥过重要作用。1249—1809 的几百年间,芬兰只是

〔1〕 OECD Education GPS. Finland-overview of the education system (EAG2014) -Teachers [EB/OL]. [2014-08-04]. http://gpseducation.oecd.org/CountryProfile?primaryCountry=FIN&treshold=10&topic=EO.

瑞典王国的一块属地，1809—1917年间，芬兰是沙皇俄国的大公国。1917年芬兰获得独立。19世纪末期开始，芬兰名为“Fennoman”的国民运动兴起并愈演愈烈，国民意识不断增强。1835年，名为“Kalevala”的首个芬兰语读物出版，1892年芬兰语获得与瑞典语平等的法律地位。“Kalevala”这本芬兰语读物堪称芬兰史诗，主要讲述了一些身体并不强壮，但却拥有丰富知识与智慧的人物的故事，这些故事在芬兰国民意识增强方面发挥了重要启蒙作用。

当时一些有影响力的大学学者，在很大程度上为芬兰国民运动起到推动作用，这些学者不仅是某一领域的专家，而且掌握一定的政治权力。他们极力呼吁国家教育发展。尤其是一位名叫斯乃尔曼(Snellman，1806—1881)的哲学家、政治家兼银行家，特别强调教育和学习对芬兰国民意识崛起的重要性。当时发动和组织国民运动的主要代表，一致认为学习和教育对芬兰国民非常重要。他们认为，国家力量主要源于有能力的领导者、高素质的公务人员以及优质教师。

早在国民运动之前，尊重学习、尊重教师职业，已在芬兰社会有深厚的历史根基，并成为其重要文化特征。教师被看作“照亮国家的蜡烛”。在乡村地区，教师除了负责学校教学工作，还经常组织一些文娱活动与家长课堂，使全村人都受到一定教育。很多芬兰人信奉路德教，路德教会在芬兰教育文化发展方面曾扮演重要作用，因为自15世纪开始，它要求教徒只有具备基本的文化知识才有资格结婚，这一要求一直持续到后来学校教育扮演起重要的角色。[1]

芬兰在特定历史基础上形成的重视学习和教育的文化传统，对其当今基础教育取得成功发挥着不可忽视的作用。

二、公平高质的受教育机会

长期以来，芬兰教育基本理念从未改变，努力为所有国民提供公平的受教育机会，不论其年龄、生活地域、经济状况、性别、语言、信仰如何。教育被视为国民

---

〔1〕 Hannele Niemi. The societal factors contributing to education and schooling in Finland [M]// Hannele Niemi, Auli Toom & Arto Kallioniemi. Miracle of education-the principles and practices of teaching and learning in Finnish schools. Rotterdam: Sense Publishers, 2012:20.

的基本权利。法律规定每一个常驻居民(包括外来移民)都有权利接受免费基础教育,而且政府部门要确保满足一些特殊的教育需求。

早在1919年,芬兰宪法就明确规定所有国民都能享受免费基础教育,以及由政府提供的公共职业教育和高等教育。由于当时国情所限,20世纪60年代之前,芬兰基础教育既不公平又不发达,当时的教育系统只能满足传统的、闭塞保守的、等级森严的农业社会对人才的需求。

20世纪60年代初期到80年代中期,芬兰对基础教育进行了大刀阔斧的公平与质量改革,创建了统一的综合学校系统,取代了原来的文法学校和公民学校等,为所有儿童提供一致的、免费的、九年一贯的义务教育,使基础教育焕然一新,保证了所有学生教育起点的公平性。综合学校系统尽可能覆盖全国所有地区,确保学生不管是在繁华的城市还是在偏远的乡村都可接受同样的教育。由于不同地区、不同学校之间的教育资源差距较小,择校现象在芬兰较少。

综合学校不仅使基础教育体制发生了根本性改变,确保了受教育机会的公平性,而且使教育目标、课程、教学也发生根本性改变。特别强调培养和发挥儿童的非智力因素,使他们全面发展。选择适当的教学内容与方法,使教学过程适合学生当前及未来的生活和工作需要,积极调动他们学习的内部动机,激发其内在学习兴趣等,为基础教育质量奠定了基础。

20世纪五六十年代,芬兰建立起高福利社会制度。在这种制度下,芬兰政府对于教育的财政投入很大,综合学校的硬件和软件设施比较好,而且学校之间和地区之间的差异很小,为基础教育均衡发展和公平的受教育机会创造了基础条件。芬兰综合学校还尽力为学生创造有利条件,如提供免费医疗、餐饮、教材和学习资源,甚至为住地偏远的学生提供免费交通,从而保障了贫困家庭的孩子也能接受优质教育。[1]

芬兰的私立学校极少,教育领域几乎没有商业化因素,这为教育的健康发展提供了土壤。芬兰对外来移民无任何歧视,不仅为移民学生提供免费教育,还鼓

〔1〕 梅松竹,冷平.中芬在PISA中成功因素比较分析[J].中国教师,2013(21):70-73.

励他们使用原来的语言。因此,“平等、品质、公正”是芬兰基础教育的真谛。[1]这是其在 PISA 项目中屡获佳绩的重要原因之一。

图 3-22—图 3-24 为芬兰师生交流的情形。

图 3-22 综合学校学生课下交流[2]

图 3-23 综合学校师生课间交流[3]

图 3-24 综合学校生物课堂[4]

〔1〕 梅松竹,冷平.中芬在 PISA 中成功因素比较分析[J].中国教师,2013(21):70-73.

〔2〕〔3〕 Välijärvi J, Kupari P, Linnakylä P, et al. The Finnish success in Pisa-and some reasons behind it: Pisa 2003. 2 [M]. Jyväskylän yliopisto, Koulutuksen tutkimuslaitos, 2007:39.

〔4〕 Välijärvi J, Kupari P, Linnakylä P, et al. The Finnish success in Pisa-and some reasons behind it: Pisa 2003. 2 [M]. Jyväskylän yliopisto, Koulutuksen tutkimuslaitos, 2007:44.

三、集权管理与分权管理合理兼顾

20 世纪六七十年代芬兰基础教育高度集权，地方教育行政部门和学校自主权很少，国家教育部对地方和学校教育发展事无巨细严格监管，严重束缚了地方和学校教育的自由与创新发展。

20 世纪 80 年代中期，芬兰教育开始放权，地方政府和学校拥有越来越多的自主权，国家层面只是提供宏观的课程框架，地方政府和学校依据框架灵活自主编排课程、安排教学。1994 年芬兰对国家课程标准做了修订，继续对基础教育放权。

放权虽然有助于地方政府和学校把教育搞活，但也容易出现教育标准不一、教育不公凸显等问题。因此，2004 年芬兰对国家课程标准又做出修订，通过设置更多要求从地方和学校回收一定的自主权。

由此可见，芬兰通过采取一定“钟摆式”的改革，努力在集权和分权管理模式之间找到更为恰当的平衡点。实践表明，芬兰学校管理制度有助于学生取得更好的学业成就。

四、高质量的师资

高质量的师资是芬兰基础教育取得成功的关键因素。早在 20 世纪 70 年代初期芬兰教师教育已经实现大学化。芬兰教师职业和医生、律师等专业型职业享有同等地位，深受品学兼优的青年人青睐。芬兰大学教师教育专业对申请者的选拔和录取标准比较严格，平均录取率为十分之一左右。赫尔辛基大学教师教育专业每年申请者约 6 000 余人，最终被录取的只有 600 人左右。申请者不仅要参加一定的笔试和面试，还可能要参加一定的心理测验、职业性向测验、人际沟通和应变能力考查等。

芬兰大学教师教育课程设置科学合理，确保教师通过职前教育获得较高的教学知识与能力。芬兰政府和学校为教师参加在职培训和专业发展提供很多机会，使他们能够不断补充新知识、发展新能力。有关师资培养的相关内容，可参见本书第八章。

图 3-25、图 3-26 为芬兰教师给学生提供个别化指导的情形。

图 3-25 教师个别化指导一[1]

图 3-26 教师个别化指导二[2]

五、坚持独特的教育发展道路

20 世纪 90 年代以来,芬兰基础教育发展不盲目跟随全球教育变革运动,而是坚持自身独特的发展道路,并取得基础教育的成功。20 世纪 90 年代以来,在新自由主义和新公共管理主义浪潮影响下,世界上很多国家的基础教育改革呈现出很多共性特征,如强调教学、学习和课程的标准化,注重学生对基本知识的学习,根据工商企业领域的一些管理模式来改革教育制度,越来越多地开展大规模标准化测试等。一些学者将这种现象概括为全球教育变革运动(Global Education Reform Movement, GERM)。

芬兰与世界上很多国家基础教育改革做法不同,坚持走自身发展道路,如强调教学和学习的个性化、鼓励学生创造性地学习,允许课程灵活化设置,更多地根据以往教育经验和传统来改革和发展当下的基础教育,从来不开展大规模的标准化测试,有时国家层面从中小学不同年级抽取一定数量的学生作为样本开展测试,但测试成绩不公布也不排名(表 3-3)。芬兰不盲目跟风,坚持走自身教

[1] Välijärvi J, Kupari P, Linnakylä P, et al. The Finnish success in Pisa-and some reasons behind it: Pisa 2003. 2 [M]. Jyväskylän yliopisto, Koulutuksen tutkimuslaitos, 2007:40.

[2] Välijärvi J, Kupari P, Linnakylä P, et al. The Finnish success in Pisa-and some reasons behind it: Pisa 2003. 2 [M]. Jyväskylän yliopisto, Koulutuksen tutkimuslaitos, 2007:41.

育发展道路，有学者将其称为第四条道路[1]。

表 3-3 20 世纪 90 年代以来芬兰教育发展道路与全球教育变革运动的差别分析[2]

全球教育变革运动	芬兰教育发展道路
教学与学习标准化 • 针对学校、教师和学生设定清晰明确、高标准严要求、事先规定的学业成就期望，以此促进教育质量与公平 • 教学和课程高度标准化，以便于开展评价和收集相关数据	教学和学习个性化 • 国家层面只提供相对笼统的课程框架，地方和学校在此基础上自主编排课程 • 鼓励地方和学校围绕国家整体教育目标探索不同的教育教学方式 • 针对有特殊需要的学生制定个性化学习计划
注重学生对基本知识的学习 • 教育改革首要目标在于学生读、写、算方面的基本知识与技能增强 • 知识性科目的教学时间明显增加	鼓励学生创造性的学习 • 学校教育教学注重学生多方面知识、个性、道德素养、创造力等全面发展
课程标准化 • 教师根据标准化的课程设置进行教学 • 以学生学业成就高低作为评判教师教学质量的标准 • 事先设定好课程和教学目标 • 通过高度行政化和标准化的测试衡量学业成就高低	课程灵活化 • 允许学校和教师自主选择和编制课程 • 鼓励教师和学生探索和创新未知的、不确定的教学和学习方式方法
根据商业化思维或模式来改革教育 • 教育行政和管理模式日趋企业化和商业化	根据以往经验和传统习惯来改革教育 • 尊重传统教学理论和教学组织形式，以此处理教师角色和师生关系 • 教育改革注重借鉴和参考以往取得的教育经验
以标准化测试作为问责和控制手段 • 力图通过晋升制度、督导制度、奖惩制度来提高教师教学能力和学生学业成就 • 对测试成绩优良者进行奖励，不良者加以处罚	倡导责任共担和信任文化 • 教育资源更多地向弱势学校和弱势学生倾斜 • 只开展一定样本数量的测试，不开展大规模标准化测试

〔1〕注：按照新自由主义和新公共管理主义所进行的社会改革常被称为“第三条道路”，芬兰所走的教育发展道路与之截然不同，因此称之为第四条道路。

〔2〕Pasi Sahlberg. Finnish Lessons: What can the world learn from educational change in Finland [M]. New York: Teachers College Press, 2011:103.

图 3-27、图 3-28 为芬兰学生和教师在课堂上学习和授课时的情形。

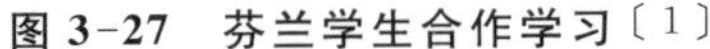

图 3-27　芬兰学生合作学习〔1〕

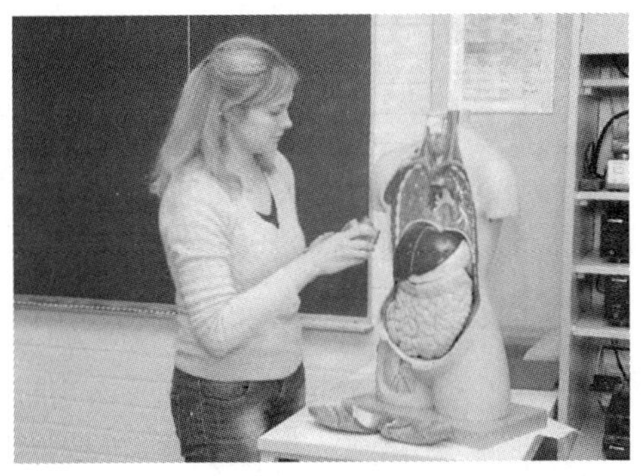

图 3-28　芬兰课堂实物模具教学〔2〕

六、相对单一的民族和互相信任的社会文化

芬兰国家小、人口少,民族比较单一,国民对教育改革和发展政策相对容易达成一致意见,有利于国家教育朝着一定目标稳步发展,避免出现大的波动。在 20 世纪六七十年代国家进行综合学校改革时,虽然也有反对意见,但经过一定阶段的区域推进,不同利益团体对这场改革形成认同,历时十余年最终构建起公平高质统一的基础教育体制,为其在 PISA 中屡获佳绩奠定了坚实基础。综合学校改革完成后,也曾有教育利益相关者认为综合学校制度过于强调基础教育公平,限制了那些天资聪颖的学生取得更高的学业成就,不利于基础教育质量提高。前些年,也曾有人对教师教育提出过反对意见,认为国家在教师培养方面投入资源过多,但最终这种反对意见不了了之。〔3〕

民族的相对单一化及历史上曾经历的战争和动乱,使芬兰社会形成了浓厚的信任文化。彼此不信任往往使简单的事情变得复杂化,而互相信任使原本复杂的事情变得简单化。芬兰社会的信任文化在教育领域表现为国家教育行政部

---

〔1〕 Välijärvi J, Kupari P, Linnakylä P, et al. The Finnish success in Pisa-and some reasons behind it: Pisa 2003. 2 [M]. Jyväskylän yliopisto, Koulutuksen tutkimuslaitos, 2007:42.

〔2〕 Välijärvi J, Kupari P, Linnakylä P, et al. The Finnish success in Pisa-and some reasons behind it: Pisa 2003. 2 [M]. Jyväskylän yliopisto, Koulutuksen tutkimuslaitos, 2007:44.

〔3〕 Välijärvi J, Kupari P, Linnakylä P, et al. The Finnish success in Pisa-and some reasons behind it: Pisa 2003. 2 [M]. Jyväskylän yliopisto, Koulutuksen tutkimuslaitos, 2007:51-53.

门对地方教育行政部门的信任,地方教育行政部门对学校和教师的信任,家长和社区对教育行政部门和学校的信任等。这种彼此信任为学校教育自由发展和教师教学创新提供了温暖的土壤。

七、社会福利制度

教育发展离不开社会政治、经济、文化等多方面因素影响,芬兰基础教育成功在一定程度上得益于国家所实行的社会福利制度。芬兰自20世纪50年代开始构建社会福利制度,为20世纪六十年代的综合学校改革提供了重要基础。社会福利制度要求教育公平公正,而综合学校改革的很重要目的就是促进国家基础教育统一、公平和公正。在社会福利制度下,芬兰中小学有条件为学生提供免费校餐、交通支持、医疗和健康服务等,更好地实现教育公平和质量。社会福利制度使整个社会都比较公平公正,减少了不同家庭背景对学业成就的影响,使所有学生都能够享受公平高质的教育。

八、学校建筑设计的科学性与合理性

有研究认为,理想化的学校建筑设计应当满足以下要求:有利于学生的身体健康发展,能够给学生带来一个安全的成长环境,能够满足不同学生多样化与个性化的需要,能够为学生创设一个和谐融洽的人际交往环境,能激发学生的学习热情并增加其学习的主动参与度,确保学生使用教学和学习基础设施的便利性并能很容易地适应学习环境,能融入学校所在地方的文化特色并充分体现校园文化精神和学校独特的办学理念,能为学校在未来发展中潜在的基础设施拓展和调整需要留有一定空间,能融入并体现环保及社会经济的可持续发展理念,等等。[1]

芬兰的学校建筑设计在很多方面都体现了上述理念。芬兰学校建筑在空间布置、选材、色彩搭配等多方面都富有现代气息并尽量融入科学合理的教育理

〔1〕 Monika Reti, Edit Lippai. Quality criteria for efficient learning environments in school buildings [J/OL]. [2014-04-15]. http://www.oecd.org/finland/conferenceinfinlandontomorrowslearningenvironment.htm.

念。芬兰的学校建筑与学习环境设计旨在激发学生参与式学习的主动性，让他们更易于融入学习环境并取得优异的学习成绩。

图 3-29—图 3-31 为芬兰学校的一些场景。

图 3-29 芬兰学校教室一瞥[1]

图 3-30 芬兰学生自由活动区一瞥[2]

图 3-31 芬兰学生综合实践活动场地一瞥[3]

芬兰和世界上其他国家的很多教育学者认为，芬兰学生在 PISA 中的优异成绩及芬兰基础教育备受世界瞩目固然是由多方面因素共同促成的，但毋庸置疑的是，芬兰学校建筑设计的科学性与合理性也是不可忽视的重要因素之一。

芬兰基础教育委员会早在 2006 年于赫尔辛基组织召开过主题为“未来学校—学习环境”的研讨会，来自 21 个国家的 100 余位代表参加了会议，这些代表们普遍感到芬兰学校建筑和学习环境设计，对其学生在 PISA 中的优异表现发挥

---

〔1〕〔2〕〔3〕 芬中教育协会供图。

着功不可没的重要影响和作用。

芬兰建筑博物馆与芬兰一家历史悠久的建筑设计公司，曾于2013年12月至2014年2月期间，在中国深圳建筑双年展上，举办了主题为“世界最好的学校”的展览，展示了芬兰赫尔辛基、约恩苏、埃斯波等地区七所中小学校的建筑和学习环境设计理念与实践。[1] 该主题展览还曾于美国纽约等国家和地区的建筑展会上举办。这表明芬兰的学校建筑和学习环境设计的理念和实践走在世界前列，是发达国家和发展中国家共同学习的对象和榜样。

根据芬中教育协会[2]负责人李栋先生提供的一手材料，芬兰的学校建筑和学习环境设计，早已走出传统的工厂式建筑的窠臼，不再是简单的长长的楼道配着一间间大小一致的教室。传统的工厂建筑式的学校古板呆滞，缺乏创新性和人文性，教育意蕴不足。芬兰的学校建筑和学习环境设计在很多方面对这些传统的特点都予以颠覆，充分体现出科学性与创造性、现代气息与人文教育气息。

其中坦佩雷市的两所学校令人印象深刻，一个是在建学校，整个建筑富有浓郁的现代气息，从外观设计，到里面的大堂、教室设计处处体现了人文关怀和环保理念。大堂平时用作师生的餐厅，还可以作为学生演出、周围居民社团等活动的场所。只要是当地的居民或社团都可以很便宜地在晚上或周末租用。

大堂内最显眼的是电子显示大屏幕，及时显示室内外的温度、能耗信息，同时还显示有多少能量来自电力，有多少来自风能或太阳能。主要目的是让学生从小就了解节能环保的重要性。这也是芬兰校园环境建设的重要一环。

所有的教室都由活页墙隔断，因此所有的教室都能相互开放，通过空间设计来打开班级及年级的界限是芬兰学校的一大特色。学校厨房全部是现代化设施，一共才4个工作人员。最有特色的是学校垃圾处理，只有四台设备负责学校

[1] Isabelle Lomholt. Museum of Finnish Architecture at Shenzhen Bi-City Biennale [EB/OL]. [2014-04-07]. http://www.e-architect.co.uk/finland/museum-finnish-architecture-exhibition.

[2] 芬中教育协会(Finland-China Education Association, FICEA)由芬兰资深教育专家以及政要发起成立，旨在整合芬兰教育资源，配合芬兰“教育出口”的国家战略，为芬兰及中国的各级各类学校、科研院所、政府机构及相关企业等部门搭建一个非营利的第三方合作平台。该机构与国内教育机构交流合作日益频繁，光明日报、中国教育新闻网、网易新闻等机构都对其作了积极报道。

整个垃圾处理,能够做到整个学校的垃圾零排放,直接把垃圾再利用——做成液态焚烧原料送往发电场。

另一所高中是20世纪60年代建成的,让人难以置信的是到现在一点也不落后。市政官员介绍说,芬兰的学校设计由专门的学校设计公司承接,考核的一个重要指标是保证建成后50年不落后。

九、快乐的学习环境

芬兰基础教育成功离不开中小学校快乐的学习环境,这主要表现为以下几方面。

1. 学校的教学是开放的

教师可以根据自己的需要,选择最佳的教学方法和教学内容,而没有任何的监管限制。学校对教师和学生的服装和交往也不做任何的限制,学生可以根据自己的喜好任意选择。学生最高兴的还是学校为他们提供和同学朋友见面的专门场所,这给学生提供了一个开放自由的学习环境。

2. 学习场所干净整洁

芬兰教室一般窗明几净,走廊、礼堂、大厅和卫生间也都非常干净,并且在冬季,这些地方非常暖和,供暖设施非常好。这就是为什么人们经常会在芬兰的学校看到那些孩子们只穿着袜子在学校里玩耍,这让学生感觉像在自己家里一样。明净的校舍加上北欧特有的秀丽自然风光,芬兰的校园环境可以引人入胜,学生们喜欢学校、喜欢学习。

3. 师生关系和谐

在芬兰,教师对教育工作充满了热情,他们对自己的学生表现出高度的关心和负责任,不会从感情上放弃任何一个学生。尤其在芬兰的学校,都是实行的小班教学,每个班级的学生人数都不多。这样教师就有机会照顾到每个需要特别帮助的学生。

我们从PISA的测评结果中也可以看出,几乎每位芬兰的学生在学校都得到了教师的平等对待,这样学生和教师之间就建立了友好平等的情感关系。芬兰的学生在学校也是感觉很舒心自由的,因为他们从来不用考虑教师会对他们有处罚行为。在芬兰，体罚从来不会进入学校。学生和教师平时在学校的交往是非常轻松自由的，例如，在学校餐厅，一般都是教师和他所带班级的学生在一起用餐。当学习结束时，你会经常看到芬兰的学生会和他们的教师握手或是以拥抱的方式再见。

4. 没有考试压力

在芬兰的教育传统中，对学生学习结果的评价一直被认为是教师和学校自己的任务，除了高中结业时的毕业会考，学生几乎不需要参加任何形式的竞赛或是各类评比考试，更没有学生考试成绩排名的奇怪情况。尤其是在综合学校的低年级，学生几乎从来不知道考试为何物，这样教师就不用被考试束缚，学生也不会面临考试的压力，或是因为害怕考试产生厌学情绪。

无考试的教育，不但减轻了学生的学业压力，而且给学生学会认知、学会做事、学会在实际生活中思考留下了时间，更为重要的是，让孩子保持先天的好奇心和想象力。芬兰学生上课时间短，自由时间多，能充分发挥自己的专长，尤其对于低年级的学生更是如此。芬兰学生的学习场所并不是固定在教师或学校里面，教师经常带领他们去图书馆、博物馆、展览馆、植物园、工厂和农庄等，学生兴致勃勃地在这些地方发现他们喜欢的有趣的事物和见闻。

芬兰教育的成功，也充分证明了宽松的学习环境对孩子成长的重要性，对孩子好奇心和兴趣的培养远比知识重要。在芬兰的学校中，教育不但帮助学生为他们将来的生活做准备，而且还特别关注孩子们现在的快乐，所以在学校，知识的学习并不是教育的主要目的。教师的主要任务也不只是传授知识而是作为学生健康成长的助手，尤其是对于那些处于弱势学生的帮助指导。

十、多元化的学生支持系统

按照要求，芬兰地方政府和学校应根据学生具体情况给予三个层次的支持，分别是一般性支持、强化性支持和特殊支持。对于那些先天聪慧，学习优异的天才儿童，芬兰政府和学校也会给予一定支持，使其获得更大成功。关于多元化的学生支持系统的具体内容，第二章已有阐述，此不赘述。

芬兰基础教育在 PISA2000 成绩公布之前并无名气。PISA2000 成绩公布之后，芬兰取得了世界第一的成绩，之后在 PISA2003、PISA2006 中一直保持这一成绩，引起世人瞩目，彰显其基础教育取得了显著成功，一度被视为世界教育奇迹。在 PISA2009、PISA2012 中，中国上海、新加坡等亚洲国家或地区取得了优异成绩，芬兰排名有所下降，但仍保持较高的位置。如果不单从阅读、数学和科学素养的平均成绩来考量，而是结合不同学校之间的成绩差异、不同学生之间的成绩差异、学生社会政治经济背景与其学业成就之间的关联强度、教育资源投入产出比等诸多更深层次的因素来综合考量，芬兰在 PISA 中的表现彰显其基础教育一直兼顾质量、公平与效率。从此意义上而言，芬兰基础教育世界第一仍然当之无愧，续写着教育领域的传奇。

芬兰基础教育奇迹产生的原因是多方面的，既有重视学习与教育、相对单一的民族和互相信任的社会文化、社会福利制度等特定的历史文化传统为之奠基，也有坚持独特的教育发展道路、努力在集权和分权管理之间寻找平衡、坚持为每个孩子提供公平高质的受教育机会等教育理念的支撑，还有努力培育高质量的师资、使学校建筑设计更加科学合理、为孩子创造快乐的学习环境、给每个孩子提供个性化的支持等教育变革和发展热情的推动。

第四章

芬兰基础教育管理

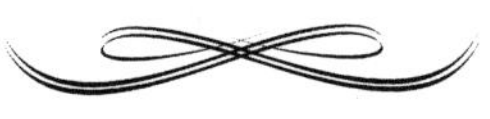

第一节 国家与地区层面的基础教育行政架构与监管

一、行政组织架构与部门职责

芬兰初等和中等教育行政管理架构和主要部门如图 4-1 所示。

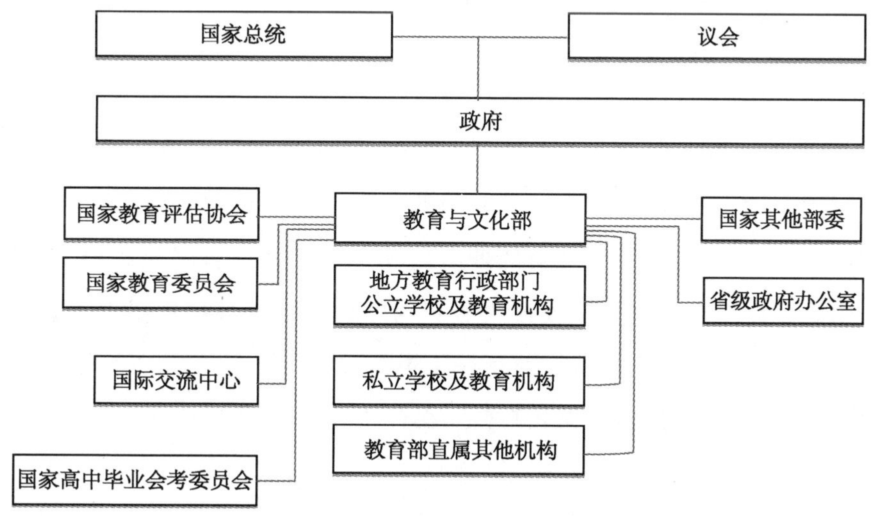

图 4-1 芬兰初等和中等教育行政管理架构〔1〕

1. 国家层面

议会有权颁布教育法律法规和决定教育大政方针。国家政府和教育与文化部负责教育法律法规和相关政策的起草与实施。

教育与文化部是全国教育与文化行业的最高行政部门,统一掌管国家层面的教育经费。除军事、警察、边防、消防和安全员培训等不归教育与文化部监管

〔1〕 Ministry of Education. Education and Science in Finland[R]. Helsinki, 2006: 2.

之外,国家其他公立教育和培训几乎都要在一定程度上直接或间接接受教育与文化部监管。

国家教育委员会(National Board of Education)、国家教育评估协会(Education Evaluation Council)、国际交流中心(Center for International Mobility, CIMO)、国家高中毕业会考委员会(Matriculation Examination Board)、终身学习协会(Council for Lifelong Learning)、高等教育评估协会(Higher Education Evaluation Council)、国家教育与培训协会(National Education and Training Committees)、早期儿童教育与养护咨询委员会(Advisory Board for Early Childhood Education and Care)、国家运动协会(National Sports Council)、青年事务咨询协会(Advisory Council for Youth Affairs)等国家层面的专业性组织既要接受教育与文化部的监管,又有一定的独立职能,分别承担一定的国家教育事务,对教育与文化部的工作给予重要支持与配合。[1]

下面就与初等和中等教育关联较为密切的几个部门职能作一简要介绍。

国家教育委员会是芬兰非常重要的教育部门,与教育与文化部保持紧密的业务合作关系。国家教育委员会的业务范围主要涉及综合学校教育、普通高中教育、中等职业教育与培训以及成人教育与培训。国家教育委员会和教育与文化部每三年签署一次绩效协议,而且每年根据实际情况变化及时审查修订,协议明确教育与文化部委托给国家教育委员会的工作任务。国家教育委员会根据协议所规定的教育发展目标、内容与措施开展工作。

国家教育评估协会的主要职责是协助教育与文化部为初等和中等教育机构提供评估服务,根据教育与文化部的指导方针与财政计划制定教育外部评估活动计划,以及提出教育评估发展建议,推动教育评估研究与合作事宜。高等教育评估委员会主要负责高等教育机构评估业务。目前,芬兰政府正计划将两者合并,统一开展各级各类的教育评估业务。

国际交流中心主要负责促进教育与培训国际交流,承担欧盟有关教育、培

---

〔1〕 EURYPEDIA. Administration and Governance at Central and/or Regional Level[EB/OL]. [2014-05-06]. https://webgate.ec.europa.eu/fpfis/mwikis/eurydice/index.php/Finland:Administration_and_Governance_at_Central_and/or_Regional_Level.

训、文化与青年所有国际交流项目的芬兰相关业务。国家高中毕业会考委员会主要负责组织开展普通高中毕业生参加的高中毕业会考。其他协会或委员会各自承担一些具体业务。

2. 地区层面

芬兰共有 6 个地区行政管理部门,15 个经济、交通与环境发展中心。这两类地区级部门都在教育方面有一定职责。如地区行政管理部门有权对地方教育法规执行、教育机构成立、教育服务提供、学生评价等进行监督、申诉、推动整改,负责为教师提供短期在职培训等,确保地方教育健康发展。[1]

二、监管手段

监管手段指国家政府和教育与文化部借以管理教育教学机构运转及促进国家教育目标落实的各种措施和机制,主要包括规章制度、拨款、信息指导、证书授权等。规章制度包括法律法规、国家课程标准、学历证书要求、国家政府对中小学的课时分配制度、教育发展规划及其他规定。中小学法律法规主要是《基础教育法》、《普通高中学校法》及《初等艺术教育法》等。

拨款包括国家政府对地方政府的常规拨款与绩效拨款等。国家政府对地方政府的常规拨款主要用来教育教学机构日常运转、基础设施建设与维护等。当前,芬兰国家政府对地方政府的教育拨款占地方政府教育总费用的 45%左右,地方政府承担约 55%。国家政府对地方政府拨款不采取“条目式”而采取“一次性”拨款。也即,国家政府根据不同地方的学生数量等量化指标及当地生均教育开支,将国家政府所承担的教育经费“一次性”全部拨给地方政府,由地方政府来决定经费具体使用。[2]

芬兰政府每四年制定与颁布一次《教育与研究发展规划》,以此指导未来五年国家教育与研究发展方向。目前国家正在实施的是《2011—2016 年教育与研究发展规划》,内容包括各级各类教育发展措施与资源配置规划等。另外,芬兰

[1] Regional State Administration Agencies. Education and Culture [EB/OL]. [2014-05-08]. http://www.avi.fi/en/web/avi-en/opetus-ja-kulttuuri#.U_73f7KBRhk.

[2] Ministry of Education. Education and Science in Finland[R]. Helsinki, 2006: 5.

政府日渐重视与发挥教育教学评估的监管作用。

第二节 地方和学校层面的基础教育管理

一、地方和学校层面的自主权

市级管理机构有很多自我管理权，在民主基础上行使相应权力，负责为市民提供多方面公共服务，包括学前教育、基础教育等。有些市由于规模较小无法全凭自身提供所有公共服务，可以联合其他市、社区以及企业共同开展公共服务。为了更长久的开展合作，不同的市往往会组建联合行政部门，联合行政部门更多地负责开展教育、社保和健康医疗类服务工作。[1]

在芬兰，中小学在课程设置、教材选择、教学方法使用等方面都有很多自主权。学校一般设有管理委员会，管理委员会由校长、教师、学校管理人员、家长、学生和社区代表等共同组成，为学校发展建言献策。学校按照本校运行管理办法有序开展日常教育教学活动。

二、学校管理委员会的组织与职能

1. 学校管理委员会形成背景

芬兰学校管理委员会的出现是芬兰几十年来教育体制改革的结果。而芬兰几十年来教育体制改革又与整个芬兰社会的改革紧密相关。从 20 世纪 70 年代开始，芬兰开始建立全国性的福利性社会。20 世纪 80 年代，芬兰正式成为一个福利性社会国家。芬兰社会和它的政策都开始发生根本性的变化。从芬兰社会

〔1〕 EURYPEDIA. Administration and Governance at Local and/or Institutional Level [EB/OL]. [2014-05-06]. https://webgate.ec.europa.eu/fpfis/mwikis/eurydice/index.php/Finland:Administration_and_Governance_at_Local_and/or_Institutional_Level.

来看，人口的增长和老龄化难以让中央提供完善国家社会福利服务。而 20 世纪 90 年代的经济衰退，进一步阻碍了国家社会福利服务的提供。在此背景之下，芬兰中央必须发挥各个市政府的力量来促进整个芬兰社会的发展。

芬兰原有的市政体制来源于中世纪。后来，为了适应芬兰社会的变化，芬兰开始着手改变市政体制。2007 年，芬兰政府正式颁发《关于重建市政与服务的法令》。该"法令"明确要求市政府要评价各自的社会服务，并且共同努力找出合适的方式来维持和发展它们的社会服务。在这一法令的推动之下，2009 年初，芬兰 99 个市进行联合。芬兰政府也出台文件将自治市的数量从 336 个减少到 66～70 个。这些决定都是按照芬兰传统的多方参与共同协商而做出的，从而确保这些措施能够收到效果。

2013 年，芬兰政府出台了最新的关于城市结构的法令。法令不再规定城市的数量，但是规定了各个市必须达到足够的标准来提供合适的福利国家服务。在社会政策上，20 世纪 80 年代开始，芬兰开始实行中央集权的、基于标准的管理体制。但是，这一管理体制不仅不能有效地提供福利服务，而且不能满足人们对政府管理的期望。因此，芬兰政府需要将决策权力从中央下放到地方。〔1〕

20 世纪 90 年代，欧洲出现了从中央集权向地方分权转变的趋势。这一趋势也深深影响了芬兰社会和教育政策。政府管理形式不再被僵化地认为只有一种形式，而是可以根据实际情况进行调整。地方分权成为重要的推动力，自治市拥有更多的权力来决定怎样管理和提供他们的服务。教育政策和教育服务更加基于各个学校真实的情境与发展状况。

此外，在新公共管理理论〔2〕的影响下，芬兰原来很多由中央把持的自治权、管理权和领导权开始从中央下放到自治市和学校手中。

基于以上种种背景，芬兰自治市和学校设置了学校管理委员会来管理具体

〔1〕 Local Finland. Finnish Local Government[EB/OL]. [2014-05-16]. http://www.kunnat.net/fi/tietopankit/tilastot/vaestotietoja/Sivut/default.aspx.

〔2〕 新公共管理理论是 20 世纪 80 年代以来兴盛于英、美等西方国家的一种新的公共行政理论和管理模式。新公共管理理论主张在公共部门广泛采用私营部门成功的管理方法和竞争机制，重视公共服务的产出，强调对社会公众的响应力和政治的敏感性，倡导在人员录用、任期、工资等人事行政环节上实行更加灵活有效的管理。

的教育服务。

2. 学校管理委员会的成员和主席

一般而言,芬兰学校管理委员会的成员有5～11人,包括主席、副主席和普通成员。此外,学校管理委员会还有候补成员。在芬兰学校管理委员会中,50％以上的成员都是女性,女性的数量多于男性。许多学校管理委员会的成员都是在当他们自己的孩子在学校的时候进入到学校管理委员会的。从年龄结构上看,大多数学校管理委员会成员的年龄都在30～59岁之间。其中,30～49岁的成员最多。只有2.3％成员的年龄是在30岁以下,60岁以上的成员也非常之少。

芬兰学校管理委员会的成员都有着良好的教育背景。总体来看,2.1％的成员拥有研究生学位,21.6％的成员有着较高大学的学位,36.4％的成员有着较低大学的学位,30.1％的成员接受过普通高中教育或者职业高中教育,只有7.4％的成员只接受过基础教育。

从职业背景来看,芬兰学校管理委员会成员的职业背景稍微偏向于公立部门。总体来看,芬兰学校管理委员中,在芬兰政府公共部门工作的成员远多于在私营部门工作的成员。这一数据与芬兰整体社会成员在公共部门和私营部门工作的比例差别较大。从芬兰整体社会来看,75％的人在私营部门工作,而只有25％的人在公共部门工作。同时,芬兰学校管理委员会成员中失业人员的比例是5.5％,这与整个芬兰失业人员的比例(11.6％)也不相符。此外,芬兰学校管理委员会成员中退休人员的比例是11.6％,这一比例也低于芬兰整个社会退休人员的比例。

芬兰学校管理委员会成员最为普遍的职业是医疗服务、教育服务和其他服务。芬兰学校管理委员会成员从事服务行业的比例高达79％,稍高于整个芬兰社会服务行业人员的比例(73％)。此外,芬兰学校管理委员会成员中还有13.2％的成员从事工业,7.6％的成员从事商业。

芬兰学校管理委员会成员所属的各个党派的比例,与芬兰2008年市政选举中各个党派人员的比例是比较一致的。当然,也会有少许的差异。芬兰学校管理委员会成员中“中间党”的成员就要多于“保守党”的成员。这可能是因为芬兰有着大量的小的农村市。在芬兰学校管理委员会中,中间党的成员最多,其次是社会民主党和保守党。[1]

芬兰学校管理委员会的成员大多都会积极参与地区政治。大多数成员在学校管理委员会的任期是 4 年或 8 年。这一结果也表明,学校管理委员会的成员大多都是有自己的孩子在学校上学。这也是他们加入学校管理委员会的最主要原因。对退休的教师、校长和其他拥有教育工作经历的人而言,自己的专业成为加入学校管理委员会的重要原因。当然,也有学校管理委员会的成员是被要求加入的。

3. 自治市的学校管理委员会

芬兰法律并没有规定自治市必须有一个市级水平的学校管理委员会。但是,事实上,几乎芬兰的每个市都有一个学校管理委员会。芬兰不同市的学校管理委员会的名字可能有所不同,但是这些学校管理委员会都有着广泛的职权范围。一般而言,学校管理委员会的职权范围覆盖了学前教育、基础教育、普通高中教育、图书馆服务和成人教育等。文化服务、青少年服务、运动服务等一般性的服务,市级的学校管理委员会也会有所涉及。

市级的学校管理委员会的成员由市政委员会任命。一般而言,市级的学校管理委员会也会有市政委员会的成员。此外,一些市级学校管理委员会的成员也还会是文化委员会、建筑与环境委员会、社会与健康委员会、内部监察委员会等委员会的成员。许多市级学校管理委员会还会作为市政府的代表参加各种董事会的工作。总之,市级学校管理委员会的成员至少也会是其他一些委员会的成员。[2]

市级学校管理委员会主任对学校管理委员会的工作有着重要的影响。一般而言,芬兰学校管理委员通常会选出校长,却很少会选委员会主任。学校管理委员会的主任一般都是由市政委员会或者市政执行委员会选举产生。大约一半的学校管理委员会的成员,同时也是市政委员会或者市政执行委员会的成员。他们的观点对于选举产生学校管理委员会的主任也有着重要的影响。学校管理委

〔1〕 National Board of Education. Changing school management status review [R]. Helsinki: 2012. Vol. 3.

〔2〕 National Board of Education. Education [EB/OL]. [2014-05-17]. http://www.oph.fi/english/education.

员会主任和校长的选举标准非常相似。申请人的资历、教育背景、经验、性格等都是非常重要的考虑因素。性别、政治立场和年龄在选举中的影响非常之小。

4. 学校管理委员会的运行

一般而言,芬兰学校管理委员会会花费超过2小时来准备一个学校管理委员会会议。在会议议程制定上,学校管理委员会主任的角色是最重要的,他会和成员一起合作制定会议议程。学校管理委员会的具体决策涉及到财政问题、发展学校、改善学校网络、长期规划、战略讨论、学校质量评价等。其中,财政问题是最为重要的问题。

市政委员会、市政执行委员会和省政府的战略决策,会影响学校管理委员会的决策和实践。学校管理委员会主任和校长对学校管理委员会的决策也会产生重要的影响。另外,商会和政党政治并不会影响学校管理委员会的决策。同时,市政府与省政府会存在一些紧张关系。这些紧张的关系不仅表现在财政问题上,还表现在教育的管理上:省政府对于市政府的教育要求过于理想化而不能很好的切合自治市的现实与资源。此外,这种紧张还出现在职业高中教育的投入和普通高中教育的网络问题上。

学校管理委员会在推进教育公平方面扮演着重要的角色,有责任努力为每个孩子提供公平的教育机会、教育资源和就业机会,而不考虑学生的家庭背景、文化背景等因素。学校管理委员会的决策应该充分考虑地区的经济情况、地区需要等因素。学校管理委员会还应该有效的预测未来变化,让决策具有前瞻性。

第三节 校长与学校管理

一、校长的角色与职能

20世纪90年代以来,芬兰学校校长的角色和职能发生了重大的变化。校长不再只是学校教育的领导者，还是学校的管理者。校长的学校管理职能要求校长还要负责学校的财政、人事等事务。传统上，芬兰学校的校长被要求是一个有经验的优秀教师，能够为学校提供良好的教育服务。但是，现在芬兰学校的校长还必须是一个卓越的领导者，能够理解和把握教育的发展，具有优秀的管理能力来领导学校。

芬兰的法律没有明确地规定校长职能。因此，各个自治市甚至各个学校会根据自身情况对校长的职能提出不同的要求。但是，总体上看，芬兰学校的校长已经从传统上的简单的教学领导逐步转变为“广义的教学型领导”。

芬兰校长成为一个“广义的教学型领导”，意味着校长必须同时是教学领导者和教育管理者。从学校的角度来看，他们是学校的教育管理者，负责整个学校的教育、财政、人事、安全等方方面面的工作。而从教师的角度来看，校长是学校教育教学的领导者和推动者，负责领导和推动整个学校教师、学生的教育教学与学习的发展。

首先，校长应该和教师共同制定学校发展的愿景。有效的学校愿景能够生成有效的学校发展的长期或者短期规划。校长应该和教师共同协商，对学校的未来发展形成共识。学校愿景应该关注学生、教师和学校发展的一体化。学生的成长和发展是学校教育教学的根本目标。芬兰教育要求学生的发展要注重为学生提供机会发展他们的实践知识、能力和技能。同时，学校不仅应该关注学生的文化素养，还要注重学生公民意识的培养。此外，芬兰教育还特别强调学生个性和独立意识的培养，促进学生自我效能感和自我价值观的形成。

其次，校长要构建学校的合作型文化。学校文化体现和影响着学校的方方面面。合作型的学校文化注重平等、公平、民主和包容，能够更好地密切校长、教师、学生等所有学校人员之间的关系。在合作型学校文化之下，校长从权威型领导转变为民主型领导，以更加平等身份和教师进行对话，尊重教师的意见和建议，关注教师的问题和需求，提供机会和资源支持教师的教学与发展。而教师能够以相同的方式互相对待和教育学生。这就能够更好的激发教师、学生的教学和学习，从而实现学校更好的发展。

再次，校长要和教师共同建设学校课程。在芬兰，课程具有很大的自主性，芬兰国家教育委员会只规定了核心课程的框架,而对于具体的课程并没有做出详细的要求和指导。因此,每个学校需要在地方政府的指导之下,基于国家核心课程,并根据自身的实际状况制定出学校自己的课程。芬兰学校的课程建设包含课程设计和课程开发两个部分。在课程设计上,校长负责整体的课程设计,而教师则负责自己相应部分的课程设计。在课程开发上,校长要在每个学年与教师大会和学校董事会共同商议学校课程开发工作,组建学校课程开发团队,制定课程开发方案。在整个学校课程设计和开发的过程中,校长不仅要充分考虑国家核心课程、地方政府、教师等因素,还必须充分考虑学校学生,让学生真正参与到自身课程的设计和开发中来,从而让最终制定的学校课程能够真正满足学生的需要。

因此,芬兰的学校董事会中不仅有领导层、教师代表,还有相当的学生代表。这充分体现了芬兰学校的合作型文化。此外,芬兰学校的校长还承担着整合家庭资源、实现跨校合作、创建校企合作等职能。

二、校长的选用

芬兰法律要求每个学校都要有一个校长来负责学校的运行。校长管理学校必须遵循国家的法律和课程标准。但是,在芬兰,校长的第一服务对象是学校,而不是政府。在芬兰的自治市,校长一般是由当地教育委员会选出。当地教育委员会在选用校长的时候,会通过一个公开的申请程序进行,这些程序特别强调校长候选人的教育背景、领导能力、个人经历和性格特征。芬兰新校长的选用要基于一些程序,需要通过面试和心理测试来确定校长候选人是否真正适合担任校长。

芬兰 1998 年的《教师资格法令》明确规定芬兰校长的选用要求。该“法令”要求芬兰学校的校长必须拥有高等教育学位;拥有某一教育领域的教学资格;丰富的教学工作经历;完成芬兰国家教育委员会规定的不少于 25 学分的教育管理方面知识的学习。但是,在不同的地区,芬兰校长的选用要求会有所差异。在一些较小的地区,校长很少会变动,也没有太多预设的选用标准。而一些较大的地区,校长的选用标准就会很明确清晰。

以赫尔辛基为例,赫尔辛基市的校长选用遵循以下的标准:一是获得大学学位或者相应的培训;二是具备领导能力,例如学校领导的经验,其他领导经历和培训;三是教学能力和教学经验;四是其他的能力,例如参与和学校教学活动相关的发展工作,积极参与培训,主持研究工作,教材编写工作,从事教研工作等;五是符合具体学校的要求,例如符合学校董事会的要求等。

在任何学校选用过程中,上述的各种标准都会被赋予不同的权重。不同的校长选用者会更加关注不同的标准要求。校长候选人的质量也会影响校长选用标准的确定和使用。在校长选用过程中,学校教师的意见和建议也会产生重要影响。但是,毋庸置疑的是,只有真正拥有一定的校长工作经验,校长候选人才有可能被成功选用。

芬兰校长的工作是处于整个工作时间系统之下的。校长的工资也是基于整个工资体系。校长的工资决定于其所在的学校的类型。当地决策者有权利决定校长的工资。根据一般的规定,校长也会有年假。但是,此外校长并没有任何其他的福利。

芬兰校长的数量处在变化之中。总体上,芬兰校长的数量呈现下降趋势。根据芬兰统计局的统计数据,早在2002年到2005年,芬兰基础教育的校长总数下降了15%,高中教育的校长下降了4%。这跟芬兰整个学校的行政合并有关。由于很多学校实现合并,所以需要的校长相应减少。而且,由于芬兰很多自治市较小,学校数量和规模不大,所以很多自治市常常设置一个地区学校校长来管理多所学校。而每所学校则由副校长来负责具体的工作。

传统上,芬兰校长的任期是终身制的。这一制度一直延续到现在。在所有教学工作人员中,校长的任职地位和任职期限最为稳定。根据芬兰统计局的统计数据,2000年91%的芬兰校长是终身制的。校长卸任的原因常常是健康问题、工作能力、教育部门对学校的调整等因素。校长主动离任的情况比较少。一般校长都是跨校调任,或者升职进入上级教育管理部门。在芬兰校长和教师都没有量化的评价,也没有单独的监管系统。反而,质量评价依赖于校长、教师和当地评价。

2005年起,芬兰新的退休制度开始生效。每个芬兰人可以根据自己的选择在63—68岁之间退休。每个人可以选择自己的退休年龄。在退休年龄之后,还可以选择继续工作。但是,自己所选择的退休年龄并不会被取消。例如,一个人已经选择的退休年龄是 60 岁,如果他愿意的话,他可以选择在 68 岁之前的任何一个年龄退休。选择在退休年龄之后继续工作,这是雇员的权利。对于校长也是如此。通常,优秀的校长还会被鼓励延长退休年龄,继续在校长职位上工作。

三、校长的培训

为了确保新校长能够有效的管理学校,芬兰国家教育委员会会组织对新校长进行预备培训。新校长的培训经费由芬兰国家教育委员会支付,具体的培训内容也由芬兰国家教育委员会确定。芬兰国家教育委员会每年会通过国家教育专业发展中心来选出 200 名校长进行培训。培训的经费来自国家预算,而不用参与培训的校长自己支付。

新校长培训的目标在于用专业的理念、不同的工作任务与能力来促进校长的发展。同事的支持和专业合作网络的支持是校长培训项目的重要部分。校长的个人发展和校长所在学校的发展会成为培训项目研究的一部分。培训项目将会使用最近的研究和评价发展知识。培训项目还会提供近距离的指导咨询,来帮助校长建立个人的专业发展计划,促进校长专业能力的持续发展。此外,培训项目还会提供指导,来帮助校长计划、管理、实施和评价学校的长期发展。

培训项目一般会强调以下的培训内容:①学校的组织、管理和财政;②学校的课程和学习成绩;③学校的人事管理;④学校的战略规划;⑤学校学习环境的构建;⑥学校的信息技术:信息技术教学的实践能力;⑦学校评价和质量管理策略;⑧战略领导能力;⑨交流互动技能;⑩处理学生健康、指导咨询和福利等问题的能力;⑪教师培训的能力;⑫校际合作能力;⑬学校的福利待遇等。[1]

随着社会的快速发展,校长的责任更加纷繁复杂。越来越多的发展工作、教学规划、教学理念发展都被寄希望于校长。校长除了必须具备传统的教学知识外,还必须能够把握学校和社会发展的知识与趋势。校长还必须能够利用各种

---

[1] Ontario Ministry of Education. Leadership Development: Principal Performance Appraisal[EB/OL]. [2014-05-19]. http://www.edu.gov.on.ca/eng/policyfunding/leadership/appraise.html.

各样的学校发展评价结果来领导自己学校的发展。

为此,国家出资组织校长的继续专业教育项目,从而支持和鼓励校长适应越来越复杂的学校任务。具体而言,国家教育委员会组织团队发起校长继续专业教育项目,从而确保高质量的校长培训。芬兰国家教育专业发展中心会具体的负责这一培训项目的组织和开展。所有参加培训的校长都要经过一个公开的申请程序。这一项目很受校长们欢迎。早在 2004 年的时候,芬兰就有超过五分之一的校长申请了这一培训项目。最终,芬兰国家教育教育委员会选出了 21 位校长参加这一继续专业教育项目。

国家教育委员会在选出参与这一项目的校长的时候考虑了以下的因素:一是校长对芬兰不同地区的代表性;二是校长对不同类型和规模学校的代表性;三是校长的实际工作经验等。在具体培训过程中,芬兰国家教育委员会将组建领导团队,来设计培训内容。培训领导团队将会对校长未来的工作进行描述。他们非常重视在培训中应用最新的研究成果。校际合作、校企合作也都是培训的重要内容。

芬兰国家教育委员会非常重视校长培训项目的效果。为此,芬兰国家教育委员会建立了校长培训的反馈制度,来评价校长培训的效果。具体而言,芬兰国家教育委员会在培训的开始和结束都会收集培训提供者的有关信息。同时,参与培训项目的校长会在培训开始的时候填写背景信息,而在结束的时候,校长们还会填写培训的反馈表。芬兰国家教育委员会要求这些信息都必须反馈给他们,然后才能将培训的经费全部支付给培训项目的提供者。正是通过这些措施,芬兰保证了校长培训的质量,从而使得芬兰校长能够更好地管理学校。

第四节　教师与学校管理

一、教师的角色、职能与资格要求

在过去十年中,芬兰教育已经成为国际教育学习的榜样。许多教育工作者和教育决策者都去参观芬兰学校和观察芬兰课堂，探寻芬兰在世界教育排名上领跑的原因。最后的重要结论之一就是，芬兰教育信任和尊重教师，芬兰教师有着很高的社会地位，这使得教师成为芬兰年轻人最想要从事的职业之一，从而为芬兰教师提供了非常丰富和高质量的人才资源。

芬兰教育认为，良好的师资是优质教育的必要条件。教学应该基于合作而不是孤立，基于自主而不是从上而下的行政命令，基于专业责任而不是行政任务。这就使得芬兰教师在教育上拥有极大的自由自主权，能够更好地发挥自身的能动性和创造力。芬兰教师把自己看成是一个教育专业人员，必须承担义务和责任来计划、实施和评价自己工作的结果。教师会制定合作计划课程，讨论为有特殊需要的孩子提供个性化的支持，制定适合不同学科的优质教学活动。在芬兰的校长、教师等工作人员看来，团队合作是学校教育的基本原则，贯穿到教育教学生活的方方面面。在芬兰学校里，单打独斗自我封闭是不受欢迎的。在芬兰，学生核心知识和技能的获得并不是通过教师强制性的教学来实现的。芬兰学校的学习氛围大都很轻松，师生关系融洽。芬兰教师之间的团队合作非常普遍。一个重要原因就是芬兰教师教学的工作压力相对较轻。

在芬兰小学，教师每天只需要教 4 节或 5 节 45 分钟的课程。在芬兰初中，教师每天只需要教 5 节或 6 节 45 分钟的课程。而每节课之间有 15 分钟的休息时间。在休息时间，学生都会在室外休息。而教师也可以在教师休息室休息一下或者和同事聊聊天放松一下。在芬兰，学校里面的每一个教师都可以是教学领导者。所有的教师都会积极参与到学校课程设计和教学目标制定的工作之中。学生是否成功地完成了他们的学习目标，也由芬兰教师来进行评价。因为在芬兰没有外部标准化的测试来评价学生学习成绩。教师被高度地信任和倚重。教师领导在芬兰学校普遍存在，几乎每个芬兰教师都会有教师领导的意识，并且把这种意识转化到具体的教学实践中。[1]

芬兰教师有着高质量的人才来源。每年春天，成千上万高中毕业生会积极

〔1〕 Ontario Ministry of Education. New Teacher Induction Program [EB/OL]. [2014-05-19]. http://www.edu.gov.on.ca/eng/teacher/induction.html.

申请芬兰大学里仅有的700个小学教育专业。只有大约十分之一的申请者能获得这一五年制的硕士学位项目。这一学位项目如此流行的原因在于，在芬兰劳动力市场上学位非常重要。例如，芬兰财政部部长拥有小学教师学位。而且，由于没有外部监督和标准化考试，芬兰教师能够在学校中自由地使用他们在学校中学到的知识和技能。专业自由自主是芬兰很多优秀年轻人选择教师作为第一职业选择的重要原因。芬兰初中和高中的教师教育项目的申请同样严格。一旦申请者通过了大学的考试，所有的准教师们都要严格遵循这些高标准。

在芬兰，教师的工作满意度非常高。在芬兰最近的一项全国工作满意度调查中，教师是所有工作群体中满意度最高的。其次，是农业工作者、电工和公务员。教师认为，他们工作中最满意最幸福的方面就是，他们能够自由地表达自己，感到自己能够影响学生的生活。在一项关于教师工作满意度与工作条件的调查中，调查发现，很多教师都表示，如果政府限制他们的专业自由和自主权，例如引入外部学校监督或者标准化评价来控制教师的工作的话，教师会考虑离开这个教师岗位。

在芬兰学校，领导权与教学紧密相关。所有的学校校长都是教师，他们必须能够在他们领导的学校进行教学。事实上，除了作为校长的领导职务外，很多芬兰学校的校长都会选择进行教学。这就帮助校长和教师之间建立了基于信任的专业关系和专业对话。许多校长把自己视为教师的一部分，而不是一个学校行政管理者。校长和教师共同参与的分布式领导在芬兰学校随处可见。

芬兰教师这些极大的自主权是与芬兰教师资格的高要求紧密相关的。芬兰构建了良好的教师教育来确保教师资格的高要求。

总体上看，芬兰教师教育有四个方面的特色。首先，严格的硕士学位和至少五年的全日制学习，是芬兰教师教育的基础。教师是非常受尊重的专业人士，因为他们所接受的基础教育和训练跟医生、律师、建筑师等其他专业人士一样严格。其次，芬兰教师的学术硕士学位是基于研究的。芬兰的教师教育系统融合了科学教育知识、教育内容知识、促进教学思考的教学实践、基于证据的决策、参与教师专业学习共同体。芬兰教师所具备的研究知识和他们在课堂上所做出的决策密不可分。再次，教师教育在大学里有独立的部门，这给了教师教育和其他学院同等的地位。教师教育的资源提供和绩效评价都与其他学院是一样的。这也使得学生们能够拥有更加严格的学术环境，更好的学习与发展。最后，有些大学会有教学实习学校。学生会在这些学校里面进行教学实习实践。学生一般要花费10%～15%的学习时间来观察教学和进行教学实践。[1]

在芬兰，硕士学位是教师得以永久在学校任教的必要条件。为了获得这一学位，小学教师都会主修教育学，同时辅修一门他们在学校教授的具体科目，例如数学、语文或者体育等。初中和高中教师主修他们将要教授的领域，同时辅修另外一门科目，例如数学、物理或者化学等。芬兰的幼儿园教师也要有本科学力。

芬兰对教师学位的严格要求为教师素质提供了基本保障。与世界上很多国家不同的是，芬兰的小学教师要在学校学习至少5年的教育学知识，他们还必须完成达到较高学术水准的学位论文。也就是说，所有的小学教师都会拥有教育学硕士学位。长时间的教育学学习让他们更深地理解孩子的发展、教学内容、课程、评价、学校改善和领导等。

要想进入芬兰教育行业，除了通过申请、接受考试、进入大学、攻读硕士学位，没有其他选择。在芬兰，没有高水平的知识、好的社会能力和好的师德，就不可能成为教师。因此，一般来说，芬兰的学校拥有很大的自主权来自行设计教学项目、制定学校时间表、制定自己的学习标准、评价学生的进步。这些都是因为教师对于这些问题早已轻车熟路，能够做出符合学校实际情况的决策。

二、教师的培训

芬兰有着良好的教师培训来确保其学校教育教学质量。21世纪以来，在全球化的影响之下，世界人口流动更加频繁，各个国家的人口组成更加多元。学生的社会文化、宗教、语言、家庭等各方面的背景更加复杂。这对教师的教育提出了更高的要求。芬兰也同样如此。

---

〔1〕 Ontario Ministry of Education. 2011—2012 Teacher Learning and Leadership Program [EB/OL]. [2014-05-19]. http://www.edu.gov.on.ca/eng/teacher/tllp.html.

为了更好地应对学生多样化所带来的教育挑战，芬兰在2005年制定了“多元文化教育计划”。这一计划正是通过促进教师的专业发展，有能力设计和实施多元文化课程，来适应学生的多样性，适应芬兰教育的未来需求。同时，芬兰教师拥有很大的自由和权利。在芬兰，学校教师可以根据国家教育委员会颁布的课程标准和学校规定的基本课程，自由自主地开发教师自己任教的课程。这对教师的素养提出了很高要求。芬兰教师普遍具备非常强烈的专业发展意识，积极提升自身专业发展。教师培训为教师专业发展和学校发展提供了保障。芬兰教师培训也受到了芬兰教师绩效考核的推动。早在2001年到2005年，芬兰就颁布了“教师教育发展计划”，该计划根据芬兰各个大学教师培训机构基于对教师在职培训的调查与评价，制定了教师教育发展指导方针。这一指导方针包含了师范生的选择、教育研究、教师培训合作地位，以及教师和教师培训的持续专业发展等四个方面的内容。

2010年，芬兰教育部为了促进教师发展，进行了全国性的教师专业能力考核。同时，芬兰很多学校也建立了教师评价制度，例如年度发展论坛等，旨在对教师实现教学目标的情况进行评价。正是基于以上种种因素，芬兰的教师培训成为芬兰学校管理中非常重要的一部分。

芬兰政府为教师培训提供了充足的财政支持。每年，芬兰教育部都会为芬兰教师培训提供800万～1 000万欧元，这些经费都是通过芬兰的大学、高职院校和国家专业发展中心来拨付。

芬兰教师的培训机构主要包括普通大学的继续教育中心、开放性高等教育机构、民间院校，以及其他一些教育机构和组织。普通大学的继续教育中心主要是为教师提供在线的网络培训课程和一些长期性的培训课程。开放性高等教育机构是指芬兰的开放性大学和暑期大学。芬兰全国一共有15所开放性大学。暑期大学是一种区域组织，它不仅包含了开放性大学的教学，还提供了教师专业的继续教育。芬兰全国一共有21所暑期大学，分别在全国133个地区为教师开展培训，促进其专业发展。

同时，芬兰国家教育委员会下属的“国家教育专业发展中心”还为教师培训提供支持。培训的主要方面包括在职教育课程、国家和国际教育发展项目，以及有关教育领域中的问题研究等，旨在提升教师专业能力，促进学生发展。

芬兰教师培训的形式非常多样，能够适应不同教师的需求。首先，是针对初中和高中教师提供的必修或者选修课程项目。每学年为期 3 天，由教师专业联合会负责提供。其次，是认定的和非认定的教师培训项目。芬兰认定的教师培训项目统一由普通大学、高职院校和其他教育机构提供。培训的重点在于教师所任教的学科领域、教学研究和学校管理等内容，所认定的培训学分为 5 学分。而非认定的培训是教师的自我激励培训和 3 天的在职培训。非认定培训很多是通过面授远程在线项目来实现。这种远程培训需要教师至少获得 30 学分。再次，芬兰教师培训还有模块培训与非模块培训、免费培训或者商业培训、学科项目培训等培训形式。近年来，芬兰还在施行一种新的培训形式，即中小学教师和大学教师合作教学与研究的培训形式。中小学以自身教学实践、教学知识和能力与大学教师形成对话，而大学教师则以自身的研究与中小学教师进行分享，共同研究教学实践中的具体问题。这种培训形式越来越多地被广大教师所采用。

芬兰教师培训有专业化的课程作为支撑。芬兰教师培训课程的目标在于丰富教师的相关学科知识和改善教师的教学方法。培训课程主要是通过教师培训所在的培训机构进行制定。教师培训的课程内容强调教师所面临的未来挑战和教学中的现实问题，促进教师持续的专业化，包括在教学知识与态度、教学方法等方面。此外，还包括地区学校的实际要求和一些特殊性的知识技能等。具体的培训课程随着教师所任教的学科科目的不同和培训项目的不同而变化。

芬兰教师培训还有相应的质量评价体系，以此来确保培训质量。从 2004 年开始，芬兰高等教育评估委员会就建议普通大学、高职院校对教师培训构建质量评价体系。目前，芬兰从三方面建立了教师培训的质量评价体系。首先，在评价范围上仅限于大学、高职院校和大型培训机构负责的继续教育和培训项目。其次，评估对象主要是参与培训的教师。再次，评价形式主要通过实地考察、培训方案分析、培训机构开展自评等形式进行。

第五节 学生管理

一、学生的常规性管理

芬兰法律规定，芬兰的永久居民都应该接受义务教育。芬兰义务教育的起始年龄是7岁。只有完成基础教育的教学大纲或者接受10年的义务教育，芬兰的义务教育才算完成。如果由于孩子的缺陷或者疾病，基础教育目标不能在9年内完成，那么义务教育应该早一年开始。

达到义务教育年龄的孩子必须接受芬兰法律所规定的基础教育，或者获得与基础教育相一致的课程学习。教育提供者负责监测孩子的入学情况，通知家长及时让孩子入学。孩子的父母或者监护人负责支持孩子完成义务教育。如果达到义务教育年龄的孩子没有接受义务教育，当地政府部门负责采取措施让孩子入学接受义务教育。在学前教育上，芬兰法律规定，孩子应在义务教育之前接受学前教育。对于不接受学前教育的情况，必要时可以采取措施强制执行。对于那些经过心理测试和医学测试有足够的学习能力可以提前一年开始基础教育的孩子，可以允许比法律规定提前一年开始接受基础教育。

学生在学校应有一个安全的学习环境。教育提供者负责制定计划，防止学生受到欺凌和骚扰。同时，要采取措施实施和监督这一计划。国家教育委员会负责出台相应规定来保护学生权益。教育提供者负责实施一定的规则和规定来确保学校内部的秩序，同时满足学生学习、安全等需要。学校规则和规定应该制定切实可行的方案，使之能够真正有效。

学生入学以后有权接受基于课程的教学、指导、咨询和充分的学习支持。教师应该被提前通知，确保教学能够完成课程所设定的教学目标。学生学习和教师教学所需要的必要的教材、其他教学材料、学校设备和材料都应该是免费的。

残疾儿童或者有特殊教育需要的儿童还有权利获得他们接受教育所需要的其他服务,这些也同样是免费的。接受基础教育的学生在学校日应该被提供营养均衡的、组织和监督良好的食物。但是,对于学校所安排的外出活动和私人提供的教育活动,可以向学生适当地收取费用。

学生应该享受免费的学生福利。这些福利包括促进和维持优质学习的行动、好的心理和生理健康、社会福利等。学生福利应该由教育提供者和学生的父母或者监护人一起完成。当某个学生的福利提供出现问题时,应该有相应的文件进行记录。同时,采取措施进行解决。教育提供者要注意保护学生的隐私,避免学生的个人数据外泄。对于那些暂时接受处罚和暂时禁止参与教育的学生,教育提供者也要提供必要的学生福利。

芬兰法律规定,如果接受基础教育的学生从家到学校的距离超过 5 千米,学生就应该被提供免费的交通或者足够的补贴。对于学前教育的学生也是一样。学生在家校之间的往返时间,包括等待时间,最多不能超过两个半小时。如果学生年满 13 岁,往返时间可以增加到 3 小时。学生在等待坐车的过程中,应该被给予机会参与引导活动。如果学生往返家和学校之间的时间太长,学校应该为学生提供免费住宿。在学年中的周末和节假日的时候,学生可以享受免费交通往返于家和学校之间。学生在住宿过程中应该做一些力所能及的劳务。同时,如果学生在学校、住宿地和往返家校之间发生事故而受伤,学生可以享受免费治疗。学校还应该提供单独的健康检查和服务,来解决学生的社会和心理问题。

芬兰法律规定,除非特殊原因,学生必须完成基础教育。对于日常的作业和行为规范,学生也应该有良好的表现。对于那些影响教学或者违反学校秩序的学生,最多可以被单独隔离两个小时或者被给予书面警告。如果学生的违纪行为非常严重,学生除了被给予以上处罚外,还有可能被最多停学 3 个月。如果学生扰乱课堂就有可能被带离课堂,从而提醒所有学生遵守秩序。如果学生的暴力行为威胁到其他学生或教师的安全时,学生有可能被禁止参加学习。如果学生没有做作业,学生有可能被要求在放学之后由老师监督完成作业。

为了确保纪律问题得到有效解决,在学生面临书面警告、停课或者休学之前,必须让孩子明确的知道自己违纪的行为。在真正采取纪律处罚之前,学校必须让学生的父母或者监护人了解学生的违纪行为和学校的处罚决定。这些都必须记录在案。对于停学的学生，学校应该给予补课，避免学生学业滞后。在执行处罚决定的过程中，班主任教师和其他教师有权将不遵守纪律的学生带离课堂。如果违纪学生拒绝被带走，班主任教师和其他教师可以强行带走。如果不得已要使用武力，班主任教师和其他教师要向学校提交书面说明。教师绝对不能过度使用武力。学生的所有违纪问题一旦有法律介入时，所有学校采取的措施都应该遵循法律的判决。

二、学生的教育与职业指导咨询体系

21 世纪以来终身学习的理念成为芬兰教育和社会的共识，终身发展成为整个芬兰社会的诉求。与此同时，芬兰社会从摇篮到坟墓的福利政策也对芬兰经济发展提出了要求，全民接受教育和培训、参与工作成为必须。近年来，芬兰教育更加灵活，高中取消了年级制度，学生在高中三年中自行决定学习方案、自行选修课程等。正是基于以上种种因素，芬兰构建起了从基础教育、高中教育、大学教育到职业教育、继续教育的完整的学校教育与职业指导咨询体系。

芬兰基础教育阶段学生的学校教育与职业指导咨询目标，在于帮助学生了解学校教育和未来职业，并初步学会规划。指导与咨询的内容包括学习知识和技能、自我认知、继续教育与培训选择、各种行业、职业部门及工作生活、搜索资料工具的使用、社会指导咨询服务的使用等。指导与咨询的形式包括班级指导、小组指导和个人指导。在初中教育阶段，指导常常采取班级授课的形式进行班级指导。此外，所有学生在需要的时候能够获得个人指导或者小组指导。特别是那些有特殊需要的学生，常常会接受更多的个人指导和咨询。在初中教育的最后一年，学生可以选择在工作岗位实习一到两周，也可以选择去职业教育机构听一段时间的课。指导与咨询的主要负责人是学校的咨询员。但是，实际上，所有教师都会在学习上给予学生指导和咨询。而且，学校咨询员在指导与咨询的过程中也会与学生家长或者监护人、其他学校的咨询员和教师，以及与政府、商业机构等进行合作。

芬兰高中实行“不分年级制”，学生只要在三年里修满了规定的科目和学分就可以毕业,学生需要自己制定学习方案,学生在拥有更多自主性的同时也容易出现更多问题。芬兰高中教育阶段学生的学校教育与职业指导咨询,目标在于帮助学生明确自己的生涯规划,设计自己今后的学习、职业及人生规划。指导与咨询的内容包括学习技能、自我认知以及职业选择。芬兰高中为学生提供了指导咨询方面的必修课和选修课,各有 38 学时。指导与咨询的形式包括团体指导、小组指导、个人指导和基于网络的指导咨询等形式。指导与咨询的主要负责人是学校咨询员。他们都是经过专业指导咨询培训的教师。学校咨询员一方面要给予学生学业指导,包括学习方法、技能和要求等,指导学生自己制定学习方案;另一方面还要给予学生职业指导和咨询,让学生了解毕业之后所面临的各种教育和培训机会,学会收集需要的就业信息等。此外,学校的教师也会给予学生在学业规划等方面的指导与咨询。通过全方位、多层次的学生指导与咨询体系,芬兰很好地保证了学生的学校教育、培训与就业。

芬兰国家层面的教育行政部门主要是教育与文化部及受其监管的国家教育委员会、国家教育评估协会、国际交流中心、国家高中毕业会考委员会等教育专业性组织。教育与文化部是全国教育行业的最高行政部门,统一掌管国家层面的教育经费,所有公立教育和培训几乎都要在一定程度上直接或间接受教育与文化部监管。国家教育委员会等专业性组织既接受教育与文化部监管,又有一定的独立职能,对教育与文化部的工作给予重要支持。国家层面对基础教育的监管手段主要包括规章制度、拨款、信息指导、证书授权等。

芬兰共有 6 个地区行政管理部门,15 个经济、交通与环境发展中心。这两类地区级部门都在教育方面有一定权责。如地区行政管理部门有权对地方教育法规执行、教育机构成立、教育服务提供、学生评价等进行监督、申诉、推动整改,负责为教师提供短期在职培训等,确保地方教育健康发展。

芬兰地方政府具体负责提供基础教育服务,中小学在课程设置、教材选择、教学方法使用等方面有很多自主权。学校一般设有管理委员会,管理委员会由校长、教师、学校管理人员、家长、学生和社区代表等共同组成,为学校发展建言献策。

芬兰学校的校长已经从传统上的简单的教学领导逐步转变为“广义的教学型领导”。芬兰学校校长一般既是有教学经验的优秀教师又是有管理经验的卓越领导者。他们和教师共同制定学校发展规划;开发和设计学校课程;构建学校合作型文化;整合家庭资源、实现跨校合作等。芬兰 1998 年的《教师资格法令》明确规定了芬兰校长的选用要求。芬兰新校长的选用要遵守较为严格的程序,需要通过面试和心理测试来确定校长候选人是否真正适合。国家出资定期组织校长接受专业发展培训,使他们能够应对越来越复杂的学校任务。

芬兰教师在教育教学上拥有极大的自主权,能够充分发挥自身的能动性和创造力。芬兰教师把自己看成是一个教育专业人员,有能力、有责任来评价自身工作成效。芬兰教师有着高质量的人才来源,教师的工作满意度非常高。

芬兰中小学既注重学生的常规性管理,又注重对学生开展全方位、多层次的教育与职业指导与咨询,很好地保证了学生的继续学习与就业。

第五章

芬兰基础教育课程

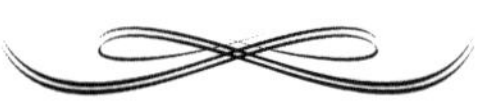

基础教育课程在芬兰学校系统和教育改革发展中扮演着重要角色。社会价值观念和发展变化只有融入课程,才能和学校教育紧密相连。基础教育课程对于任何一项教育改革都至关重要,教育、科学、技术等发明创造只有融入课程才能取得丰硕成果,才能有效传递给教师和其他教育利益相关者。

第一节 基础教育课程权力发展演变

从20世纪70年代开始,芬兰基础教育课程权力,经历了从高度集权到权力不断下放,再到权力适当回收上移的发展演变过程。

一、20世纪70年代到80年代中期之前:基础教育课程以高度集权为特征

20世纪70年代之前,芬兰基础教育体系是双轨制的,在儿童年龄尚小时便将他们及早分流,使他们步入不同的教育轨道,接受前途和命运截然不同的不平等的教育。教育分流与儿童社会经济背景有着密切关系,导致学习机会的不公平和学业成就的差距。针对当时的教育不公平状况,要求国家为所有儿童提供平等的九年义务教育的呼声日益强烈。1968年芬兰颁布新的《基础教育法》,为基础教育改革奠定了基础,之后的十年间逐步推进综合学校改革,构建起统一平等的基础教育体系。

芬兰第一个国家课程标准颁布于1970年,以高度集权的管理规定为特征。地方政府和学校要严格遵照其规定来开展教育教学,接受国家和省级教育部门的严格监管。届时,地方政府和学校几乎没有自主权来开发和设计符合地方特色及学校需要的课程。

二、20世纪80年代中期到21世纪初期:国家课程权力不断下放

1983年芬兰又出台了新的《基础教育法》,在此基础上于1985年对旧的国

家课程标准进行改革,改革方向旨在赋予地方政府和学校教师更多的课程自主权。1985年课程改革前,国家虽然已经于1978年最终构建起综合学校系统,但由于之前双轨制的影响,不同学生的学习能力有差异,综合学校内部依然对不同学习能力的学生进行分组教学,并未实现真正的平等。1985年的课程改革彻底改变了这一状况,通过新的课程政策促使学校内部取消按照学生学习能力进行分组的做法,而是采用混合编班,使所有学生接受平等的教育。而且,新的课程政策赋予地方政府和学校更多的课程自主权,满足不同学生的个体需要成为教育教学的重中之重。

20世纪90年代,芬兰国家课程政策进一步放权。1994年,新一轮课程改革赋予地方政府和学校更大的课程自主权。地方政府在统一的国家教育管理制度基础上行使这种自主权。在20世纪70年代集权式的国家课程标准之下,地方和学校教材要接受国家层面严格审查,省和国家层面经常委派监督员到学校监督和指导教育教学开展。随着国家课程不断放权,教材审查制度和学校监督制度逐渐被废除。与此同时,地方政府获得了更多财政自主权,可以自主组织教育教学活动和决定资金如何分配和使用。学校内部管理人员和广大教师在很大程度上获得了课程开发和设置方面的自主权。

1998年,芬兰对基础教育各方面法律法规做了整体改革,基础教育评估受到国家重视。国家开始实施一定的主题评估和学业成绩测试。国家层面的成绩测试旨在了解学生总体学习状况,并且以一定的样本量为基础。值得注意的是,芬兰从未组织过全国统一的、所有学生都要参加的大规模测试,因为这与芬兰教育理念不相符。

三、21世纪以来:国家课程权力适当回收上移

2004年,芬兰对基础教育课程又进行了改革,不过这次改革方向是国家层面适当收回课程权力。2004年,国家课程标准更加强调国家层面的课程决策权,对地方和学校的课程自主权做出一定限制。当前国家课程标准面对的主要挑战,是如何应对不断发展变化的知识和学习理念,满足21世纪学生的学习需要。进一步加强跨学科教学和能力教育是芬兰未来国家课程政策改革方向。

2012 年，芬兰国家教育委员会又启动了新一轮国家课程标准修订工作，按照计划新的课程标准将于 2016 年开始实施。

第二节 基础教育课程理念

课程开发和设计必须对不同的课程要素进行甄别和筛选。如何甄别和筛选取决于课程目标和内容之间的关系。课程目标和内容之间的关系决定着整个课程结构。从历史的视角来看，芬兰基础教育课程本质蕴含了两种不同的课程理论。一方面，芬兰基础教育课程在很大程度上受德国课程论或赫尔巴特课程论影响。赫尔巴特课程论强调教学和学习以知识为中心，课程结构注重以学科为基础。该种课程理论于 20 世纪 30 年代渗透到芬兰，并对其基础教育课程内容和结构影响很深。后来到 60 年代，美国教育家杜威的课程论思想出现在芬兰国内教育文献中，对其课程内容和结构逐步产生影响。杜威课程论思想认为，课程内容和结构应以学习者为中心来组织，强调以学习者应当掌握的综合能力，而非学科知识为基础来组织课程内容和结构。两种不同的课程论思想对比，如表 5-1 所示。

表 5-1　两种不同的课程论思想对比

德国赫尔巴特课程论思想	美国杜威课程论思想
• 强调以学科知识为中心，学习的主要目标在于掌握学科知识 • 不同学科知识在课程中分开编排	• 课程内容包括更广泛的教育原则与教学建议 • 强调以学习者体验为中心 • 注重学习者能力全面发展而非单纯的学科知识掌握

20 世纪 60 年代正是芬兰对基础教育系统开始大刀阔斧改革的时期，杜威

课程论思想恰在这时传播到芬兰，对其基础教育课程改革产生了很深的影响。在杜威课程论思想影响下，芬兰国内对基础教育课程展开激烈讨论，讨论的焦点在于课程内容和结构如何在学科知识中心和学习者能力中心两者之间寻找到合理的平衡点。基础教育课程从传统上的学科知识中心开始向学习者能力中心转变，课程内容和结构更加注重学习者通过课程学习能发展多方面能力而非单纯地掌握学科知识。

但实际上，芬兰基础教育课程内容和结构同时受上述两种课程论思想影响，努力在学科知识中心和学习者能力中心之间寻找合理平衡。实际的课程开发、设计和修订一直努力兼顾学科知识结构和学生发展需要。但从近些年来看，芬兰基础教育课程越来越强调学习者能力中心，以更好地满足学生多方面能力发展需要。尤其是在知识和科技迅速发展变化的当今社会，很多知识和科技都会很快过时，学习者能力培养变得更为重要。

通过对芬兰 2004 年颁布的《国家义务教育核心课程标准》所秉持的学习理念，以及所倡导的学习环境创设与发展、学校文化建设、教师对教学方式方法的选择所应遵守的一些原则进行系统考察，可以更好地理解芬兰国家基础教育课程的理论根基。

1. 学习理念

就学习理念而言，芬兰《国家义务教育核心课程标准》认为，学习是一种个人的或集体的逐步建构知识与技能的过程。通过这种过程，可以让本国的社会文化更好地融入学习中。学习是一种有目的、有组织的行为，并且发生在多种多样的情景之中，如学习者独立自主的学习、学习者在教师指导下学习、学习者在与教师和同伴互动中学习等。

通过学习，学习者不仅要掌握新的知识与技能，而且要掌握更加科学合理的学习方法，要学会学习，为今后终身学习奠定良好的工具基础。学习源于学习者主动的和有目的的活动中，在这种活动中，学习者基于自身已有的知识结构对所要学习的新材料加工处理、做出自身解释。总体性的学习原则对每个学习者都有效，但个体的学习过程不可避免的会因每个学习者已有的知识结构、学习动机、学习方式、学习习惯的差异而有所不同，呈现出个性化与多样化特点。互动学习、合作学习有助于促进个体学习得到更好的发展。

不论学习的形式如何，它本质上都是一种包含个体独立或集体合作致力于问题解决的主动性与目标导向性的过程。学习具有情境性，因此学习环境的创设非常重要。通过学习，学习者要学会从更新的视角，理解现有社会文化并学会更好地参与社会活动。[1]

2. 学习环境

就学习环境而言，芬兰《国家义务教育核心课程标准》认为，学习环境是指与学习相关的物理环境、心理因素、社会关系等的集合。学习发生在这种集合中。学习的物理环境包括学习建筑与基础设施、教学与学习材料及工具、学校内外的物理空间与自然环境等。学习基础设施与材料工具的设计要确保能够满足个性化、多样化的学习方式方法。学习材料工具与图书馆服务要确保对每个学习者的公开性、易得性，为他们提供主动、独立学习的机会。学习环境的设计要确保为每个学生成为信息化社会的一员提供更好的支持。

学习环境要有利于学生的快乐学习与健康成长，通过设置适当的、有趣的挑战与问题，增强学生学习的好奇心与动力，提升他们学习的主动性、自觉性、创造性。学习环境的创设要确保能够引导学生自主设置合理的学习目标并学会自我评估目标达成情况。学习环境的创设与发展要积极吸纳学习者自身参与进来。学习环境的创设要有利于促进师生之间、生生之间的交流互动。教师和学生在创设和维护有利于促进小组学习、合作学习，有利于形成公开、积极、向上、安全的学习氛围的学习环境方面，负有共同责任。[2]

3. 学校文化

就学校文化而言，芬兰《国家义务教育核心课程标准》认为，学校文化对学校教育教学与学生学习有着非常重要的影响。学校文化建设的目标在于学校不同层面、不同领域的政策措施更加协调一致，更好地支持与促进既定教育教学目标的达成。

---

〔1〕〔2〕 Finnish National Board of Education. National Core Curriculum for Basic Education 2004 [S]. Vammala: Vammalan Kirjapaino Oy, 2004:16.

学校文化包含学校正式的、非正式的规章制度、管理措施、行为模式、价值观念、原则标准等多方面要素。诸如学校庆祝活动、主题日及其他活动都是学校文化的一部分。学校文化应力求公开性与互动性，有利于促进学校内部、学校与家庭、学校与社会之间的交流合作。在学校文化的建设与发展过程中，应充分尊重与发挥学生的参与作用。[1]

4. 教学方式方法

就教学方式方法的选择而言，芬兰《国家义务教育核心课程标准》认为，教学方式方法的选择要充分考虑具体学科的特点，要有利于支持与指导学生学习。教学方式方法的功能在于促进学生社会参与、学习、思考、问题解决等多方面能力，增强他们学习的主动参与性。教学方式方法应注重学生对信息通讯技术的习得，为学生开展创造性学习活动、游戏式学习活动提供有利条件。教师有权利和义务来选择合适的教学方式方法，指导学生个体和集体学习。

教师对教学方式方法的选择应满足以下要求：

(1) 有利于调动学生学习的积极性。

(2) 充分考虑学习的过程性与目的性。

(3) 有利于调动学生开展有目的的学习。

(4) 能促进学生已有知识结构、能力结构与实践经验的提升。

(5) 有利于发展学生的信息获取、应用与评估能力。

(6) 支持生生之间的互动合作学习。

(7) 有利于增强学生适应社会的能力、与他人合作的能力与责任意识。

(8) 有利于增强学生对自身学习负责的能力，促进他们学会对自身学习进行评估与反思。

(9) 支持学生对自身学习形成关注意识，为他们提供能够影响自身学习进程的条件与机会。

---

[1] Finnish National Board of Education. National Core Curriculum for Basic Education 2004 [S]. Vammala: Vammalan Kirjapaino Oy, 2004: 17.

(10) 促进学生形成适合自身的学习策略及将这些策略灵活应用于新的学习环境的技巧。

总之,教师在教学方式方法的选择上,要充分考虑学生个性化、多样化的学习方式以及知识与能力背景差异。尤其是针对一些“复式班”的教学,教师更应充分考虑同一班级中不同年龄组学生的学习目标与学习特点差异。[1]

第三节 当前基础教育课程权力架构和生成机制

一、权力架构

对芬兰基础教育课程标准的研究,离不开对其当前课程权力架构进行探讨。课程作为一种教育工具,是不同层面教育行政部门共同决策的结果。课程既可以在教育行政管理中起到一定的工具性作用,也为广大教师开展教育教学提供一定的教学法指导。芬兰基础教育课程权力架构包括多个层级。

基础教育法律法规是课程权力架构的底层基础,所有关于课程的决策不能违背基础教育法律法规。芬兰 2004 年颁布的《国家义务教育核心课程标准》(*National Core Curriculum for Basic Education* 2004)规定,国家和地方层面有关义务教育课程开发和设计的决策不能与《基础教育法》(*Basic Education Act*)、《基础教育行政规章》(*Basic Education Decree*)相违背。芬兰 2003 年颁布的《国家普通高中核心课程标准》(*National Core Curriculum for Upper Secondary Schools* 2003)规定,国家和地方层面有关普通高中教育课程开发和设计的决策不能与《普通高中法》(*General Upper Secondary Schools Act*)、《普通高中行政规

〔1〕 Finnish National Board of Education. National Core Curriculum for Basic Education 2004 [S]. Vammala: Vammalan Kirjapaino Oy, 2004:17.

章》(*General Upper Secondary Schools Decree*)相违背。

国家内阁决定教育基本目标和中小学校不同科目的课时分配。在此基础上,国家教育委员会负责制定国家课程标准总体框架,作为地方和学校开发和设置课程的参照性文件。

在国家课程标准总体框架指导下,地方教育行政部门和学校自主开发和设置符合地方特色和学校特殊需要的课程。同一地市的不同学校可以同时开发和设置同样的课程,也可以单独开发和设置符合本校需要的课程。学校单独开发和设置课程,往往需要接受地方教育行政部门的一定审批。但总体来讲,芬兰地方教育行政部门和学校具备较多课程自主权。国家赋予他们较多课程自主权,旨在增强他们在课程开发和实施方面的主人翁意识,调动他们实施国家课程标准的积极性,使地方和学校课程更加符合实际需要。

二、生成机制

按照芬兰 2004 年颁布的《国家义务教育核心课程标准》规定,国家核心课程标准是地方开发和设计课程的框架基础,地方教育行政部门和学校承担开发和设计课程的职责。地方课程要符合基础教育教学任务要求,与国家核心课程标准所规定的课程基本目标和内容相契合。在实际教育教学中,教师应按照地方教育行政部门审核通过的课程内容来进行。在地方教育行政部门允许的前提下,地方和学校课程可以包含反映地区、城市和学校特色的内容。

为确保课程凝聚力,课程开发与设计应充分调动不同教师群体的积极参与,学生家长和监护人应有机会影响课程目标和内容,学生也可以参与进来。由于芬兰国家课程标准特别注重学生福利和家校合作关系,因此要求地方和学校在开发和设计具体课程时要与地方社会和健康服务部门紧密合作。

按照芬兰 2003 年颁布的《国家普通高中核心课程标准》规定,普通高中的地方和学校课程,应根据国家普通高中核心课程标准相关规定来开发和设计,并应充分考虑不同学校所处的具体运行环境,不同地市的资源特点、语言特点、历史经济与文化特点,以增加普通高中课程的地方和学校特色。课程开发和设计应充分调动不同领域专家的共同合作,以增加课程的深度和权威性。地方教育行政部门负责对普通高中地方和学校课程进行审查。课程内容与形式的设计应确保为不同学生个体留有个性化选择的机会,同时应积极汲取其他地区和学校的优秀做法和经验。课程内容与形式设计应有利于促进普通高中学校文化发展,有利于促进教育教学资源的灵活高效应用,有利于促进学校内部及学校内部与外部的多元互动。

芬兰中小学课程的生成,不仅仅是教育行政人员决策的结果,而是教育专家、家长、社会其他利益相关者共同努力、集思广益的结果。1994 年和 2004 年国家课程标准的制定,都是教育行政人员、协会组织、学校管理人员、教师、家长等广泛参与、建言献策的结果。课程生成过程的广泛参与性,有助于增强教育利益相关者在课程方面的主人翁意识。实践证明这种课程生成方式是成功的。芬兰在课程改革方面拥有比较健全的工作机制,国家层面和地方层面合作开发和设计课程已经积累了数十年经验。

第四节　基础教育课程管理、实施与评价体系

整体而言,芬兰基础教育课程管理与评价体系,由五大要素共同构成:课时分配;国家课程标准;地方和学校课程及教材;学校课程具体实施;课程学习评价。

当前,芬兰义务教育和普通高中教育的课时分配权归国家内阁所有,国家教育委员会负责制定课程标准。地方教育行政机构和学校在开发和设计具有本地、本校特色的课程时,既要参照国家内阁对基础教育课时分配所做的指导性规定,又要参照国家教育委员会所制定的国家课程标准。在地方和学校所开发和设计的课程基础上,所有学校都要制定年度课程实施计划,按照计划使课程在教育教学中落到实处。教材是课程的重要载体,学校对课程在教育教学中的落实,离不开对教材的选择和使用。这五大要素共同构成了芬兰基础教育课程内容体系。

一、课时分配

课时分配是课程管理与实施的重要内容，只有以一定的课时为载体，学科教学才能落到实处。在芬兰，国家教育基本目标和中小学校不同科目的课时分配，由国家内阁以发布政府令的形式来决定。

1. 义务教育阶段的课时分配

根据芬兰政府2001年发布的《基础教育国家总体目标和课程学时分配政府令》(*Government Decree on the General National Objectives and Distribution of Lesson Hours in Basic Education*)规定，义务教育阶段不同年级学时分配，如表5-2所示。

表5-2 芬兰《基础教育国家总体目标和课程学时分配法令》关于义务教育阶段的学时分配

<table>
<tr><th>科目</th><th>一年级</th><th>二年级</th><th>三年级</th><th>四年级</th><th>五年级</th><th>六年级</th><th>七年级</th><th>八年级</th><th>九年级</th><th>合计</th></tr>
<tr><td>母语</td><td colspan="2">14</td><td colspan="3">14</td><td colspan="4">14</td><td>42</td></tr>
<tr><td>A语言</td><td colspan="2">—</td><td colspan="4">8</td><td colspan="3">8</td><td>16</td></tr>
<tr><td>B语言</td><td colspan="2">—</td><td colspan="4">6</td><td colspan="3">6</td><td></td></tr>
<tr><td>数学</td><td colspan="2">6</td><td colspan="3">12</td><td colspan="4">14</td><td>32</td></tr>
<tr><td>环境与自然</td><td colspan="4">9</td><td colspan="5"></td><td rowspan="4">31</td></tr>
<tr><td>生物与地理</td><td colspan="4"></td><td colspan="2">3</td><td colspan="3">7</td></tr>
<tr><td>物理与化学</td><td colspan="4"></td><td colspan="2">2</td><td colspan="3">7</td></tr>
<tr><td>健康教育</td><td colspan="6"></td><td colspan="3">3</td></tr>
<tr><td>宗教或伦理</td><td colspan="5">6</td><td colspan="2">5</td><td colspan="3">11</td></tr>
<tr><td>历史和社会</td><td colspan="4">—</td><td colspan="2">3</td><td colspan="3">7</td><td>10</td></tr>
<tr><td>音乐</td><td colspan="3" rowspan="4">26</td><td>4</td><td colspan="2" rowspan="4">30</td><td colspan="3">3</td><td rowspan="4">56</td></tr>
<tr><td>视觉艺术</td><td>4</td><td colspan="3">4</td></tr>
<tr><td>工艺</td><td>4</td><td colspan="3">7</td></tr>
<tr><td>体育</td><td>8</td><td colspan="3">10</td></tr>
<tr><td>家庭经济</td><td colspan="6">—</td><td colspan="2">3</td><td></td><td>3</td></tr>
<tr><td>教育与
职业辅导</td><td colspan="6">—</td><td colspan="3">2</td><td>2</td></tr>
<tr><td>选修课</td><td colspan="6">—</td><td colspan="3">(13)</td><td>(13)</td></tr>
<tr><td>最少课时数</td><td>19</td><td>19</td><td>23</td><td>23</td><td>24</td><td>24</td><td>30</td><td>30</td><td>30</td><td>222</td></tr>
<tr><td>外语选修</td><td colspan="2">—</td><td colspan="4">(6)</td><td colspan="3">(6)</td><td>(12)</td></tr>
</table>

针对表 5-2,需作如下说明:

(1) 表格中阿拉伯数字一般指若干个年级合起来平均每周某科目总的课时数,每个课时一般为 45 分钟。如一年级和二年级合起来平均每周母语科目总的课时数为 14,平均到每个年级,则每个年级每周母语科目课时数约为 7,也即周一到周五平均每天约 1.4 个课时的母语课。

(2) A 语言指第一外语,B 语言指第二外语。第一外语一般自小学三年级开始学起,第二外语一般自七年级开始学起。目前芬兰学生大多选择英语为第一外语。

(3) 最少课时数是芬兰国家内阁对义务教育阶段每个年级每周最少课时数所做的规定。由表可见,一、二年级每周最少课时数为 19,三、四年级为 23,五、六年级为 24, 7—9 年级都为 30。另外,芬兰政府也对各年级课时数做了上限规定,一、二年级每日最多课时数不能超过 5,小学 3—9 年级每日最多课时数不能超过 7。

(4) 括号中的阿拉伯数字为选修课时

(5) 芬兰义务教育阶段 1—6 年级一般分为两个学期,春季学期从 1 月初到 5 月底,秋季学期从 8 月中旬到圣诞节前夕。7—9 年级分为 5 个学期,每个学期时间较短,一个半月到两个月不等,一般是从 8 月中旬到 10 月初,从 10 月初到 12 月初,从 12 月初到 2 月初,从 2 月初到 4 月初,从 4 月初到 5 月底。

(6) "—"表示本科目不在相应年级开设,除非地方和学校课程另有规定。

需要指出,芬兰基础教育课程设置颇具"弹性"。国家规定核心课程各科目的课时分配,地方政府通过规定公共科目每年最少周课时数决定总课时分配,学校可视实际情况侧重于不同的科目,并自主灵活安排授课时数。[1]

2. 普通高中阶段的课时分配

根据芬兰政府 2002 年发布的《普通高中国家总体目标和课程学时分配政府令》(*Government Decree on the General National Objectives of General Upper Secondary Education and the Distribution of Lesson Hours*)规定,普通高中阶段不同

〔1〕 张德启,汪霞.芬兰基础教育课程改革的整体设计与实施浅析[J].外国教育研究,2009(5):59-63.

年级学时分配，如表 5-3 所示。

表 5-3 芬兰《普通高中教育总体全国性目标及课时分配的政府令》有关普通高中的课时分配

学科或学科群		必修学程数	最低限度专业学程数
母语及文学	芬兰语/瑞典语/萨米语	6	3
语言	第一外语(一般从从小学三年级开始学起)	6	2
	第二外语(一般从初中一年级开始学起)	5	2
	其他语言	—	16
数学	基本学程	6	2
	高级学程	10	3
环境与自然科学	生物	2	3
	地理	2	2
	物理	1	7
	化学	1	4
	宗教/伦理	3	2
	哲学	1	3
	心理学	1	4
	历史	4	2
	社会学	2	2
艺术与体育	体育	2	3
	音乐	1～2	3
	视觉艺术	1～2	3
	健康教育	1	2
	教育与职业指导	1	1
必修学程	47～51		
最少专业学程	10		
最少总学程	75		

针对表 5-3，需作如下说明：

(1) 表中阿拉伯数字指的是“学程”(course)数，一个学程包括 38 个课时，每个课时一般 45 分钟。学程是学科的细化，一门学科按内容与难度可分为数量不等的若干学程，如按难易程度将数学分为几何、解析几何、三角与向量等，形成 10 多个学程。芬兰人还非常大胆地将一些兴趣性与实践性的东西列入学程，特别是选修性学程，如汽车修理、汽车驾驶、摄影、舞蹈等。学生选修这些课程都计算学分。开设这些学程，可以是学生所在学校，也可以是别的学校，还可以是社会培训机构。只要事先经过校长认同就行。芬兰人这样开设课程，既充分利用了社会教育资源，解决了学校资源不足的问题，又很好地满足了学生的多样性爱好和能力培养的需求，比较好地做到了学习与兴趣、知识与能力培养的有机统一。

(2) 由于芬兰普通高中实行“无年级和班级授课制”，因此政府对普通高中所做的课时分配不根据年级来进行，而是根据整个高中阶段所应完成的学程来进行。高中学制富有弹性，多数学生一般 3 年即可修完最少总学程，但有些学生也可能利用 4 年甚至 5 年才能修完最少总学程。“不同的学生可以根据自身智力、学习水平、学习目标、学习计划安排和学习兴趣等情况在完成学校规定的最少总学程基础上，自己决定高中教育年限。”[1]

“无固定班级授课制”打破了传统的固定班级授课模式，是根据学生成绩和学习能力安排教学进度，适应个别差异的课程结构。它最大限度地满足了学生个体不同倾向、爱好和发展要求的需要，实现了“因材施教”的个别化学习原则，将主动学习和研究性学习纳入教学过程之中，从而使得新的教学模式打破过去单一的灌输型教学体制，对传统的教育体制和教学观念产生了根本性的冲击。与“无固定班级授课制”相配套的是个性化的选课制度，即学生可以根据个人的兴趣、爱好和志向，制定整个高中阶段的适合于自己发展的课程学习计划。[2]

(3) 芬兰普通高中课程分为学生在高中阶段必须掌握的必修学程、可以选修的专业学程和应用学程三种类型。必修学程面向所有学生，以保证每个学生都能达到国家规定的最基本的要求；专业学程是对必修课程的拓展和延伸，地方

---

〔1〕〔2〕 张德启，汪霞. 芬兰基础教育课程改革的整体设计与实施浅析[J]. 外国教育研究，2009(5)：59-63.

和学校可根据国家指导和本地实际情况设立，每个学生除了必须完成必修学程以外，还须完成一定量的专业学程；应用学程则是为学生提供一些专门的知识，注重不同学科内容的交叉性、融合性、应用性，主要由各学校根据学生的兴趣爱好和本校的实际情况自主设立，国家不作统一要求。[1] 一般每所高中开设必修课、专业课和应用课都在 300 学程以上。芬兰政府规定，一名普通高中学生要毕业至少需要完成 75 学程的学习，其中包括 47～51 个必修学程和 10 个专业学程，余下的学程学生可以选修专业学程（表 5-4），也可以选修应用学程。

表 5-4 芬兰普通高中部分学科必修学程与选修专业学程概览[2]

科目	作为母语的芬兰语	数学	化学	物理
必修学程	• 语言、文本与互动 • 文本的结构与意义 • 文学的技巧与解释 • 文本及其影响 • 文本与语境 • 语言、文学与认同	• 函数与方程 • 多项式函数 • 几何 • 解析几何 • 向量 • 概率与统计 • 导数 • 根函数与对数函数 • 三角函数与数列 • 积分	• 人类和生活环境的化学	• 作为自然科学的物理学
可选修的专业学程	• 高级口语交流技能 • 高级文本技能 • 写作与现代文化	• 数论与逻辑 • 数与代数方法 • 高等微积分	• 化学的微观世界 • 反应与能量 • 金属与物质 • 反应与平衡	• 热学 • 波 • 运动定律 • 自转与引力 • 电学 • 电磁学 • 物质与放射

（4）芬兰普通高中每一学年被分为 5～6 个学段，每个学段包括 6～7 周，其

〔1〕贾海菊，朱成科. 芬兰普通高中课程评价及对我国课程改革的启示[J]. 教学与管理，2009(4)：78-80.

〔2〕张奕婧，郑一筠. 21 世纪以来中国和芬兰高中阶段课程改革的比较研究[J]. 外国中小学教育，2011(4)：7-11.

中5～6周用来集中学习，1个考试周用来测试之前所学情况，遵循随教随考随清的原则。学段制使得学生在本学段内的课程设置相对集中化，一门科目从过去平均每周学习2课时，增加为6～8个课时，基本上每天都要接触选定的科目，这样较好地解决了学生在学习一门学科时因时间间隔过长而容易遗忘的问题，也避免了一学期内学习科目过多、过杂的问题。教师也便于集中精力，在相对较短的时间内，将某一门课程讲授得比较透彻。〔1〕学生按照要求根据个人学习计划逐一完成必修和选修的学程，每个学程学习完成后参加一定的测试，测试合格再开始下一个学程的学习，否则需要重新学习上一个学程直到通过测试为止。如果一个学生同一科目有两个学程学习没有通过考试，这个学生该科目的学习将被终止。但一门科目被终止后，不影响继续进行其他科目的学习。

二、国家课程标准

1. 角色与功能

芬兰义务教育和普通高中阶段的国家课程标准，由国家教育委员会负责制定。国家课程标准作为教育管理的一种工具，具有以下三大角色和功能。

(1) 教育行政管理的文件

作为一种教育行政管理文件，国家课程标准给地方和学校的课程设置与教育教学开展提供了明确的指导性建议，以此促进国家基础教育统一、平等，使所有儿童的基本教育权利得到保障。芬兰综合学校体系的目标是在全国构建公平高质的基础教育，国家课程标准始终沿着这样的目标发展变革。为实现这样的目标，国家有必要对课程进行一定的集中管理，防止全国不同地区和不同学校之间课程内容和质量差异过大。但为了使课程内容满足不同地区和学校的个性化需要，国家又需要给地方和学校一定的课程自主权。因此，芬兰基础教育国家课程标准一直努力在集权和分权之间寻找理想的平衡点。

(2) 知识和信息的载体

作为知识和信息载体，国家课程标准将重要的社会文化知识经过特定理解

---

〔1〕 张德启，汪霞．芬兰基础教育课程改革的整体设计与实施浅析[J]．外国教育研究，2009(5)：59-63.

和加工融入其中,通过学校教育教学传递给学习者。比如,近些年科技创新使传统的信息和知识的概念发生巨大改变,芬兰亟须将这些发展变化经过一定的加工处理融入课程之中。芬兰当前中小学教学和学习明显以不同的学科为基础,国家课程标准分别规定了每个学校科目的总教学目标、内容和评价标准。

(3) 教学指导的文件

作为一种教学指导文件,国家课程标准对中小学所要教授的知识和技能予以说明,对学习、学习环境设计和教学方式等做出要求。它还对学习评价的方式方法做出规定,为教师组织教学提供基础。一些科研和教育创新成果通过课程进入中小学教学和学习范围。有关教学和学习的新知识、新观点通过课程传递给教师和学生,使教师教学观念和实践发生改变。课程内容和形式影响和决定着教育教学的组织形式和教学设施设备的提供。课程要求似乎限制了教师的教学自由,然而从另一个角度看,课程要求迫使教师不断变革教学方式,从而使其教学变通能力不断获得提升。

2. 主要规定与要求

(1) 总体规范与指导

芬兰基础教育国家课程标准主要包括两大方面内容:一方面,它对国家的教育任务、价值取向和体系结构做出规定;另一方面,它对学习理念、学习环境开发与设计、学校文化以及相关人员应当遵循的工作方式等做出规定。

因此,芬兰基础教育国家课程标准不只是针对学习领域和内容的规定性文件,而是对学校教育中关涉课程管理与实施的多方面因素的整体性的规范性和指导性文件。

(2) 地方和学校课程开发与设计应包含全方位要素

芬兰义务教育国家课程标准和普通高中国家课程标准,都对地方和学校具体课程开发与设计所应包含的要素提出了要求。按照要求,地方和学校所开发和设计的课程应包含诸多要素,以便于课程更为高效的管理与落实。这些要素主要如下所示:

- 课程设计价值与原则
- 教育教学总体目标

- 具体课时分配
- 学校文化和学习环境创建及教学方式方法选择
- 教学的融合性
- 跨学科主题的实施安排
- 不同学段和年级的教育教学目标与内容安排
- 学生行为发展目标
- 家校合作
- 学校与外部利益相关机构的合作
- 学生福利计划及相关部门与人员合作安排
- 课程开发与设计原则
- 学习与职业指导与咨询
- 对学习困难学生的教学支持
- 针对不同文化和语言群体的学生个性化的教学安排
- 学生过程性评价与终结性评价方式方法
- 有关证书与报告制度的规定
- 信息交流沟通策略
- 学校教育教学评估与发展措施等

(3) 课程设计应渗透“跨学科主题”

芬兰基础教育国家课程标准规定,地方和学校在开发和设计具体课程及课程实施中,不同科目的教学既可以是独立的,也可以是融合的,但学科融合性是学校教育教学的主旨要求。不同学科交叉融合旨在更好地指导与促进学生学会运用不同学科领域的综合知识,从多个视角来审视和理解社会现象,从而达到通识教育的目的,确保学校教育教学更好地应对社会发展带来的多方面挑战。

为更好地促进不同学科交叉融合,国家课程标准规定,地方和学校在开发和设计具体课程及实际教育教学中,要符合和体现“跨学科主题”。所谓“跨学科主题”,并非具体的某个课程,而是课程开发和设计以及实际教育教学所应秉持的理念导向。在这种理念导向的指引下,使不同学科的内容与形式实现更好地交叉融合。芬兰基础教育国家课程标准相对笼统地规定了一些“跨学科主题”。这些主题的真正落实,一方面依靠地方教育官员和中小学管理者在设计和选择课程内容时,关注不同学科内容的交叉性和融合性;另一方面依靠全体教师在具体教学过程中,注重不同学科间的内在关联和相互交叉性;另外,还要依托于学校文化活动及教学和学习环境的创建等多方面因素的整合。

芬兰义务教育阶段国家课程标准所规定的七大"跨学科主题"分别为:成长为一个健全的人,文化身份认同和国际素养,传媒和沟通素养,参与性公民和创业能力,环境、健康和可持续发展责任,生活和交通安全,以及科技和个人生活。[1]

普通高中阶段的国家课程标准所规定的六大跨学科主题分别为:主动性、参与性公民意识和创业能力,安全与健康,可持续发展理念,文化认同与综合素养,技术与社会,交流沟通与媒介素养等。地方和学校可根据自身实际开发和设计其他跨学科主题。

每个"跨学科主题"都旨在达到一定的教育目的并关涉相应的教育内容。以义务教育阶段"成长为一个健全的人"这个"跨学科主题"为例,要达到的教育目的包括:使学生学会理解自身生理、心理和社会方面的成长进步;学会对自身言行进行道德判断,更好地分辨是非对错;学会认识审美体验对生活质量的重要意义;学会认识自身学习方式并成为善学者;学会成为集体和社会的一员等。所涉及的教育内容包括:关乎学生生理、心理和社会方面成长进步的因素;情绪意识与掌控;关乎学生创造力培养的因素;公平公正理念;道德伦理现象观察与解释;学习技巧;有目的的、长远的个人发展规划;理解关爱他人;在集体中的权利与责任意识;与他人合作的方式方法等。

总之,芬兰基础教育国家课程标准所规定的"跨学科主题",旨在使中小学校不同学科知识的教学不再是割裂的,而是实现充分的交叉和融合,既能让学生更好地消化和吸收不同学科知识并做到融会贯通、举一反三,又在很大程度上达到通识教育的目的。

---

〔1〕 Finnish National Board of Education. National Core Curriculum for Basic Education 2004 [S]. Vammala: Vammalan Kirjapaino Oy, 2004:17.

陈之华在《芬兰教育全球第一的秘密》一书中曾感慨："其实芬兰学生从基础教育中，不只整体了解了生物、地理、物理、化学等之间的整合式概念，连家庭经济课(家事教育)、体育、社会伦理学科，都逐步建构相互关连，而成为网络状的通达式学习环境。学生不会只知其一，而是自然而然地在一门课程之中，被导引连接到其他学科的学习。"[1]

3．基础教育主要学科及其学习目标、核心内容与结果要求

芬兰基础教育国家课程标准规定了义务教育阶段和普通高中阶段应开设的主要学科。国家课程标准将义务教育划分为1—2年级、3—6年级、7—9年级三个学段，对每个学段所开设学科的学习目标、核心内容与应达成的学习结果提出总体要求。针对普通高中阶段所设置的不同学科，也做了类似总体要求。

(1) 义务教育阶段主要学科设置及相关要求

义务教育阶段设置的主要学科包括母语、第一外语、第二外语、数学、环境与自然、生物与地理、物理与化学、健康教育、宗教或伦理、历史和社会、音乐、视觉艺术、工艺、体育、家庭经济、教育与职业辅导及其他选修课。

学龄儿童因出生背景不同，其"母语"可能是芬兰语、瑞典语、吉普赛语、手语(有些儿童可能天生有言语障碍)或萨米语。第一外语一般自小学三年级学起，第二外语多在七年级开始学起。通过必修课和选修课，芬兰初中生一般有学习三至四种语言的机会。因此，语言学科在芬兰义务教育阶段占有重要地位。

芬兰义务教育阶段国家课程标准规定，"数学"教学目的，主要在于发展学生运用数学思维方式解决实际问题的能力。

1—4年级开设的"环境与自然课"，融合了生物、地理、物理、化学及健康教育等不同学科的知识，是一门综合性学科。这门综合性学科涉及可持续发展理念。教学目的在于使学生能够认识和理解自然与环境，自身与他人，人类多样性以及健康与疾病等。该门学科的教学，以探究性的、问题解决式的综合实践学习方式为依托，以学生现有的知识、技能与经验，以及和学生所处环境相关的事物、现象和事件为基础。在体验式教学的帮助下，使学生与自然和环境建立起积极

[1] 陈之华. 芬兰教育全球第一的秘密[M]. 北京：中国青年出版社，2009：74-75.

良好的关系。学科内容应该是一个个整合性的知识模块。通过对知识模块的学习,学生可以更好地理解他们所处的环境以及他们与环境之间的交互关系。

到小学五、六年级,“环境与自然课”开始分化为“物理与化学”、“生物和地理”两门课。随后到了初中,再具体分化为物理、化学、生物、地理四门课。

健康教育作为专门的学科,一般从初中七年级开始开设,旨在使学生了解人类生命周期不同阶段的现象与特征及如何面对,养成健康的生活方式。

宗教或伦理从小学一年级开始开设,内容是多样性的,旨在引导学生认识宗教与人生,了解宗教信仰的核心价值和人类的精神需要。

历史课一般从小学五年级开始开设,社会课从初中七年级开始开设。历史课旨在使学生循序渐进地认识和了解东西方文明的发展轨迹,以长远眼光和宽阔心胸看待过去、现在与未来。社会课旨在使学生了解公民的社会责任,学会尊重他人,掌握实际生活中会用到的各类常识。

音乐、视觉艺术、工艺与体育课在芬兰义务教育阶段课程设置中占有重要地位。音乐教学旨在使学生学会尊重与欣赏多样化的音乐形式,学会借助音乐表达内心情感,心灵在音乐的世界里健康成长。视觉艺术课旨在发展学生们的视觉与艺术思维方式,提高学生的艺术与文化认知,培养他们对美感和设计感的认识,体验和理解视觉艺术在人类生活中扮演的重要角色。工艺课旨在使学生们学会使用各类工具与材料,独立或合作完成一些工艺作品,并从中培养创新思维与问题解决能力,增进手脑协调和身体健康成长。体育课贯穿义务教育所有年级,通常一周两节课,每节课两个课时,以确保学生有充足的运动时间。体育课的内容与形式多种多样。

家庭经济课一般从初中七年级开始开设,旨在使学生逐渐认识和了解各类食材并学会多种多样食物的制作方法。学科内容还包括如何做家务及基本的金钱观念与理财知识。

学业与职业辅导课一般从初中八年级开始开设,旨在通过初中两年的学业与职业辅导,让学生了解学业、职业与人生发展的关系,让他们在初中毕业后更为科学、合理的对学业与职业进行选择。

(2) 小学“环境与自然学科”案例

下面以小学1—4年级所开设的“环境与自然学科”为例,更好地理解国家课程标准对不同学科的学习目标、核心内容与应达成的学习结果所做的总体要求。

① 学习目标

- 在自身所处环境中学会安全行为方式，在紧急情况下能运用学校所学知识来应对
- 对所处社区环境了解，观察其变化，认识到自身家庭所在区域是芬兰国家的一部分
- 学会通过观察、调研和来源广泛的资料，获取有关自然与环境的信息
- 学会从不同视角观察与认识环境，并能够描述、比较不同的观察视角
- 学会做一些简单的科学实验
- 学会阅读和绘画简易地图并学会使用更为复杂的地图
- 学会通过不同方式来展示有关自然现象的信息
- 掌握并学会使用与自然和现象相关的概念
- 学会保护自然并节约自然资源
- 掌握生理和心理知识，自尊自爱，尊重他人，社会生存和交往能力
- 学习和掌握与健康、疾病相关的概念、词汇，学会如何使自身更为健康

② 核心内容

生物和生活环境方面：

- 有生命和无生命的基本特征
- 生存环境多样性与生物对它们的适应性
- 学生日常生活中常见的动植物与菌类
- 四季气候与环境变化
- 动植物的生命周期
- 食物来源与制作

身边的小环境及人类生活大环境方面：

- 家庭附近的环境
- 时间和季节
- 地图地貌
- 地区自然环境和人文环境

- 芬兰、北欧国家、北欧周边国家及世界其他国家的自然和人文环境

自然现象方面：

- 声和光及听力和视力保护
- 热现象及热源
- 简易机械设备的结构与运转原理
- 磁和电现象

物质材料方面：

- 日常生活中的物质材料及其回收与节约使用
- 空气性质及燃烧和防火
- 水的性质、形态、循环及使用

成长与健康方面：

- 人的身体构造及成长过程
- 日常健康生活习惯及护理
- 儿童常见疾病及紧急自救措施
- 与家人、朋友之间的交往及心理健康

安全方面：

- 防范欺侮和攻击行为，尊重他人，遵守交通安全规范，应对日常生活和娱乐中的突发危险情况
- 遵守行为规范，学会为他人着想，简单的理财知识

③ 四年级结束时应达成的学习结果

科学活动方面：

- 掌握对不同物体和现象的观察能力并能集中注意力发现被观察对象的主要特征
- 知道如何根据事物和现象的不同特征对它们进行描述、比较和分类
- 学会开展针对自然环境和人文环境的简单调查
- 学会使用和比较从不同途径获取的多样化的信息资料
- 能够通过说、写和画等方式向别人传达和展示自己掌握的自然和人文环境信息

生物和环境方面：

- 理解有生命的自然环境和无生命的自然环境的差异，懂得如何描述不同生活环境的主要特征
- 知晓季节变化特征并能讲出生物如何适应不同的季节，尤其是如何适应芬兰的冬季
- 知晓食材来源和食物生产地
- 懂得自然和人文环境的区别，懂得评价某个环境的美和多样性
- 理解地图的意义，知道如何结合使用指南针来阅读地图，学会绘制学校校园或家庭附近环境的地图
- 学会讲述家庭附近或本地区的自然条件和人文活动
- 对芬兰及北欧国家形成文化认同，对其他国家文化的多元理解

自然现象和物质方面：

- 掌握并学会使用一些概念
- 学会使用一些简单的测量工具并尝试使用自制的工具
- 能解释简单机械设备的运转原理
- 学会电流串联并联，了解家用电器，知道电的危险，学会安全用电
- 知晓产生光、声、热的源头，知道如何对声音反射、光的反射等开展研究
- 了解如何保护眼睛和听力，学会防火和应对措施
- 学会观测空气和水的特性及它们的形态变化，能讲清水是如何循环的
- 理解物质转化现象，如蜡烛或木头经过燃烧转化为灰，学会使用简易灭火器材
- 了解多种多样物质和材料的性质与用途，知晓家用药品、清洁用品、烟酒制品的危险性

个人成长与健康方面：

- 能讲清生命周期的成长发展过程，知道身体重要器官的名称及其主要功能
- 了解有助于保持身体健康的日常生活习惯，如生活节奏、充足睡眠、营养膳食、日常锻炼、合理的学习和工作负担、口腔健康、合理着装等

- 知晓作为集体中的一员所应遵守的基本活动规则，学会认识和调控情绪
- 能讲清儿童常见疾病及症状，知道用药基本原则，学会简单自救技巧，学会在紧急情况下发出呼救和积极寻求帮助

安全方面：

- 能讲清欺侮攻击行为的特征，了解他们的自我保护权利，能辨别合理和不合理的身体触摸方式，在需要的情况下学会从学校和社区获取帮助
- 了解哪些行为活动合适哪些不合适
- 认识和了解日常生活中、交通中以及下水游泳或滑冰等可能对安全造成威胁的因素，知晓主要交通规则并理解为何要遵守这些规则等

(3) 普通高中阶段的主要学科设置及相关要求

芬兰普通高中国家课程标准规定，普通高中阶段的学科设置涵盖语言及文学、数学、环境与自然科学、价值观、心理、社会、历史、艺术与体育等八大学科领域，包括母语、第一外语、第二外语、其他外语、基础数学、高级数学、生物、地理、物理、化学、宗教、伦理、哲学、心理学、历史、社会学、体育、音乐、视觉艺术、健康教育、学业与职业辅导等20余门学科，每个学科又包含若干课程模块和学程。国家课程标准对每门学科的学习目标、核心内容与所应达成的学习结果也做了总体要求。

三、地方和学校课程及教材

国家课程标准必须依托地方和学校所开发和设计的具体课程，及选择和使用的具体教材，才能落实到学校教育教学中。在芬兰，地方和学校有很大的课程开发和设计自主权，学校和教师对教材和其他学习材料的选择和使用，不归政府管理。

芬兰中小学的教材和学习辅助材料一般由私立出版机构向学校和教师推介，学校和教师根据自身需要自主选择。

中小学教材和学习辅助材料的编制，一般由各家出版商根据国家课程标准规定，组织各学科领域的教师、专家、学者共同编写。“一套新系列的书册，起码得花上两年的筹备时间，从构想到编写、印制出来。编著者拿的是出版商付出的

版税，就像一位作家一样，而出版商与作者各自分担出版好坏与销售风险。"[1]

"芬兰出版商与编著者用心良苦，因为书中内容不仅连贯交织，以不同知识区块和国际、本土素材交汇运用，更贴心地分类成难易不等的级别，适合各程度的学子。"[2]

"一套教科书的出版，周边同时还有十多样附属的教材辅助品，其中有我们熟悉的教师手册、辅助教案与教具等。在芬兰，比较特殊的是，出版书商还会同时开发给特殊教育与学习缓慢孩子们使用的另一套书。"[3]

"一本新书要推出上市之前，大型出版商都会在芬兰各地十几个城市，举行多场座谈、研讨会，让教师和学校一起有机会了解书的内容，以第一线地听取、搜集他们的初步反应，以及了解新教材是否有实际使用的困难等。"[4]

四、学校课程具体实施

学校课程的具体实施，依赖于管理人员、教师、学生及家长协力合作。芬兰中小学一般采取三大重要措施，保障课程具体落实。

首先，为确保国家、地方和学校课程的落实，芬兰基础教育法律规定，中小学校每学年开始前都要制定年度课程计划。学校在制定年度课程计划方面有较大自主权，在学科开设顺序、不同学科的课时分配、学科教学策略、学习结果评价等方面，都可根据学校所在地社会经济条件及本校师资与学生特点，拟定个性化、多样化的年度课程计划。学校年度课程计划的制定由学校管理委员会负责，而学校管理委员会一般由行政人员、教师、学生、家长、社会人士代表等共同组成。学校年度课程计划确定后，在新学期开始前要通过一定的渠道和方式让教师、学生及家长了解具体的课程安排。芬兰一些学校的做法是根据年度课程计划制定详细的课程手册，分发给教师、学生及家长，便于他们做好教学与学习安排。

其次，芬兰学校注重对每个学生开展有针对性的、个性化的教育教学。个性化教育教学的实现，需要以学校为每个学生量身打造的个性化的课程学习内容

---

[1] 陈之华.芬兰教育全球第一的秘密[M].北京:中国青年出版社,2009:103.
[2] 陈之华.芬兰教育全球第一的秘密[M].北京:中国青年出版社,2009:101.
[3][4] 陈之华.芬兰教育全球第一的秘密[M].北京:中国青年出版社,2009:105.

和进度安排为依托。芬兰中小学的做法是为每位学生制定适宜的个人学习计划。个人学习计划基于学生的兴趣、能力、爱好，由学校管理人员、教师、家长和学生多个主体协商制定并适时调整。

再次，为促进学生落实个人学习计划，顺利完成适合自身的课程学习内容，芬兰中小学一般会安排专门的学生学业指导与咨询顾问，长期负责指导学生选课、掌握正确的学习方式方法、克服课程学习中的各种困难、从容应对考试与评价。尤其是普通高中阶段的“无年级和班级授课制”，对学生学业指导与咨询提出了更高要求。芬兰普通高中学校一般会安排充足的学生学业指导与咨询顾问，并重视和加强学生之间选课经验交流，尤其是新生与老生之间的交流。

五、课程学习评价

芬兰中小学课程学习评价是对学生课程学习进展情况和学习成绩的反馈。课程学习评价既包括过程中的评价也包括结果评价。过程中的评价目的主要是为了及时发现学生在课程学习中出现的问题，帮助他们及时调整和解决问题，更好地开展进一步的课程学习。过程中的评价对教师调整和改进教学安排也非常重要。结果评价主要针对完成某一阶段课程学习、尤其是毕业的学生来进行，旨在为家长、相关教育机构和用人单位提供相关信息。

芬兰中小学开展课程学习评价的依据是国家课程标准对不同学段具体科目所应达成的学习结果的总体性规定。评价的理念不是排名，而是展现学生的进步、促进学生的学习以及唤起学生学习的兴趣和信心。

芬兰中小学课程学习评价的主体和形式是多元的。从评价主体来看，既注重教师对学生的评价，也注重学生自我评价和学生之间互相评价。从评价形式来看，很少采用终结性的标准化测试，而是采用采用多种途径在真实性、情境性的问题解决过程中评价学生的课程学习情况。常规性测试、开卷考试、实验、表演、展示、演示、社会活动等都是开展课程学习评价的重要方式。

芬兰中小学课程学习评价既包括量化评价也包括质性评价，但以质性评价为主，量化评价为辅。在义务教育阶段，教师每学年一般给学生家长提供两到三次常规性的有关学生课程学习情况的评价报告。评价报告会对学生某些科目的学习情况给出一定分数，评分界于 4～10 分之间，4 分代表不及格，9 分代表优秀，10 分代表非常优秀。评价报告更重要的内容是描述性的质性的评价，教师会对学生的学习状态、好的行为表现、不好的行为表现、未来需要改进的地方等做出整体性的总结，以使家长和学生本人更好地意识到优势、不足和问题，更好地开展下一阶段的课程学习。学生从初中九年级毕业时，学校会对其整个义务教育阶段的课程学习结果做出整体性评价并给予一定分数、颁发相应证书。毕业证书是他们申请更高阶段的学习或直接步入工作的重要凭证。

由于芬兰普通高中实行不分年级和班级授课制，因此课程学习评价不按学年或班级来开展，而是基于学程来开展。芬兰普通高中学生至少要完成 75 个不同科目的必修和选修学程并获得合格评价才能申请毕业。一个学程通常是 38 课时，学程结束后就要进行评价。评价的主要目的是就学生实现学程目标和该学程学习进展情况给学生一个反馈。评价的依据是多样的，包括书面测试、教师对学生学习进展情况的日常观察与记录、学生日常作业或作品完成情况、学生对自己所作的自我评价等。评分标准一般分为 4～10 分 7 个等级，4 分代表不及格，9 分代表优秀，10 分代表非常优秀。每门学程开始前，教师一般会把该学程的评价要素和标准告诉学生，而且评分细则应征得学生同意。如学生在完成某一学程时获得的评价为不及格，学校必须再给学生一次参加评价的机会。对于那些已通过某个学程评价但评分不高，希望获得更高评分的学生，学校可以决定是否给予他们更多机会以提高评价成绩。

课程是学校教育的核心要素，芬兰基础教育成功离不开高质量的课程。

就课程权力发展演变而言，20 世纪 70 年代至今，芬兰基础教育课程权力经历了国家层面高度集权、课程权力不断下放到地方、国家层面对课程权力适当回收等几个阶段，彰显出芬兰根据教育发展规律和不同历史时期的国情实际，一直努力地在课程集权与分权之间寻找适当的平衡。

就课程根本理念而言，芬兰基础教育课程内容和结构同时受赫尔巴特课程论思想与杜威课程论思想影响，长期以来一直努力地在学科知识中心和学习者能力中心之间寻找合理平衡。实际的课程开发、设计和修订一直努力兼顾学科知识结构和学生能力发展需要。但从近些年来看,芬兰基础教育课程越来越强调学习者能力中心。

就课程生成机制而言,芬兰当前中小学课程的生成,不仅仅是教育行政人员决策的结果,而是教育专家、家长、社会其他利益相关者共同努力、集思广益的结果。课程生成过程的广泛参与性有助于增强教育利益相关者在课程方面的主人翁意识,实践证明这种课程生成方式是成功的。芬兰在课程改革方面拥有比较健全的工作机制,国家层面和地方层面合作开发和设计课程已经积累了数十年经验。

就课程管理、实施与评价而言,芬兰基础教育课程管理、实施与评价体系由五大要素共同构成,分别是课时分配、国家课程标准、地方和学校课程及教材、学校课程具体实施及课程实施效果评价。芬兰基础教育课时分配颇具“弹性”。国家课程标准不只是针对学习领域和内容的规定性文件,而是对学校教育中关涉课程管理与实施的多方面因素的整体性的规范性和指导性文件。为保障课程具体落实,中小学校每学年开始前会制定年度课程计划,并注重对每个学生开展有针对性的、个性化的教育教学。芬兰基础教育课程实施效果评价注重过程性评价和质性评价,结果性评价和量化评价只是辅助手段。评价的主体和形式是多元的,既注重教师对学生的评价,也注重学生自我评价和学生之间互相评价,而且采用多种途径在真实性、情境性的问题解决过程中评价学生的课程学习情况。

第六章

芬兰基础教育教学

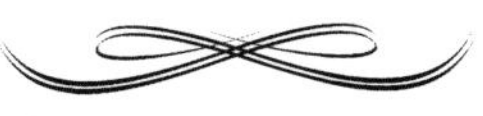

第一节 教学变革

芬兰从1917年独立到现在,基础教育教学主要经历了三个发展阶段:第一阶段从独立到20世纪60年代,主要以传统的“讲授式”教学方式为主;第二阶段从20世纪70年代初到80年代,自主与合作式教学方式逐步得到发展;第三阶段从20世纪90年代至今,多元并举的个性化教学成为主流。

20世纪60年代之前,芬兰学校的课程、教学、管理等均受到国家严格监管,学校和教师必须按照国家教学大纲所规定的内容与方式进行教学。这一时期芬兰基础教育采取的主要是传统的填鸭式教学方式,课堂以教师为主体,学生被动地接受教师教授,教师讲什么,学生学什么。

20世纪70年代开始,芬兰社会经济进入全新发展阶段,特别是第二产业飞速发展,需要有越来越多的技术人才,迫使教育做出积极回应。教育权力逐渐下放,学校开始获得更多的办学自主权,包括根据国家课程标准自主开发课程,选择合适的教学方法等。中小学教师开始尝试突破传统的填鸭式教学方式,课堂教学日益强调学生的主体地位与主动参与,体验式、小组合作式、探究式、讨论式等多元化的教学方式日渐兴起。

20世纪90年代开始,信息社会的到来催生了对创新人才的迫切需求。这一时期,芬兰开始废除以前的教科书国家审查制度和学校督导制度,学校和教师获得了极大的自主权,可以自选教材,也可以自编教材,甚至不用教材。国家仅对各学科教学规定一个笼统的目标与核心内容框架,旨在通过学校教学的自主化与多元化来促进学生的终身学习与自主发展。芬兰中小学开始对教学方式和教学环境大胆创新,努力使之更加符合学生发展需求。教师和学生的自主性得到极大解放,基于项目的学习、游戏学习、表演学习等各种各样的教学方式得到明显发展。

第二节 教学理念

芬兰中小学教育的教学理念建立在目的性、全面发展性、规范性基础之上，并且十分强调教学内容的科学性和合理性。

一、国家课程标准所体现的教学理念

在芬兰，教育旨在促进学生情感以及社会性的全面发展，而不仅仅强调学生智力层面的发展。教学在促进学生情感与社会性发展方面发挥着重要作用。芬兰教育目标在国家课程标准中有着明显体现，教师的教与学生的学要在这些教育目标上达成一致，确保教育目标能够在教与学的实际过程中得以实现。促进学生自我实现是芬兰教育目的之一，促进学生自我实现就是使学生感到有活力、感受到真实，按照自身的核心价值观来行事，更好地表达自我。个体要达成自我实现，就应该具有明确的生活目标、具备合理的人生规划并且以未来社会需要为导向，以及深信自己的能力能够使自己实现所设定的生活与学习目标。[1] 这要求教师需要具备强烈的职业意识，充分认识到教学在促进学生个体成长方面的重要意义，并且能够帮助学生更好地追求人生目标进而达成自我实现。

二、教师所应具有的具体的教学理念

1. 教师在教学中应具有良好的视野，使教学具有教育性

教师的视野或他们对理想学校的感知，是评价教师目的感的重要参考要素。

〔1〕 Finnish National Board of Education. National Core Curriculum for Upper Secondary School[S]. Helsinki:2003.

良好的视野可以为教师提供持续工作的激情与动力，并引导他们更好地反思自己的教学工作。对教师工作忠诚度最好的测评指标是其工作的自我效能感。自我效能感，即教师感觉自身在学生的生活和学习中有着重要作用。在学校日常教学中，教师需要具备拓展教学科目的教育意义的能力，教师通过良好的教学策略和技巧可以赋予教育内容以深刻的意义。这样的教学过程，有助于更好地促进学生成长。这种教学的形式既不是从社会中将知识转移给学生，也不是将知识从学科或其他领域转嫁到教室中来，总之不是将知识简单地传授给学生，而是将知识作为促进学生个性和社会性发展的间接的工具。简言之，就是通过教学来教育学生，促进学生的发展〔1〕。这样的教学，既包括促进学生学习能力的发展，也包括促进学生社会能力的发展。

2. 重视教学过程中学生世界观的形成

芬兰教师十分强调世界观教育在教学中的重要性。教师都期望通过基本的思考与反省的方式，来帮助学生形成科学的世界观。教师会教授给学生一些基本的内容和能力来帮助学生形成自己的世界观。无论是人文社科领域的教师，还是自然科学领域的教师，都希望能够帮助学生形成他们自己的价值观。教学中重视世界观的教育，在宗教哲学课程教学中体现得更为明显。诸如独立思考的能力、辩论的能力以及道德反省、忍耐力是宗教哲学课教学尤为重视的。其他学科教师也非常重视教学学习过程中的核心概念的重要性，让学生们掌握这些核心概念以及形成对这些概念的区分与联系是一项非常重要的任务。〔2〕

3. 教学应充分考虑学生的发展水平

芬兰教师一般会考虑到学生的能力水平，教学的内容由浅入深、由易到难、循序渐进。在教学方面，教师应该找到学生所存在的“最近发展区”。最近发展区是由苏联教育心理学家维果茨基(Vygotsky)提出来的。他认为学生的发展有两种水平：一种是学生的现有水平，指独立活动时所能达到的解决问题的水平；

〔1〕 Kansanen, P. The curious affair of pedagogical content knowledge [J]. Orbis Scholae, 2009a, 3(2): 5-8.

〔2〕 Tirri, K. Holistic school pedagogy and values: Finnish teachers' and students' perspectives[J]. International Journal of Educational Research, 2011, 50(3):159-165.

另一种是学生可能的发展水平，也就是通过教学所获得的潜力。两者之间的差异就是最近发展区，教学应着眼于学生的最近发展区，为学生提供带有难度的内容，调动学生的积极性，发挥其潜能，超越其最近发展区而达到下一发展阶段的水平，然后在此基础上进行下一个发展区的发展。

4. 注重良好校风对教学的促进作用

不同学科的教师也非常重视社会生活在校风形成中的重要作用。比如，教师与学生共同参与下棋、歌唱这样的活动，会对形成良好的教学氛围有很大的帮助；另外，教师与教师之间的相互合作、共同设计教学课程，这种情况下教师之间可以相互学习、相互分担压力，从而会对形成良好的教学氛围大有裨益。

5. 重视所教学学科的知识内容

教师强调学科教学内容是使教学有目的有意义的重要因素。教师认为，实际的课程知识要比指导教学的知识理论重要得多。教师应该掌握的核心知识是他们所教学科的知识，教师应该能够很好地回答学生所提出的问题，并且能够获得本学科知识发展的新动向。比如，教授宗教课程的教师，应该具有良好社会知识基础，并熟悉社会事务，只有熟稔自己学科的知识，并且能够很好地解决学生在学习中面临的问题，才能获得学生的尊重。[1]

6. 重视教师在教学中所扮演的重要角色

芬兰对教师所充当的教育性角色非常重视。教师要对学生有爱心，这是使自身教学活动达成目的并且有意义的前提条件。教师将师生之间的良好关系，视为任何有意义的教学的基础。一个相互尊重、互相关爱的学习环境，能够满足个性不同的学生的内心需要。所以促进学生的成长与发展，不仅仅在于传授给他们知识，更重要的是关心他们、爱护他们，使他们有情感上的寄托，使他们能够获得更加全面的发展，懂得相互之间的合作，成为一个终身学习者，并最终发展成一名合格的公民。

7. 强调不同学科在教学上的相互合作

教学应该体现出全面性而不是仅仅停留在教一门科目的思想层面上。比

〔1〕 Shulman, L. S. Those who understand: Knowledgegrowth in teaching [J]. Educational Researcher, 1986, 15(2):4-14.

如，可以用数学的思维方式来帮助学生发展组织构架内容的能力、过程性思维的能力以及清晰思考的能力。教师强调数学教学对学生未来发展的重要性，数学教学要为学生上大学以及参与研究做好准备，应该提供给学生参与国家以及国际数学竞赛的机会以提升他们的能力。同样的教学方式，也可以用在物理等其他学科的教学上。

8. 强调教学过程中学生之间的相互合作

教学强调学生团体对学生个人成长发展的重要作用，学生可以和自己志同道合的同学组建学生社团，他们在熟悉友好的环境氛围中能更好地表现真实的自我，并且能够以科学的方式思考，而且在形成科学的世界观的同时又不失去自身的个性。

第三节　教师在教学中的角色

教师在芬兰是非常受赏识和欢迎的职业，许多年轻人非常乐意从事教师这一职业。每年都有数以千计的学生申请到教师教育机构进行学习，但是仅有8%～10%的人可以进入大学进行教师专业的学习。而对教师职业的兴趣与热爱，以及参加教师教育培训只是进入教师职业行列的一个起点。尽管很多芬兰教师拥有硕士毕业文凭、很多教学方面的知识以及对他们自身的工作有很多理论上的理解，但是实际的教学活动以及实际教学情境中的决策，远非那么容易。

目前有关芬兰教师的研究表明，教师与学生的社会性互动，以及教学方面的互动，仍是最突出与核心的问题。教学目标以及广泛的社会性目标都得以达成，是衡量一个优秀教师的重要指标。教师在自身的工作能力方面也面临着挑战，有些教师不具备胜任自己工作的能力，他们时常不能意识到在教学过程中的行为与决策所造成的影响或可能带来的后果。而且教师工作的环境也变得非均质化，教师所感受到的教学上的挑战主要与学生的背景、多样性、学校之间的差异等因素有关。[1] 芬兰教师所教授的内容相对来说还是比较开放的，并且是基于政治层面、管理决策层面以及教师之间相互信任的基础之上的，但是政治以及管理层面在教学内容上，仍给予教师以很高期望并希望其承担起相应的责任。总体来讲，从事教师职业需要考虑周全并且要具有容忍力。

一、芬兰教师教学工作的范围

芬兰教师教学工作的范围，可以从不同的层面来进行理解和定义。教育政策的立法与管理框架是从一个非常实际的层面对教师在教学中所发挥的功能来进行定义的。芬兰基础教育法案规定了有关教育平等和教育公平的指导原则。国家政府决定不同科目的课时分配，国家核心课程规定教师教学工作的前提条件，地方和校本课程以及校长与教师则共同设计开发具体的教学活动——校长具有教学领导权、教师负责开展具体的教学。国家核心课程规定了学校运作的章程以及学习环境的构建原则。国家核心课程重视所有正式与非正式的学校实践的统一发展，以用来支持教师的教与学生的学，目标是促进学校、家庭、社会的开放式交互。

国家核心课程十分明确地指出，学校要努力营造有利于师生之间、生生之间相互沟通的学习环境。芬兰基础教育致力于支持所有学生的成长与发展、为他们提供良好的机会以及使他们能够参与到学习中来，充分体现出教育的公平性。教师的教学要考虑不同因素并积极应对，确保教育教学的公平性。

政府的教育政策勾勒出教师教学工作的框架范围。通过一些纲领、规范以及对教师职业的条件、要求，使教师的角色得以确定。教师应该按照与公共价值相一致的大众兴趣来间接或者直接地开展自己的教学活动。教师作为整个社会运作的重要一员，被赋予很高的期望。

教师职业应当是一个富有激情的职业，在学校背景下有特定的机制与形式来指引着教师的行动。教师应该在他们的工作中扮演专业的角色；教师被要求以正确的方式来实现自己的使命，而不是以非正式的、特立独行的方式。

---

〔1〕 Woods, P. Creative Teachers in Primary Schools[M]. Buckingham: Open University Press, 1995.

另外,在芬兰,教师被期望按照既定的教育目标以及教育价值观来行事。有关教师教学活动的所有指标都很难被很清晰地表述出来。教学的样式与教学情境的渗透,很大程度上要依赖于教师个人表现以及他们的教学能力和意愿。因此,芬兰教师做出属于自身的教学判断是日常教学工作的常规性任务,每个教师都有不可推脱的教育道德责任。

除了传授给学生学术能力,芬兰教师还负有其他一些教学任务和教学职责。教师的主要任务是发掘并提升学生潜能,教育的目标也将学会关心他人的理念与实践纳入到了教师的工作任务当中。在教学中,学会关心他人有多种方式。在教育机构层面,学校要支持学生与教师之间信任关系的建立;在教育机构之外,教师应该通过其他形式来给予学生关心,如通过与学生家长进行良好的沟通,以及细心地指导学生的成长等方式。

研究结果表明,教师对学生的关心对其成长有很大帮助作用。需要强调的是教师对学生的关爱不应只局限于校内。芬兰教师还会参与到地方课程的制定过程中,并对课程与教材做出他们自己的选择。另外,他们还会参与到学校的教学决策以及资源分配的过程中。

二、教师具体的教学行为

芬兰学校教育要求教师表现出多维度以及积极主动的教学行为,职业角色要求教师做出与其教学任务相称的行为。教师被期望发挥其职业专长。[1]

1. 对教师具体教学行为的要求

第一,芬兰教师要深度参与到以国家核心课程为基础的地方学校课程编制的过程中,地方课程具体规定教师的工作框架并指导教师的实际教学工作。地方课程允许教师相当自由地组织班级活动,允许他们自主选择教学的方法策略、教材以及学生测评方式。教师可以通过制定教学计划使教学效果达到最优化。

芬兰教师所教科目是他们专业学习阶段所学科目,他们可以充分利用自己的专业优势灵活自主地选择教学方式。大部分芬兰教师都会使用比较创新的教

〔1〕 Uljens, M. School Didactics and Learning [M]. Hove: Psychology Press, 1997.

学和学习方式,但是他们中的大多数还是会以一种相对传统的以教师为中心的方式开展自己的实际教学。然而,有意思的是,这或许是芬兰在国际学生成绩测评(PISA)中取得好成绩的重要原因之一。芬兰提升教学与学习水平的理念,通常来自过去良好的教学实践和传统,这种教学上的保守主义造就了进步与保守之间的一种平衡状态。

第二,芬兰教师被鼓励开展合作与交流,而且他们有很多机会在工作期间完成这一任务。教师组织形成教学分享期(sharing period)、编制合作教学材料,甚至还开展教师之间的合作教学。另外,教师还积极地与社区的其他重要机构开展合作,比如一些企业;教师还被积极地、密集地整合进多种职业的合作当中来,这样有利于学生的综合全面的发展。

在芬兰整个学校教育体系中,校长、教师、特殊教育教师、学校心理咨询师以及医护人员、社会工作者都被整合进一个大的群组,以更好地关心、促进每个学生的发展。以上这些关系的建立形成了芬兰教师的民主、协商、合作的工作背景。

第三,芬兰教师要与学生建立一种民主、平等的关系,教师要在一个民主平等的关系中建立起自身的教学权威,而不是通过一种自上而下的方式来树立起自身权威。学习与考试的目标都是建立在支持、引导、鼓励学生学习的基础之上。

另外,考试是帮助学生对他们自身学习与发展形成一个切合实际的印象,而且来自教师的信息反馈,在整个教学过程也发挥着重要作用。通过测评,教师可以更好地引导学生注意和反思他们自身的思维、行为方式并帮助他们更好地理解所学内容。师生之间民主平等关系的形成深受芬兰学校教育传统的影响。

2. 影响教师具体教学行为的个人特征、品质

芬兰教师职前教育非常重视那些影响教师具体教学行为的个人特征和品质,这些个人特征和品质将对教师日后教学行为产生一定影响。

在芬兰,教师是一个非常受欢迎的职业,表现在教师教育机构每年都会有大量的申请者。每年大约有 6 500 名年轻人申请教师教育专业,但只有大约 800 名学生可以如愿以偿。师范生先进行日后所教科目的专业学习,然后再学习教学理论和技能。师范生往往在高中阶段就学习优异。在大学阶段,师范生要经过五年的学习获得硕士文凭才具备有从教资格。芬兰师范生所修课程的设置是

以研究具体的教学实践为导向的，他们还被引导着学会反思，以此作为促进专业能力持续发展的工具。芬兰师范生以及已经受聘的教师都非常忠于他们的教师职业并且彼此积极合作、主动参与到学校的发展中。

教师教育的一个核心目的，是支持师范生发现自身优势，并在此基础上形成对教师职业的认同感。但实际情况是，只有当教师开始从教时，才会发现自身优势并形成他们自己的教学方式。无疑，教师自主性以及自我实现是其所需体现的优良品质。然而在教学中仅仅达到自我实现还是不够的，教师还必须很好地履行自身职责和义务。根据国家核心课程以及芬兰教师教育相关规定，教师要将职业角色、职责义务及个人品质特征融合在一起，使教学和学生成就取得之间建立起实际联系。教学和学生成就建立起实际联系，依赖于教师的日常教学活动，教师与学生之间的互动，教师自我反思等多方面因素。教师应该在教学情境性需求与个人特征和品质之间积极主动的寻找平衡。

三、教师教学过程中社会核心价值观的体现

对芬兰学校教育总体水平进行摸底是一项非常复杂的任务，这包括对硬件设施、师资水平、教学设备进行评估，但仅有这些还不能说明所有问题。将教育政策融入教学实践不单单意味着使学校运作良好，其背后的深意是芬兰所制定的教育政策为学校教育工作的成功扫除了障碍，这促进了教育决策的民主性并且体现了芬兰人所共同追求的精神。这正是芬兰教育系统的价值取向。芬兰这种教育上的价值取向通过大多数芬兰人所呈现出的态度表现出来，而这种教育的价值取向对教师的教学产生重大影响，而其中信任与希望两个价值取向对教师的教学工作影响最大。[1]

1. 教师教学过程中要体现出信任的价值观

个体与个体之间、团体与团体之间的信任，是形成社会秩序的基础，是促进社会团结和融合的根本因素；信任能够促进稳定、合作以及增强凝聚力；没有信

〔1〕 Tirri, K. Holistic school pedagogy and values: Finnish teachers' and students' perspectives[J]. International Journal of Educational Research, 2011, 50(3):159-165.

任作为基础,日常生活很难得以正常的展开。信任同样也是教育政策制定与教育实践开展得以进行的一个重要的前提条件。芬兰社会中人们对公共职业(包括教师职业)以及公共机构(包括学校)的信任度还是相当高的。学校在提供教育服务的过程中被赋予了相当大的自主权,这形成了一种民主的职业主义。在充分的授权下,教师一边可以重视自身的专业知识发展,另外也可以进一步与家长展开教育方面的合作,以使他们做出有利于自己孩子的教育决策。教师职业可以被当做是民主的职业,因为他们起着中间人的作用,一头连着教育机构,一头连着家长。同时,教师在为公民创造参与社区问题讨论解决的机会方面发挥着重要的作用。虽然很难对教师如此的教学活动过程与社会活动过程的结果与意义做出实质性的评价。但是,教师职业向着一个民主的方向发展,可以被认作教师职业的一个重要的转变。这样,学校教育也变得更加注重彼此之间的信任、倾听以及尊重不同的意见。

另外,很显然如果师生之间没有信任的链接,他们之间的教育性关系也难以确立。在教师的教学过程中,有着对信任的基本需求,因为教学是带有情感性的实践活动,需要参与到教学过程中的双方建立起彼此信任的关系。另外,信任也是合作的前提条件。在教学实践中,需要参与者之间高度信任,这种信任关系就像同志之间的关系、有一种命运共同体的感觉,以此为基础相互支持。在学校中获得的信任感会对学生以后的发展与社会生活有着深远持久的影响。

2. 教师教学过程中要体现对更好社会以及个人生活充满希望的价值观

希望通常指对美好未来的渴望,但是不能保障一定就能够实现。希望具体包括对以未来为导向的想法的理解、感受以及由此而激发的行动。希望这一概念是很难进行系统化的,它体现着多样性。在社会科学中,希望总是与具体的问题、事项以及社会政治变革相关。在其他领域,它常与动机和自尊(心理学)、想象力(创造性艺术)、教学(教育)有关。对希望的概念与实践的描述也是多种多样的,如“人类自然本性的组成因素”“一种觉知的方式”“一种行为行动方式”“以未来为导向的学习”。希望是建立在人能够掌握改变自己生命的力量的理念之上的。与希望有关的教学内容也能从整体上提升社会的希望。

芬兰的社会政治目标是将芬兰建设成福利国家,向国民提供更多的优质的公共服务,其中也包括教育,这提升了教育的社会地位,芬兰教育系统也力图增加国民的受教育机会以及增强他们的受教育意愿。

基于以上内容对希望的强调,希望是促进教师教学的一个重要因素。教学作为教师最本职的工作也是最能体现出希望的实践活动、体现着希望的准则。将教育比作最有希望的资源可以使人们洞见其巨大的潜在力量。依附于教育上的希望可以为社会及个人带来光明的未来。意识到这一点可以使人们更好地理解诸如希望这样的情感对引导人们的社会行为的重要性,并且能够改变教育实践以及产生良好结果。

第四节　特色课程教学

一、手工课程

芬兰国家课程大纲将手工教育的目的,定为使学生获得日常生活的基本能力,技工课程中要为学生能够制造出实用、美观、高质量的产品做准备;手工教育旨在提升学生的动手能力及思考能力,在此过程中教师的教学工作能力及价值观也应该得以提升。

对手工课程的定义不尽相同,一些人认为要将艺术与手工、科技与手工明显地区别开来;然而其他一些人则认为艺术、手工与科技只是在所用材料及所用方法上存在区别,它们之间还是有很多交叉的地方。另外,一些人认为艺术强调自我表达,而手工则停留在技术、材料、方法层面。

芬兰手工课程(图 6-1—图 6-5)深受二战后社会快速变化发展影响。芬兰自二战后从一个农业社会迅速成长为城市化、科技化的社会,这对手工教育的发展造成了一定压力。芬兰手工教育理论研究者归纳了手工教育的四大目标:一是促进学生认知发展;二是使学生学会生存;三是促进学生社会性与个性发展;

四是作为学术教育的补充。芬兰手工课程在教师配置、教学内容编写及在学校课程中的地位都正在发生着变化。一些人表示公立学校的手工课程正面临地位下降的境况，而一些人则认为这样的变化是正常的现象。[1]

图 6-1 中国学生实地体验芬兰木工课[2]

图 6-2 芬兰学生木工课所用材料和工具[3]

---

〔1〕 Dormer, P. The Culture of Craft [M] // Dormer, P. The Salon de Refuse?. Manchester: Manchester University Press, 1997:2-16.

〔2〕〔3〕 芬中教育协会供图。

1. 芬兰学校开设手工课程的原因

图 6-3 芬兰学生木工课所用材料和工具〔1〕

第一,动手可以有利于思考,并且能够对所学知识加深印象,其他的课程也能够从学生对手工课程的学习当中得到积极的影响。而手工课程的教学不仅仅是一种实践,而且意味着要教会学生学习的能力。另外,之所以教授学生手工课程,是因为要使孩子们掌握必备的生存技能,而且手工课程的学习有利于学生认知能力的发展,并且能使他们练习专注的能力以及提升解决问题的能力。

第二,学习手工课程也与了解周围的自然环境以及更好地生存有很大的关系,手工课程能使学生变得更加懂得自然之美、更加合理地消费、更加关心爱护自己的家庭。通过手工课程学生能够掌握一些基本的能力、进行更加富有创造性地思考、提升自己解决问题的能力,从而也能够为他们的职业生涯做好前期准备。

第三,芬兰之所以教授手工课程也与其自身的教学传统有关。作为一个小国,芬兰在经济上取得了显著的成功并且保留着自身一些独具特色的传统。一个值得称道的芬兰传统就是自力更生。芬兰孩子从小是在强调坚韧品质的环境中被培养成人的,自力更生的传统品质使芬兰自二战后经济得以快速发展。芬兰教师在日常教学活动中也经常向学生强调"芬兰国家是在芬兰人自己双手的辛勤劳动中缔造的"这一理念。

第四,手工课程有利于促进学生社会性以及个性发展。手工课程能使学生更好地与其他同学之间展开良好合作并增强自己是社区成员的意识。在个性发

〔1〕 芬中教育协会供图。

展方面，通过手工课程的学习，学生们能够在制作自己满意的产品时获得自尊与自信、能够获得一种掌控感以及学会如何更好地表达自我。

第五，手工课程可以作为学术课程的一项有益的补充。学术课程往往充斥着压力且以主智主义为导向，学生通过参与手工课程的学习可以使学生减轻在学业学习上的压力从而达到放松自己的目的。

2. 芬兰手工课程概况

手工课程是芬兰综合中学(7—15 岁)的固定课程，7—9 年级的学生每周至少要上 3 课时的手工课，低年级的学生每周至少上不能低于 8 课时的手工课。手工课的学时可以与艺术课的学时形成一个简单对比。艺术也是一门单独的课程且是必修课，高年级每周要上至少不能低于 3 课时，低年级则是 6 课时。手工课课时的计算按两种方式，以 3 学时来计算，可以 1 周 1 学时 3 年修完，也可以每周 3 学时 1 年修完。学校或者当地政府具有分配学时的决定权。

尽管手工课的内容还有形式正在发生着变化，但是作为综合学校的固定课程的地位还是不变的。但是在高中手工课程就不是固定的课程了，具有选修的性质。芬兰还建立了广泛的手工课程中心，这些中心提供课后的手工制作指导。这些中心是由联邦政府资助建立的。有些学生会在中心上很多年的手工课程。

芬兰的手工课包括纺织与技工两大组成部分，其中纺织部分又包括缝补、编织、手工雕塑；技工部分包括木工、金属、电子。技工课程中学生被要求在他们的工作过程中要学会操作大型机械，诸如机床、电锯、电钻等。

公立学校手工课教师的培训是与艺术课教师的培训分开的。具体而言，纺织课教师是在赫尔辛基大学(University of Helsinki)手工科学部进行培训，而技工课教师是在土尔库大学拉姆校区(Rauma Campus of the University of Turku)接受培训；手工中心的教师会接受特定的培训而且不仅仅是单独的一门手工课程的培训，他们大多拥有多科技术学校的文凭。

3. 芬兰手工课程的前景

芬兰手工课程的教学内容历史上一直以来与国家发展所需国民具有的学习能力相关。历史上，19 世纪 60 年代发生的大饥荒证明手工课程在促进国家经济的恢复方面发挥着重要作用。将手工课程融入学校教育是基于人们有能力制造他们自身所需这一基础理念之上的。第二次世界大战结束之后，芬兰从一个农业化社会迈进了现代化社会，城市化得以进一步发展。在这种背景下，将手工教育融入学校课程再次受到重视。直到20世纪90年代，芬兰形成了纺织与技工两大独立的手工课程。芬兰手工课程的前景具体包含三个方面：危机、教学内容的变化以及将艺术与手工结合。

(1) 危机

芬兰有些专家认为，学校将会没有多少教育资源来继续支撑手工课程的发展，有的专家甚至建议将手工课程全部移入艺术与手工中心，而不是在学校开设此类课程。手工课师资力量方面也存在着一定问题，手工课教师往往需要在不同学校授课，而且有时学校之间相距甚远。另外，有时手工课教师也不是全职教师，还要教授其他课程。目前大学手工课项目培养的手工教师往往达不到教授学生的能力。在培养手工课师资方面，目前只有大学才有培养手工课教师的资格，而对此感兴趣的职业高中则没有被赋予权利。手工课培训申请者很容易获得手工课程的教学资格证，这使得教师整体质量下滑。由于手工课教师培训途径及培训质量参差不齐，手工课教学从而存在着明显的优势与弊端。

(2) 教学内容的变化

手工课程的具体内容目前是由手工教师自行编写的，但这种状况将会发生一定变化。国家层面将会进一步介入并提供课程编制上的指导。有些教师提出要将纺织课程与技工课程合并为一个整体性的手工课程，而有些教师认为合并两类课程之后会缩短手工课程的授课时间。芬兰教育部则在芬兰手工课程的教学内容变化上给出了一个大致的计划：

① 有关设计与技工的手工课程项目将会增多。

② 具体制作的课程将会减少。

③ 手工课程中涉及自我评估的地方将会增多。学生将会被要求多提诸如“为什么以这种方式做”以及“为什么以此种方式设计”等问题，手工课程教学将会引导学生在自我评估中学会诚实。

随着学生年龄增长，手工培训课程的能力培训项目将会不断增加，而涉及的手工课程培训的能力必须与如今社会的发展相符合。上述有关手工课程教学内容的变化将会在芬兰新的课程大纲中得以呈现。

(3) 将手工课程与艺术相结合

有些专家认为将艺术学习与手工课程学习相结合是未来手工与艺术教育发展的趋势,但是在一定程度上也要保持手工课程自身鲜明的特色。虽然担心与艺术相结合会增大教学的难度,但手工课程的教师也乐于见到在手工课程与艺术学习之间发现一些共同点。艺术能够使手工作品更富表达上的生动与鲜活,而手工则可以使人们更好地理解艺术所表达的文化内涵,手工为艺术的表达提供了一个很好的载体(图 6-4、图 6-5)。

图 6-4 中国学生实地体验芬兰学校缝纫课[1]

图 6-5 中国学生实地体验芬兰学校烹饪课[2]

〔1〕〔2〕芬中教育协会供图。

二、科学课程

芬兰学生在2003年、2006年、2009年的国际学生测试评估项目(PISA)有关科学的测试项目中都取得了最高分。在2006年的PISA科学测评当中，表现较差的学生的比率芬兰仅占4.1%，而所有经济与发展合作组织(OECD)成员国的平均水平为19.3%，芬兰远远低于这一平均水平；而表现较好的学生中，芬兰学生占比达到了20.9%，远远高于9%的平均水平。

芬兰科学教育研究者将芬兰学生在PISA测试中取得良好成绩的原因归纳为三点：一是国家核心课程标准的建立及其在地区层面的有效实施；二是小学以及初中阶段的科学教学是以主题为导向来进行的，科学教学旨在向学生揭示科学的本质；三是教授科学课程的教师都是具有自主性、善反思的教学能手。所以要更好地理解芬兰学生在PISA测试中科学成绩优异的原因就要在科学课程大纲、科学教师以及科学教学三个方面来聚焦。

1. 国家核心课程中有关科学教育的内容

芬兰初中实行科学课程的分科教学，小学实行部分的分科教学，科目主要包括物理、化学、地理、生物以及健康教育，芬兰之所以将地理归进科学课程，是因为它是地球物理的基础。具体的科学课程详见表6-1。

表6-1 芬兰综合学校的科学课程安排表

<table>
<tr><td>年级</td><td>1</td><td>2</td><td>3</td><td>4</td><td>5</td><td>6</td><td>7</td><td>8</td><td>9</td></tr>
<tr><td>年龄</td><td>7</td><td>8</td><td>9</td><td>10</td><td>11</td><td>12</td><td>13</td><td>14</td><td>15</td></tr>
<tr><td>学段</td><td colspan="6">小学</td><td colspan="3">初中</td></tr>
<tr><td></td><td colspan="9">基础教育</td></tr>
<tr><td>科学科目</td><td colspan="4">• 综合环境自然研究课程(包括生物、地理、物理、化学、健康教育)每周2.25课时</td><td colspan="3">• 综合生物、地理课程(每周1.5课时，物理与化学每周1课时)</td><td colspan="2">分科：
• 生物每周1.2课时
• 地理每周1.2课时
• 物理每周1.2课时
• 化学每周1.2课时
• 健康教育每周1课时</td></tr>
</table>

国家核心课程强调科学实验在科学课程中的重要性，特别是在物理与化学两门科学课程的教学中。另外也强调教师在科学课程教学中的重要性，科学课程的先期教学是学生获得科学知识、技能、经验以及探索自然世界的重要基础。

科学教育的目标：一是帮助学生认知自然世界；二是帮助学生学习新的科学概念、科学原理以及科学模型；三是帮助学生在科学实验中提升能力；四是教会学生如何展开合作；五是激发学生学习物理与化学等科学课程的兴趣。

国家核心课程对科学教育的目标进行了具体分类，写进了课程大纲的附录，包括：科学教育内容、科学教育的方式、科学的本质、学生兴趣、熟悉社会以及进行决策、开展合作。[1]

国家核心课程十分重视学生科学探究方法的养成，包括：第一，观察识别进而获取知识、寻找所需信息；第二，应用知识验证假设，能够应用多种图表和模型来进行解释；第三，得出结论并创建简单的模型。

另外，国家核心课程也非常强调科学学习的内容，主要包括两方面的内容：一种是科学知识，另一种是关于人们对科学进行问询的知识。前者是指对科学基本概念和理论的理解；后者是对科学本质的理解。

2. 科学教师

芬兰小学的科学教师在大学教育期间要接受12～18学分的科学教育，并且要取得有关科学专业的硕士学位；而且教师教育的项目十分强调教学法，有5～9学分被分配给教学法学习。一些具体的课程知识的学习也被融入到教师教育当中，整个科学教师教育项目并不太强调具体课程知识的学习，而是更多强调整个科学教学过程、教学计划、教学评估和教师自身的学术能力。

生物、化学、物理、地理教师的教育培训是由大学的科学/生物科学院与研究行为科学的教育学院相互合作而展开的。整个教育培训分为两大部分：一部分是具体的科学课程的学习；另一部分是教学法的学习。

由学生自己来选择自己今后所意欲从事教授的科学课程。在科学课程学习

[1] Gengarelly, L& Abrams, E. Closing the gap: Inquiry in research and secondary science classroom[J]. Journal of Science Education and Technology, 2009, 18(1):74-84.

方面，作为预备科学教师的学生们选择与大学本科生所接受的科学课程是处于同一水平的。这些课程旨在帮助学生形成对具体学科知识以及概念的深层次理解。而科学高阶课程目的在于向学生介绍科学认识论、科学方法以及科学与技术之间的相互的关系，学校物理、化学课程主要领域中的概念以及架构，还有科学史、科学哲学以及科学与社会之间的关系。

安排教学法的学习旨在使学生具有从事科学课程教学的资格。教学法的学习主要有三大领域组成：第一，对教育知识(教育社会学、教育哲学、教育心理学、逻辑学、教育史)的基本学习；第二，小型的调查研究，科学课程的教学方法要考虑到学生的学习态度、学习动机以及学习兴趣；第三，具体的教学实践。今后教师在教学法学习上的趋势是他们自己能够对自己的教学“理论”形成反思并且能够在自己的教学实践中使其得以完善，为自身职业终身发展作准备。

3. 科学课程的教授

芬兰国家教育委员会 2004 年颁布的国家核心课程标准要求学生形成科学能力。在芬兰，实际的科学实践以及科学展示已经成为科学教学与学习的重要组成部分。在科学课程的教学过程中，芬兰强调要培养学生在整个科学活动过程中的思考力。

在芬兰教育情景下，教学方法是指教学的方式、模型、策略，或者是帮助学生获得相关概念知识、思考方式、技能以及价值观的学生活动或者课堂实践。教学方法是以目标为导向的，并且强调教师与学生之间良好、有效的互动。芬兰学生在大部分的科学课程的学习中，都被给予大量的机会来充分表达自己对某个问题或者话题的观点，而且在整个课程教授过程中，并不是以教师为主的科学知识的传授，而是强调以小组或活动为组织形式，用来增强师生之间的交流与互动。

教师也会经常向学生解释科学知识如何被用来解释各种纷繁复杂的现象，以及从科学的角度对世界形成一个整体的认知，学生也经常被教师鼓励将学到的科学知识运用到他们的日常生活中去。另外，科学课程的教学不能简单地指向考试成绩，而应更多关注于学生科学态度的养成、科学能力的发展，这样才有利于整个科学课程教学与学习质量的提高。

三、外语课程

1. 芬兰外语教学状况

芬兰国民需要学习外语以用来增进与其他国家之间的交流与合作。从20世纪70年代芬兰九年制综合学校建立以来,学习外语作为每个学生自身的权利与义务而备受重视。

目前,语言学习(包括母语、其他语言,原则是至少要学习一门外语)是芬兰各级学校的必修课。外语课程的开设最晚不能晚于小学三年级(9岁)。最主要的外语课程是英语课程,2009年,共有58 000名小学三年级的学生将英语作为他们必修的外语课程,这一学生比例占了整个三年级学生数量的90%。2010年,有14%的芬兰综合学校已在小学一年级或者二年级开设了外语学习课程,并且最多有23.5%的小学五年级学生学习了两门外语课程。

目前,不仅在芬兰,国际上也表现出外语课程学习的新趋势,即将语言学习的经验与语言学习的社会文化理论相结合,而且外语教学更加强调基于个人经验、社会互动以及个人反思的有意义的学习,旨在促进个人的全面发展与成长。这些新的外语教学的变化对教师在整个外语教学过程中促进与学生的互动与合作带来了一定挑战。[1]

2. 语言核心课程主要目标

芬兰综合学校的语言教育是建立在国家基础教育核心课程标准之上的,国家核心课程标准规定了多学科的教学内容与教学目标。在外语教学中,外语不仅被看作是一项技能型的课程与交流的工具,而且被当作是一项文化课程。在涉及国家核心课程有关语言教育方面的内容、原则制定时,各种教育机构、文化团体、教师组织以及研究者都被列为了参考咨询的对象。[2]

另外,终身语言学习的教育理念也在基础教育中的语言教学中得到了体现,外语教学不仅要使学生形成语言能力,而且还要帮助他们形成学习语言的能力,

---

〔1〕 SUKOL. The Federation of Foreign Language Teachers in Finland [EB/OL]. [2014-06-18]. http://sukol.fi/.

〔2〕 Finnish National Board of Education. National Core Curriculum for Upper Secondary School[S]. Helsinki:2003.

包括语言交流、语言学习的策略以及一些文化理解方面的技能。进一步而言，基础教育的整体性目标也在外语教学中得到了体现，即通过外语教学发展学生健全的人格、传授给他们所必需的知识与技能。

语言教学在形成学生的语言与文化的认同感方面发挥着使命性的作用，能够促进学生的跨文化环境的适应能力的提升，以及解决问题策略的增加。芬兰外语教学的目的在不同年级阶段是不同的，3—6 年级的外语教学内容与目标，比 7—9 年级的学生的外语教学内容与目标要具体详细得多；另外，语言核心课程也十分强调外语学习目标、学习过程以及与最终测评结果之间的基础性的联系。

3. 芬兰外语课程教学方法

传统上而言，芬兰的核心课程标准主要规定了教学的目标、教学的内容以及测评的原则，但是没有给出具体的如何执行这些规则的原则标准。因此，这就为教师的教学留下了很大的自由空间。目前，外语教学的主要目的是使学生在校期间能够增强自身学习外语的动机、培养语言能力、增强面临语言学习困境时的信心，并且能够在校外锻炼自己的外语能力。

小学 1—2 年级的外语教学更加重视寓教于乐，运用游戏、儿歌、接触自然等形式来帮助学生学习外语。主要强调练习学生听的能力、理解的能力、说的能力，对于学生写的能力是采取循序渐进的方法并且用写来促进学生的说。外语教学的内容主要是来源于儿童在家庭和学校中的日常生活。另外，教师还会向学生介绍自身所学语种国家或地区的历史和文化。

基于外语教学的原则以及实践，芬兰形成了多种外语教学的方法。修正性外语教学是最常用的教学方式，这种方法是与传统的语法学习相结合的。之所以采取修正性的教学方法是因为最近几年，在学生外语学习方面出现了新的趋势，从纯粹的语言学习开始转向以生活现实目的为导向的语言学习，从书面书写转向重视口语表达，从关注语法学习转向注重实际生活需要，从注重翻译转向注重对话交流，从教师为中心转向以学生为中心，从培养语言技能向培养学生跨文化交流以及文化感知能力转变。基于此，目前芬兰也十分强调培养学生在外语学习过程中的自主性、注重提升学生口语水平、促进学生对所学语言国家文化和社会的了解。

由于外语教师教学方式选择相对自由外语教学方法没有既定的模板可供参考。但是芬兰外语教师开展外语教学还是有一定的理论原则以及教学的过程需要加以遵循的,原则包括活动理论原则、语言学习认知理论。外语教学的过程则分为三个阶段:第一,定向与动机;第二,通过练习与布置作业使学习内容得以内化;第三,所学语言知识的具体应用。

4. 芬兰外语教学所面临的挑战及解决措施

阻碍芬兰外语教学得以进一步发展的障碍是缺乏一个国家层面的整体规划。另外,由于不同阶段的课程要求不一样以及不同语种的存在难以使外语教学获得可持续性。再者,语种的多样性还存在不足,而且对英语的学习关注度过高,对瑞典语、俄语、德语以及西班牙语的学习关注度不够。而且,教师在外语教学中经常会感到工作能力的不足,这主要是因为核心课程标准规定了过多的教学内容。

针对以上挑战,应该对外语语种进行归类并有特定的课程规划来进行保障,以使外语教学不再出现重叠或漏缺现象,但这不意味着所有的语种所涉的所有内容都要学习,只是学校应该意识到进行多样化语言教学的必要性并且能够切实提升学生的语言技能。教学大纲上所设定的具体的外语教学任务应该转化为具体的学生语言能力的提升;应该通过文化交流在具体的情景中提升学生口语水平。外语教学应该将校内学习与校外实践结合起来,校外活动应使学生将自己所学语言应用起来,还要将外语学习与其他的课程内容学习整合起来。促进外语教师与其他各科教师之间的交流与合作。

芬兰应对外语教学中各种挑战的一项具体的措施是促进相关研究者与外语教师之间的合作。目前,芬兰的外语教学还是在一个相对封闭的学校环境中进行的,教师之间也缺乏必要的合作,因此建立一个更加多维的外语教学与学习网络架构相当必要。这一网络架构应该开放包容,能够促进研究者与具体实践中的外语教师进行深度合作,甚至可以将这一网络架构提升至国际水平。

第五节 芬兰中小学教师教学的特点

1. 以人为本的教学理念

芬兰中小学教师的教学充分反映了国家核心课程所规定的教育目标。即促进学生全面发展,注重学生情感及社会性的发展,而不仅仅停留在知识技能的传授上,其教学是围绕学生的全面发展而展开的。芬兰以人为本的教学理念充分地体现在教师具体的教学过程中,在具体的教学过程中教师十分重视学生良好的世界观与价值观的形成;强调教学要考虑到学生的发展水平,寻求学生的"最近发展区"以充分挖掘学生的内在潜力;重视教学过程中师生之间的互动,强调信任的师生关系对教学活动的促进作用;重视学生之间的合作,建立学生之间的相互合作的组织来促进教师的教学。

2. 充分发挥教师的积极性与主动性

毋庸置疑,教师在整个教学过程中发挥着重要作用,教师是整个教学过程得以有效实施的重要保障。芬兰在师范教育阶段就十分重视培养未来有志于从事教师职业学生的自主性以及自我实现的能力;在具体的学校教学中教师被赋予很大的自主权,芬兰教师所教授的内容相对来说比较开放,政治层面、管理决策层面给予教师充分信任;教师还可以参与到以国家核心课程为基础的地方学校课程标准编制的过程中来,可以根据自身的教学经验以及现实的教学需要来编制适宜的课程;芬兰教师被鼓励开展合作与交流,形成民主、协商、合作的工作环境。充分的自主权、信任关系的建立以及良好的工作环境有利于充分调动芬兰教师教学的积极性与主动性,从更有利于促进学生的全面发展与健康成长。

3. 教学要体现社会核心价值观,促进社会进步

芬兰中小学教学将芬兰人尤为重视的两大价值取向"信任"与"希望"纳入了

教学过程中。信任具体体现在教师与学校之间、教师与教师之间、教师与家长之间、师生之间要建立充分的信任关系，教师在学校教育与家长之间充当着传递信任的纽带与桥梁的作用，学生在学校教育中所感受到的信任对他们今后的社会生活有着深远的影响，教师在教学中所努力展现出来的信任对整个社会凝聚力的增强与稳定也有着重要作用。希望也是教师在教学中所尤为重视的价值观，教学作为教师最本职的工作也是最能体现出希望的实践活动、体现着希望的准则，依附于教育上的希望可以为社会以及个人带来光明的未来。

4. 教学方式灵活多样

良好的教学方式应该能够激发学生的兴趣、求知欲和好奇心，能够促进学生个性化的发展，并能够在一定程度上促进学生的社会性发展，从而使学生获得全面与可持续的发展。芬兰中小学教师在遵循国家核心课程的基础上，充分发挥自身的主动性与积极性，并按照学生身心发展的规律，根据学科门类和学习任务，自主选择或创新多样化的教学方式，形成了如教授法、自主式、体验式、合作式、讨论式和探究性学习等多种方式，为学生提供了多样的教学与学习体验。

5. 重视合作

芬兰中小学教师的教学十分重视合作。一方面是重视校内教师之间的合作，尤其是不同学科教师之间的合作，这样有利于知识的迁移应用，促进学生思维的多维度发展；教师之间还可以共同编制合作性教学教材、开展合作教学、开展分享期(sharing period)等活动。另一方面，教师还积极地与社区的其他重要机构开展合作，比如一些企业；教师们还被积极地密集地整合进多种职业的合作当中来，这样有利于学生的综合全面的发展。再者，教师要与教育研究者之间展开合作，使自己的教学实践获得更多的理论支撑，通过研究型的教学来促进自身在教学理论与教学实践两个层面的全面发展。教学的合作也不仅仅局限于在芬兰国内开展，甚至可以提升到国际合作的水平上来，使学校的教学活动具有更加广泛的国际视野。

6. 注重特色课程建设

手工课程、科学课程以及外语课程等是芬兰较为有特色的课程，芬兰中小学十分重视在这些课程上的教学。手工课程在学生全面发展中发挥着重要作用，可以促进学生认知的发展，使学生能够学会一些基本的生存技能，能够促进学生个性与社会性的发展，作为学术教育的补充形式可以使学生减轻在课业学习上的压力达到放松身心的目的。芬兰在手工课程上越来越重视技工课程的教授，也尝试将手工课程的教授与艺术学习结合起来。科学课程的教学是芬兰学生在PISA测试中科学成绩取得高分的重要因素。芬兰在科学教师的培养、学校科学课程的安排上都充分体现了对教授科学课程的重视，而且科学课程的教学不是以最终的科学考试成绩为导向，而是切实地提升学生的科学能力与科学素养。芬兰在小学阶段就开始了外语课程的教学，有的学校甚至从小学1—2年级就开始了外语教学，外语教学不仅仅是使学生掌握一门语言技能，而且是让学生更好地了解所学语言国家的社会与文化，为跨文化生活学习、增进交流和合作做好准备。

芬兰从1917年独立到现在，基础教育教学主要经历了三个变革阶段，从传统的“讲授式”教学方式为主，到自主与合作的教学方式为主，再到多元并举的个性化教学。

芬兰中小学教育的教学理念建立在目的性、全面发展性、规范性基础之上，并且十分强调教学内容的科学性合理性。在芬兰，教育旨在促进学生情感以及社会性的全面发展，而不仅仅强调学生智力层面的发展。教学在促进学生情感与社会性发展方面发挥着重要作用。芬兰教师在教学中努力使所教科目具有教育性意义，而非简单的传授知识或技能。他们重视通过教学促进学生树立科学合理的世界观、人生观和价值观，充分考虑不同学生的发展水平和接受知识的能力差异，注重与其他教师及学生之间的合作与互动。

芬兰教师对学生的关爱不只局限于校内，他们通过与学生家长进行良好的沟通以及细心地指导学生成长等方式，给予学生多种形式的关爱，努力发掘并提升学生潜能，支持和促进学生获得更好的成长。芬兰教师不仅承担教学任务，而且深度参与到以国家核心课程标准为基础的地方和校本课程的编制过程中，他们在教学材料选用和教学方式方法的选择上有很大自主权，而且努力在教学情境性需求与个人特征和品质之间积极主动的寻找合理平衡，努力使“信任”与“希望”这两大芬兰社会核心价值观融入自身实际教育教学过程中。

芬兰学校特色课程有很多,其中手工课程和科学课程值得关注。芬兰手工课程旨在促进学生认知发展、使学生学会生存、社会性与个性得到更好地发展,同时作为学术教育的补充,也有助于其他学科知识的汲取与消化。手工课程未来可能与艺术课程更多地结合,因为艺术能够使手工作品更富表达上的生动与鲜活,而手工作品则可以使人们更好地理解艺术所表达的文化内涵,为艺术的表达提供了很好的载体。芬兰科学教育的成功归功于多方面原因,首先是国家核心课程标准赋予科学教育一定地位并坚持落实;其次是小学以及初中阶段的科学教学是以主题为导向来进行的,旨在向学生揭示科学的本质;再次是教授科学课程的教师都是具有自主性、善反思的教学能手等。

总的来看,芬兰中小学教学体现出以人为本的教学理念、充分发挥教师的积极性与主动性、体现与融入社会核心价值观、鼓励与倡导教师自主采取灵活多样的教学方式、鼓励与倡导教师与学生及家长开展积极主动的互动合作、注重特色课程建设等多方面特点。

第七章

芬兰基础教育评估

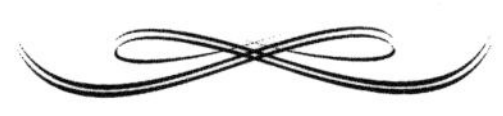

第一节 教育评估的背景

近年来,教育机构的公共服务性质已深入芬兰人的意识。衡量教育供给者教育服务质量的标准,是看它能否促进学生的成长、激发学生受教育的激情、为他们的职业以及社会生活做好充分的准备。由于教育在社会发展中有着重要的作用,教育供给部门也越来越重视提升教育服务的质量。长时间以来,芬兰对教育评估的认识一直停留在非常狭窄的层面,认为教育质量的评估就是一系列的测试,对教育质量的研究也主要集中在教育标准、教育发展程度、知识的科学性以及技能转换的角度;对教育质量评估也是从教学、经济效果、社会效应、教育消费者的反映、教育行政管理效果层面来进行。而目前,芬兰基础教育评估的重点落在了教育服务提供整体的有效性上,即对教育供给者提供教育服务以及教育产品的能力的评估上,而不是停留在对特定教育产品的质量评估上。芬兰对教育质量的关注不是短时的也不是孤立来看的,而是放在整个宏观经济发展趋势之下的。[1]

一、历史发展背景

芬兰教育评估的历史,可以从小学教育督查的工作中找到渊源。教育督查的工作不仅是确保教育的规章条例被遵守,而且在很大程度上还负责教育方面的引导、咨询以及为教育的发展提出建议。1970 年之后,教育督查成了省教育厅的职责,随后被更名为“咨询以及教育跟进活动”。

---

〔1〕 Finnish National Board of Education. A Framework for Evaluating Educational Outcomes in Finland [R]. Helsinki: Finnish National Board of Education, 1999.

在众多行政管理分支当中，管理导向的教育评估，已从 20 世纪 70 年代的教育行政发展框架中脱离了出来。在芬兰的教育管理当中，20 世纪 80 年代，以学校为基础的教育评估，无论是纯粹的学校自身的评估，还是包含有外部咨询性质的评估，都在芬兰的学校中变得非常普遍。20 世纪 80 年代，促进学校内部发展的理念在芬兰的学校之间建立了良好的基础，学校开始分析自身的优缺点以作为多样发展，以及相关咨询项目建设的基础。

几乎在与以学校为基础的分析优缺点的教育评估建立的同时，以教育结果引导学校管理作为一项新的理念，被引进到芬兰的教育领域中。这一新的理念直接将人们的注意力导向教育活动的结果。当分析教育结果所形成的环境因素时，使用的是态势分析模型(SWOT)。处于实际环境中的教育决策以及执行者，可以通过这种分析模式，找到最合适的方式取得良好的教育结果。这种以教育结果为导向并指导学校管理的教育评估模式，不仅仅关注教育的结果，而且关注教育资源，包括教育的物质资源及非物质资源。然而，在遇到经济危机以及政府财政紧缩时，那些想追求进一步发展的学校、地方政府，会积极靠向以资金为基础的教育评估分析模式，从而为学校或者地方教育赢得更多的资源。

在 20 世纪 90 年代经济危机到来之前，芬兰教育最终形成了自己的教育质量管理模式。在芬兰的教育质量管理体系中，教育评估的主要对象是教育的过程、教育消费者的满意度，并且通过教育评估来形成教育发展的基础。人们非常清楚，教育质量是学校教育的重中之重，诸如质量保障、质量体系以及质量手册这样的字样，在芬兰的教育领域中已经屡见不鲜。芬兰以质量为导向的教育思维模式，激发了学校的自我教育评估，并且为教育消费者的满意度分析以及教育评估文化的发展打下了基础。

二、教育行政管理背景

自 20 世纪 80 年代以来，芬兰中央政府与地方政府的职权分配发生变化，明显的趋势是地方的自主权不断加强。近年来，芬兰教育管理系统的发展变化，也是基于这一去中央集权化的行政管理体制之上的，芬兰教育决策的制定已从中央倾斜到地方。

芬兰教育管理体制的发展,日益集中到教育政策法规的制定,以及教育资源的规划调拨,不必要的行政管理程序已经被删除。先前分散的教育资助体系也已经得以整合,学校在教育管理以及教育经费的使用方面拥有更多的自主权。芬兰教育体制改革的一个首要的理念是高度集中、严苛规定的教育管理模式不利于教育的发展,只有不断改善教育管理的运行机制,才能获得高质量的公立教育。芬兰新的教育管理体制始终重视教育评估在教育发展中的作用,以确保芬兰教育的高质量。

三、法律政策背景

芬兰 1999 年初生效的教育立法对教育评估作了详细规定:教育评估的目的是要在实际中彰显教育立法的意图、促进教育的发展、改善学生学习的条件;学校的管理者在负责评估自身学校的教学及其有效性的同时,也要参加有关自身教育活动的外部评估;芬兰国家教育委员会根据教育与文化部制定的章程负有关心教育评估发展,以及实施教育外部评估的职责,芬兰教育与文化部也可以赋予其他机构教育评估的任务;有关教育评估的最终结果需要向公众发布。

芬兰国会教育委员会发布的报告(3/1998—HE86/1997)也对教育评估作了一些规定:芬兰教育评估应该致力于教育持续不断地发展、促进学生学习境况持续不断的改善、促进芬兰既定教育目标的实现;国会教育委员会着重强调教育评估在促进芬兰教育公平方面所发挥的重要的社会和政治作用。

四、国际教育评估背景

近些年,经济合作与发展组织(OECD)在国际教育评估以及国际教育评估系统中影响越来越大,对教育评估概念的发展以及教育评估方法的使用都产生了一定影响。经济合作与发展组织主要目标是为成员国教育政策的制定提供参考信息,OECD 在评估各国的教育时尽量保持评估信息的客观性以及可比性。芬兰在历次 PISA 测评中都取得了不错的成绩,芬兰较高的 PISA 测试成绩在一定程度上说明了芬兰教育的高水准,彰显了芬兰参与国际教育评估的积极性,参与国际教育评估的成功对芬兰国内的教育评估也会形成一定的积极影响。

欧盟也致力于教育指标设立的国际发展性工作,欧盟对各成员国教育评估的发展指标包括教育过程、教育对象以及学业成绩。

1995 年,欧盟发布的《教育及培训白皮书》指出,欧盟的教育评估需指向欧盟共同的教育目标:第一,通过鼓励个体获得新知识来提升个体的总体的知识水平;第二,在开放互动的基础上使个体所受的教育与其职业生涯紧密相依;第三,提升学生对欧洲三大语言的掌握能力以增加他们的发展机会;第四,教育投资经费应该均衡。自芬兰成为欧盟的成员国以来,一直都参加了欧盟教育评估项目。

第二节　教育评估系统概述

芬兰国家教育评估系统(图 7-1)是建立在国家教育指标、学生学业成就评估系统以及多主题教育评估项目基础之上的。[1]

芬兰国家教育评估系统与教育法令、教育政策和课程标准所确立的教育目标紧密相关。以教育政策为例,芬兰教育评估会全面考察其教育政策的实施状况和结果。同样,芬兰教育评估也会特别注重全体公民公平的教育机会和权利的实现。总体而言,芬兰国家教育评估关注的是国家教育目标的敏感性、一致性、重要性和控制效果。

芬兰国家教育委员会基于国家和国际目的来进行教育评估,发布评估信息。例如,从国家层面来看,教育评估对了解全体芬兰公民是否公平的使用教育服务至关重要。

---

〔1〕 Finnish National Board of Education. A Framework for Evaluating Educational Outcomes in Finland [R]. Helsinki: Finnish National Board of Education, 1999.

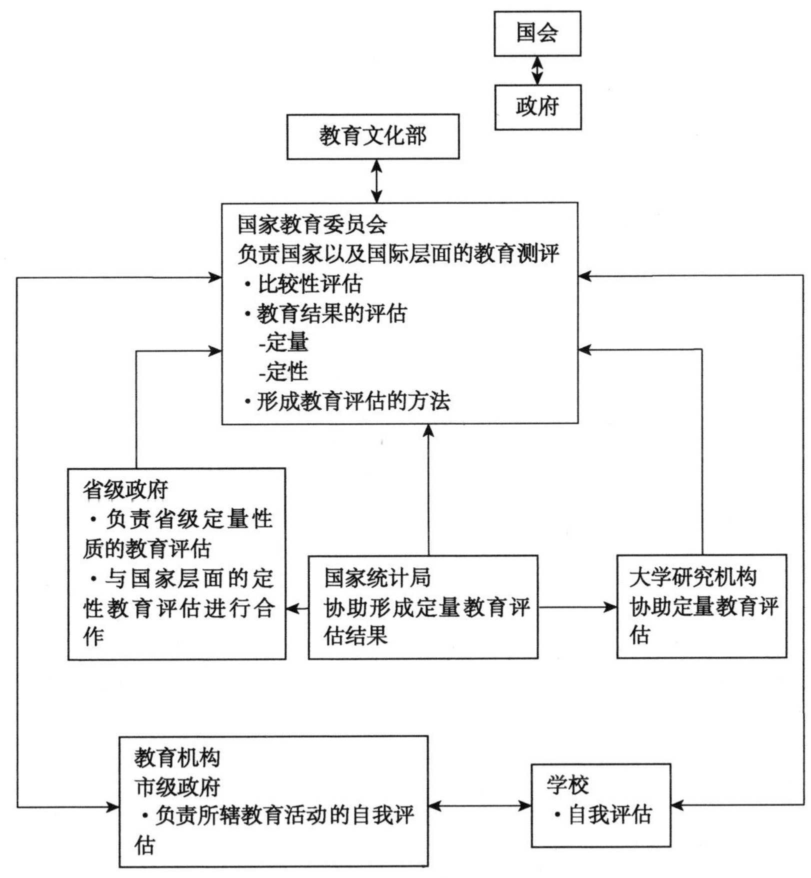

图 7-1 服务于教育决策的国家教育评估流程图[1]

芬兰地区层面的教育评估会关注学校的服务能力及对公民教育需求的满足程度。芬兰市级层面的教育评估会关注教育的可获得性、教育的经济效益、市级教育政策规划的实现、市级教育机构的表现。学校层面的教育评估会关注教育目标达成情况、课程和教学安排是否科学合理、资源使用是否适宜。学生层面的教育评估会关注学生个人学习目标的达成、教学安排和教育服务的可获得性。

根据芬兰教育部的规定,研究机构与政府一起合作,共同执行教育评估任务,产生教育评估结果。

---

〔1〕 Finnish National Board of Education. A Framework for Evaluating Educational Outcomes in Finland [R]. Helsinki: Finnish National Board of Education, 1999.

芬兰国家教育评估系统整合了各个层面的教育评估的概念和方法。表 7-1 总结的是芬兰各个层面的教育评估的任务和目标。

表 7-1　芬兰教育评估系统

谁来评估?	评估什么?	为什么评估?	怎样评估?
国家教育委员会/教育部	1. 教育的有效性、效率和经济性; 2. 教育政策趋势和教育发展; 3. 主题领域; 4. 国际视角下的现状分析; 5. 教育与社会的关系	1. 实现教育政策; 2. 实现课程; 3. 了解国家的技能和知识水平; 4. 进行后续改革; 5. 明确发展需求; 6. 提高教育标准; 7. 了解公民对教育的观点	1. 评估学习和项目; 2. 现状描述、比较和主题评估; 3. 统计数据和指标; 4. 基于样本的国家考试; 5. 国际比较; 6. 专家声明; 7. 监测公民的选择; 8. 元评估; 9. 盖洛普民意测验(教育的晴雨表)
地区(省)	1. 地区的教育提供和需求; 2. 地区教育的功能	1. 完成地区教育和发展的需要; 2. 国家需要	1. 调查和比较; 2. 报告; 3. 监测
教育的维护者/各个市	1. 当地教育的有效性、效率和经济性	1. 市级需要; 2. 省级需要; 3. 国家需要	1. 参与外部评估; 2. 自我评估; 3. 调查和比较; 4. 报告; 5. 监测
学校/学院	1. 教育活动的结果; 2. 基于学校的课程的功能; 3. 学校的运行基础和简介; 4. 学习成绩(要考虑学校本身的特点); 5. 学校的管理文化和工作	1. 类似学校之间学业成绩、学习时间和学习目标的比较; 2. 教育活动的改进提升; 3. 后续的改革; 4. 当地和地区需要	1. 自我评估; 2. 参与外部评估; 3. 学习成绩的比较; 4. 外部评估和标准化管理; 5. 发展讨论; 6. 问卷

芬兰的教育评估是建立在以下要素基础上的:国家指标、学习成果评估系统和评估项目。

一、国家指标

作为一个国家系统,教育指标框架能够被教育领域内的每个人所使用。它将有助于国家和地区对教育进行有效的监测,为教育系统的功能发挥情况提供及时的反馈信息。

国家指标被精心设计,从而使之能够反映有关教育长期发展趋势的信息。国家指标包括两种指标:一种是年度指标。年度指标旨在反映关于教育结果的必要的持续的信息。这些信息都会被报告出来,从而能够通过最为核心的教育指标反映出教育发展的趋势。另一种是周期性指标。这种指标应用于每隔几年进行一次的评估。它包含教育结果各个不同的方面,信息更加详实,能够更加全面地反映教育现状。

基于这些国家教育指标,芬兰国家教育委员会形成针对于每种学校类型的周期性评估报告。这些报告旨在为教育部和教育的维护者提供有关教育的具体信息。基于周期性指标,芬兰将会定期发布有关芬兰国家教育状况的综合性报告,对国家教育状况进行全面分析,包括对教育评估本身。这些教育指标能够让人们进行性别、地区等多方面的比较。在设计这些指标的时候,芬兰还考虑到了国际合作的需要。

国家指标的设计和制定工作由芬兰教育部、国家教育委员会和统计局共同承担完成。

二、学习成果评估系统

在教育管理中,芬兰教育采用了学习成果评估系统。这一系统的评估对象覆盖综合学校和职业教育。其评估内容包括学校考试、学校管理,还有对结果的分析和得出结论。

这一国家教育评估系统的目的在于得出关于学习成果的信息。教育评估的结果将会被应用于发展教育系统、完善课程框架和促进教学实践工作。同时,还用来监测教育公平理念的落实情况。

在教育评估过程中,芬兰从全国的所有学校中选取一些样本。然后,同时对所有样本学校进行评估。芬兰国家教育委员会负责实施这些教育评估和发布教育评估结果。教育评估报告允许根据地区、性别等各种群体,来比较各自实现教育目标的情况。

学习成果的评估是典型的表现性评估,即检测各个学校和机构在多大程度上完成了各自所制定的教育目标。学习成果的评估可以是诊断性的、形成性的、总结性的,或者预测性的。

学校学习成果的教育评估通常是总结性的。其目的在于考察学校实现了哪些教育目标。总结性评估的目的在于总结之前的学习,主要是通过各种各样的考试实现。考试的内容会随着学习的内容和难度而变化。

学习成果的评估可以是基于固定标准的,也可以是相对的。传统上,学校成绩的考试和大范围的国际比较研究,主要基于固定标准。在这种基于固定标准的评估中,教育评估会提前设定好各种学习成果表现所需要达到的标准。对于综合学校,芬兰基于国家的需要制定了一套基于标准的教育评估系统。这个系统中一个重要的任务就是确保教育的公平性和平等性:不管学生的居住地、性别、家庭背景等各种因素,学生们都需要完成普通教育所设定的教育目标。[1]

学习成果的评估是评估教学和教育有效性的核心。在评估过程中,应该以一种宽广的视角来看待学习成果。因此,除了学科能力、学习能力、交流能力和学习动机,职业方面的专业能力也应该成为学习成果评估的一个关注点。学习能力不仅包括读写能力和数数能力,还应该包括问题解决能力、学生作为一个学习者的自我形象、自尊和各种学习方向。对于交流能力,教育评估会综合考查互动、团队合作,以及使用现代技术的能力等各个方面。学习动机会从多个角度进行评估。这样职业教育的学习动机也会被列入考查之列。总之,学习成果的评估是芬兰教育评估一个重要领域。它不仅包含对国家层面的教育有效性的评估,还包括国际之间的和基于学校的学习成果的评估。当评估综合学校、高中学校和职业学校时,不同的学校会采用不同类型的评估方法。

学习成果的评估系统所设计的运行方式是定期对学校达成教育目标的情况

---

〔1〕 Finnish National Board of Education. Educational and Outcomes in Finland-Main Results in 1995—2002 [R]. Helsinki: Finnish National Board of Education, 2002.

提供反馈。综合学校和高中学校都会建立学习成果评估系统。对高中学校，已经存在一个大学入学考试的评估系统，这一系统将会继续成为高中学校评估系统的核心部分，与其他学习成果评估系统一同实施对高中学校教育的评估。

学习成果评估系统的运行由芬兰国家教育委员会、大学、研究机构和其他教育组织共同承担实现。芬兰国家教育委员会负责教育评估的主题、评估的时间框架和设置，以及教育评估结果的发布。

芬兰在必要的时候还会参加北欧国家、欧盟或者 OECD 的国际教育比较评估。此外，芬兰还会根据芬兰教育部的决定参加其他国际的、大范围的教育比较评估。

教育评估需要被记录和被报告。所有的教育评估报告都应该致力于促进教育的发展。芬兰国家教育委员会负责发布评估信息，让芬兰教育部和其他决策机构关注教育评估信息。

在学习成果的教育评估中，报告所呈现出的数据不会直接指出具体的人或者学校。

三、评估项目

基于项目的评估不仅会利用通过国家指标和学习成果评估收集到的信息，还会利用通过专家合作提供的评估证据和评估研究提供的信息。

基于项目的评估，关注的是对教育和教学非常重要的主题领域。其评估项目可能会涉及整个教育系统、学校的具体类型、教育政策的主要问题，也可能会聚焦于评估一个主题领域或者教育的某一个具体领域。

基于项目的评估一个非常典型的特征就是，它会通过一个大型的网络在与教育行政部门、研究机构和其他专家组织的合作中实现教育评估。

对于基于项目的评估，非常重要的一点就是要能够获得尽可能广泛的信息，从而服务于国家层面和地区层面的教育决策，以及学校和教育机构的教育活动。为此，基于项目的评估还会利用来自当地和学校层面的自我评估的信息。

基于项目的评估发布的关于教育产出的信息所考虑的也是教育活动的有效性、效率和经济效益。

第三节 教育评估的机构范围

早在1999年,芬兰就通过了一系列有关教育的法律法规。这些法律法规包括:《基础教育法》《高中教育法》《职业教育法》《成人职业教育法》《开放教育法》《艺术基础教育法规》《公立和私立教育法规》《教育和文化财政投入法规》。这些法律法规都特别强调教育评估的重要性。尽管芬兰中央政府对教育的统一管理逐步减弱,地方和学校的自主权逐步增强,但是,这些法律法规依旧强调通过各种精心组织的教育评估,来确保和提升芬兰的教育质量。芬兰政府认为,教育评估会促进学校的持续发展,而学校的持续发展又将会促进学生的学习。最终,达成芬兰教育法律法规所制定的教育目标。[1]

芬兰国家教育委员会是国家教育的中央管理机构。它以法令的形式规定了芬兰教育评估所包含的教育机构和组织。具体而言,芬兰的教育评估对象包含了以下教育机构和组织:

- 学前教育
- 综合学校
- 高中
- 成人高中
- 职业学校
- 成人教育中心
- 民众高等学校
- 成人职业教育中心

---

〔1〕 Finnish National Board of Education. A Framework for Evaluating Educational Outcomes in Finland [R]. Helsinki: Finnish National Board of Education, 1999.

- 音乐学校
- 职业特殊学校
- 家政、工艺和工艺美术教育机构
- 学习中心
- 教育组织
- 运动机构
- 职业教师教育
- 教师在职培训中心
- 萨米地区职业教育中心
- 学徒培训
- 职业资格法律的考试

从上面可以看出,芬兰教育评估覆盖了芬兰教育体系的方方面面,非常全面。芬兰国家教育委员会负责组织和实施国家和国际的教育评估项目。教育评估的具体领域通过单独的教育评估计划来确定。在教育评估项目的具体实施过程中,芬兰国家教育委员会与研究机构和大学一起合作开展教育评估。芬兰国家教育委员会将会综合利用各个教育机构和组织及其分支所提供的各种信息,来考察教育的效率、经济效益和有效性,最终做出综合的教育评估。

第四节　国家层面的基础教育评估

一、评估的目标、范围、原则、过程

1. 目标

国家教育评估所追求的目标:[1] 第一,支持地方政府的教育管理以及促进

〔1〕 Finnish National Board of Education. A Framework for Evaluating Educational Outcomes in Finland [R]. Helsinki: Finnish National Board of Education, 1999.

以目标导向、开放且多功能单元学校教育的发展;第二,在国家以及国际的目标框架范围内,提供有关芬兰整个教育系统的操作背景、功能、结果以及对其具有影响的多样、及时、可靠的信息。

2. 范围

国家教育评估的范围包括:教育的供需、教育机会的可获得性、学生流动、整个教育系统及其组成部分的结构与功能、教育质量与教育资源之间的关系、教育政策及变化的发展趋势、教育与社会之间的关系、课程及教学大纲、学业成绩、教育的有效性、教育的效率、教育的经济性等。[1]

3. 原则

芬兰教育评估的原则是由国家教育委员会制定的,主要包括以下五条。[2]

第一,教育评估是建立在致力于发展整个教育系统或其组成部分的教育决策的基础之上的,这些教育政策包括的方面有教育系统架构、资助体系、教育活动任务以及教育目标。

第二,教育评估的合法性是建立在教育立法、有关不同类型学校的立法、国家预算以及文化与教育部和国家教育委员会之间的协议之上的。

第三,因为芬兰社会是一个多元化的社会,教育政策形成框架时有模糊的地方,所以芬兰教育评估对教育评估者的专业能力以及评估者对芬兰国家、社会以及芬兰所处的国际背景的理解能力有着较高的要求。

第四,教育评估中所涉及的信息资源、编辑程序以及分析方法应该被记录在案,并需要对其合理性进行证明。教育评估的信息处理应该包括定性及定量分析,数据要可靠、有效,具有可比性,信息处理要及时,以系统的方式对信息数据资源进行编辑,要节约、经济,要使用合理的具有探索性质的分析方法。

第五,教育评估应该尽可能的透明以提高人们对教育评估的关注度。

4. 过程

芬兰教育评估的过程复杂而又精细,需要对相关的数据进行收集并处理分

---

〔1〕〔2〕 Finnish National Board of Education. A Framework for Evaluating Educational Outcomes in Finland [R]. Helsinki: Finnish National Board of Education, 1999.

析。进行教育评估有四种不同的方式:[1] 第一,通过教育现象描述来进行评估;第二,从教育活动完成的预定目标的程度中得出教育评估的结论;第三,通过定义教育的优劣势、利弊以及所获得的价值来进行评估;第四,通过描述所期望的教育结果以及对做出教育优劣结果的解释来进行评估。

教育信息数据的处理步骤:分析教育目标以形成教育评估的基础;在客观分析的基础之上确定教育评估的目标;确定教育评估的标准与指标;收集分析数据;得出评估结果并以报告的形式呈现。

二、评估的对象、指标以及标准

教育评估有特定的对象,在众多的教育评估对象中,那些最重要的教育评估对象应该被区分出来,这些评估对象往往能够反映一项教育活动的实质。在教育领域中,这些教育评估对象是可以操作的,是教育实施过程的必要组成部分,也是教育研究及教育政策制定的重要参考对象。教育评估对象也是根据每所学校的具体情况,或者所在教育领域的基本特点来确定的。

教育评估指标通常被用在教育评估量化信息的获得上面,这些教育评估指标是由国家统一设立的。国家教育委员会与芬兰国家统计局共同设立教育评估指标,用于国家以及地方层面的教育评估。教育评估指标通常被用在比较性的教育评估当中,教育指标通常被用来反映教育评估对象的状态及其变化。

教育评估标准是教育评估结果获得的基础,教育评估标准展现了教育评估对象、教育成就水平以及教育活动状态的既定轮廓,达到教育评估标准的程度反映的是教育目标实现的程度。教育评估标准的形成需要涉及立法、政府决策、教育建议、课程框架、相关领域的专业水准等多个层面。为了使学生测评实现标准化,芬兰国家教育委员会设计了针对综合学校不同课程的测评标准。

三、基于效率的基础教育评估

有关效率的教育评估需要教育系统的功能以及教学安排方面的信息,另外

[1] Finnish National Board of Education. A Framework for Evaluating Educational Outcomes in Finland [R]. Helsinki: Finnish National Board of Education, 1999.

还要评估教育资源的使用、学生学业成就的获得，换言之就是评估所有的教育活动是否产生良好的学习结果。进行有关效率的教育评估时，需要对教育评估的主题，从多个角度进行检验，并且需要使用不同的教育评估方法。就辍学而言，从学校的角度而言是教育低效的表现，而如果从学生的角度而言，如果辍学能够使得他找到一条符合自己兴趣的学习路径，或者能够为他提供良好的就业前景，则是高效的表现。

1. 教育的供给

教育的供给应该与社会的需要、职业的需要以及学生的教育需求相一致，在教育评估中，准确的分析影响教育机制的各种变化着的社会性因素对教育评估者来说是一件具有挑战性的事情。从教育系统整体来讲，教育供给是指教育机会的给予，不同类型的学校，不同的教育领域以及不同的教育层次所指的教育供给都是不一样的。在学校教育的层面，教育供给指提供可选择的学习科目。另外，就综合学校的教育供给而言，焦点在于学校的布局网络。学校的地理位置应该适宜，这样学生上学才不至于走太远的路；就高中学校教育的供给而言，是与高中教育的需求以及人们自己获得自己所期望的教育的机会紧密相连的。除了教育供给的数量和质量之外，教育评估还会聚焦教育供给者之间的合作、网络化以及学校之间的竞争力评比。

2. 适时以及反应能力

教育系统必须能够及时地灵活地对社会、职业生活以及人们的教育期待的变化作出预测以及应对。教育评估不仅关注不同教育领域中的教育供给而且关注所提供的教育内容的质量。教育内容应该与职业生活的需要相匹配而且必须要建立在及时更新且可靠的知识的基础上，并且这种知识应该是有利于促进现代化且能不断促进个体技能的提升。

3. 教学安排、教学质量以及合作伙伴

对教学安排的评估集中在学校教学的标准上，良好的教学效果是以与学习目标相一致的教学安排为特征的。教学的安排应该反映出既定的学习内容。对学生需求、教学内容特征以及整合的兼顾，是进行教学活动评估的基础。因此，对学习环境的评估显得十分有必要。当对教学质量进行评估时，必须要考虑它的价值基础、理论基础以及学习环境的意义。对教学安排的评估，还集中在非评分学习的执行、个体的灵活性、学习的选择，以及非本校教育服务使用的可能性上。

学生意见的收集是教学评估中的一个重要构成元素，并且在学生咨询以及个体学习项目中变得越来越重要。当涉及特殊教育或者补偿教学时，教学的评估标准主要来自学生的需求。考虑特殊学生需求，以及适时的特殊教育，或补偿教学，是非常重要的，特殊需求的获得与满足能够鼓舞人心。

清晰的课程是教学的基础，对课程目标的评估是建立在课程大纲之上的。要成为一个目标导向的教师，其教学活动需要建立在良好的计划、与目标相连的更新意识，以及具有良好框架且具有现代理念的知识之上。基于此，教学评估的关注点在于校本课程是如何良好地执行课程大纲的，以及学校自身目标的实现方式。

课程评估主要关注教学是如何鼓励学生学习的积极性以及多样性的，另外一点是教学如何考虑学生之间的差异以及学生的个性。顾及学生环境教学目标的设定会影响教学安排以及教学方法的使用，从某种程度上讲，合理的、多样的教学方法的使用是教学取得成功的基础。当评估教学策略时，需要注意学生的多样教育活动机会、经历、认知过程、概念思维的发展，以及教学方法能够引导学生进行独立学习的程度。

在课程目标的达成中，学习材料起着重要的作用，学习材料需要结合具体的课程目标进行进一步的澄清。学习材料需要从知识内容的可靠性，以及更新程度的角度来进行评估，其他一些角度还包括学习材料引导学生进行多样化、独立学习的程度、价值观包容的程度以及需要对学生的年龄阶段、学习水平进行考虑。除了对学习材料进行评估之外，还需要对教师使用的设备以及学习辅助工具进行评估，教学评估也向多种教育支持服务以及学习资源(如网络数据以及图书馆)进行延伸。[1]

对学生的评估是教学活动评估的一项重要组成部分，教师对学生的评估以及反馈，对学生学习方式的形成、价值观、知识观有着重大的影响。

---

〔1〕 Finnish National Board of Education. Educational and Outcomes in Finland-Main Results in 1995—2002 [R]. Helsinki: Finnish National Board of Education, 2002.

对学习环境的评估主要集中在学习环境是如何支持学生进行学习,并使他们保持身心健康的。一个好的学习环境是目标导向的、促进学生发展的、且能激发学生学习的潜能。

另外,教学活动是否成功也可以通过对合作活动的评估来验证。对合作的评估不仅限于校际之间,还包括学习伙伴之间、家庭之间以及其他不同的组织之间。家校之间的合作在综合学校以及高中学校发展中发挥着重要的作用,在评估学校的教育活动中,有必要对家校合作进行关注。要了解家长对学校的纪律原则、教学内容以及文化的了解程度,以及家长可以从学校获得信息的程度。家长应该积极地与学校进行接触。尤其是在特殊教育领域,更需要对家长在日常教育活动以及支持性教育服务中的参与程度进行更加详细的评估。

4. 受教育时长

高中生需要根据自己的兴趣以及环境对自己的学习做出时间的规划。从社会的角度而言,学生受教育的时长要停留在合理的时间区间内,当对教育周期进行评估时,学生个体的需要以及所面临的实际工作机会会被纳入评估的范围。

5. 辍学率/毕业率

从学校肄业意味着没有充分利用学校的教育资源,从整个社会的角度来看,学生从学校辍学的原因是不尽相同的,有的是转学,有的是工作,在教育评估中对学生辍学的原因进行调查也是十分重要的。

6. 教育中的重叠

教育中的重叠或者冗余是一个问题,教育中的重叠现象意味着学生学习、学校教育以及整个教育系统运作的低效。教育系统要良好地运作,必须要清除教育过程中的重叠,避免同一教育水平上的多种样式的教育,以及对相同教育内容的重复学习。

7. 人力资源

教育组织中员工合格与否是评估的重要指标。对教育效率的评估需要从教师的职业资格与能力的角度来进行,这不仅要建立在教育供给的标准之上,而且要建立在教育机会公平实现的基础之上。在此项教育评估中发现不同地区、不同学校类型,以及不同教育领域的教师的能力是否有所不同是十分重要的。

除了对教职工的职业能力以及职业资格进行评估之外，这项基于人力资源的教育评估还致力于对教师的继续教育、在职培训、休假以及参与工作合作、国际合作的程度进行评估。

除了对教师进行评估之外，也需要对其他员工进行培训，尤其是基于塑造良好学习环境的评估，教育的评估也需要拓展到对其他职工的能力的评估，这对学校功能的发挥十分重要。

8. 设施与设备

对教育设施与设备的评估，主要是看是否能够使不同的教育手段得以在现实中应用。此项评估需要考虑到教学设备的安全性，也需要关注不同类型之间教育设备的共享以及每年学校设施、设备的使用率。另外，还需要对学校设施、设备被个人以及小团体实践进行使用的程度作出评估。这些教育设施、设备通常指向图书馆、电教设施。需要使用定量以及定性的方法来对教育设施、设备进行评估。

9. 规定协议

有关教育的规定为学校教育活动定出了大致的框架，对教育规定以及教育协议进行评估，需要考量它们是提升了学校的运作效率还是有所限制，以及是提升还是限制了学校教育活动的自由度。

10. 学校管理文化

学校管理对工作氛围的形成、学习动力的激发以及学习成绩的提高有着重大的影响。对学校管理文化进行评估时，需要对学校的类型进行考量。对学校管理文化的评估需要着重参考一系列影响管理的因素，包括学校管理组织架构、教育委员会、学校董事会、家长组织、学生会、劳工部以及校长职责、教职工职责、课程与教学发展的职责框架，还有学校内部管理的分工(财政、维护、设施设备、人员管理、员工发展等)。另外，对学校与周边社会环境的关系进行评估也变得非常重要，每个学校在市级或者省级教育网络中的定位是什么样的，学校文化生活与工作生活之间的关系是什么样的，学校进行国际交流的方式，这些都在教育评估的范围之内。

就教学管理评估而言，十分强调校长在教学管理中的领导角色，其他一些重要的方面包括学校教育的系统性、教职工对学校教育发展目标的承诺、教师之间的教学合作及其在教学方面的自身发展。学校管理文化还包括学校的自我评估以及将评估结果用于学校教育活动的发展。

四、基于有效性的基础教育评估

教育的有效性体现在它能够在文化水平以及职业生活方面促进个体和社会的发展,从个体的角度来讲,教育在个体个性化发展以及自尊提升方面有着积极的作用。教育有着直接性的影响也有着间接性的影响,因此对教育有效性的评估需要在教育过程中以及教育过程之后看教育的实际影响,进一步来讲,教育的实际影响需要在相当长的一段时间之后才能全面看清,这时的教育评估才是有实际意义的。

对教育有效性评估的主要依据是教育所取得的结果。教育的有效性可以在多个层面进行评估,包括个体以及学校的多个层面,教育的供给者层面以及经济、文化、国家及国际发展教育的层面。另外,教育的有效性评估还关注职业生涯的技能获得,包括解决问题的能力、合作及社会沟通的能力、自我反省与自我尊重的能力。由于教育对众多领域的发展都有着重要的作用,所以需要从多个角度对教育的社会影响进行评估。

教育有效性的评估主要集中在对教育评估目标所产生的积极影响和消极影响上,众所周知,教育影响个体的发展、学习的动力以及最终资格的获得。更进一步,教育通过对个体的影响来影响社会,对整个社会的竞争力水平、价值观发展以及经济的增长都会产生重要的影响。

从学术的角度来讲,教育的有效性可以从多个角度来进行研究。举个例子,可以通过社会心理学、教育社会学、公民法、经济学的角度来研究教育如何影响个体的职业生涯,所以教育有效性的评估可以关注不同点。通过选择不同的研究方法,可以获得关于教育影响个体及其周边环境方式的不同层次水平的分析结果。〔1〕

〔1〕 Finnish National Board of Education. Evaluation of Educational Guidance and Counselling in Finland [R]. Helsinki: Finnish National Board of Education, 2003.

有关教育有效性的分析，可以从以下几个方面来开展：教育需求的类型、可获得的教育服务的目标如何与教育需求相一致；获得的教育结果是否与设定的教育目标相一致；教育所产生的“学会学习”的技能类型；教育所产生的交流技能类型；教育是如何影响学生自我发展以及学习的动力的。

1. 教育需求与所供给的教育服务的现实条件、既定目标的一致性

评估教育需求与教育目标的一致性，需要从个体以及社区两个层面来进行考虑，从个体角度来评估与从社会的角度来评估是完全不一样的。

(1) 个体层面的一致性评估

从个体层面对教育的有效性进行定性的评估是很有必要的，且需要花费很长的时间。开发检测教育对学生个体发展的评估工具变得很重要。由于个体的教育需求是处于变化之中的且很难预测，因此这种教育需求与清晰的既定的教育目标之间的一致性是很难评估的。个体层面的一致性评估的主要目标是证明教育是如何支持个体教育需求的。对个体层面的一致性进行评估时，需要考虑受教育的人赋予所受教育的意义，尤其是在教育工具性的价值和内在的价值方面。教育评估必须对学生的动机、态度、才能以及渴求具有敏感性。动机是取得好成绩的主要因素。

在进行个体层面的一致性评估时，个体所赋予的教育的工具功能以及自我发展功能都应该被纳进考虑的范围。教育评估的焦点，是考量教育的目标以及所获资格的目标是否与个体所设立的自我生涯发展需要相一致；另一方面，必须对个体所接受的教育是否为个体进一步的学习以及职业的发展做好了准备进行考量；另外，要评估教育是否使个体具备了工作能力。从一个广泛的角度来讲，个体层面的一致性评估是以评估他们在使用通过教育所获得的技能时的感受为主要目标的。

在综合中学的高年级阶段，教育需求与教育目标之间的一致性主要表现在学生选择自己所期待及感兴趣的学习方式的机会上；在高中阶段，个体层面的教育一致性评估主要关注在个体选择与自己教育需求相关的教育模式的可能性上。其他一些重要的评估对象还包括学生参与有关于自身及周边教育文化决策的能力，以及教育是否为学生提供了在社会中获得持续发展的良好机会。

(2) 社区层面的一致性评估

从社会的角度而言,对教育需求与教育目标之间一致性的评估有一个复杂的过程,评估需要考虑到社会中的众多因素,社会对教育的聚焦点在哪里。从个体的学习角度而言,是什么样的教育需要对职业及文化发展最重要。为了预测职业方面的特定需求,就要对国内以及国际上教育与经济发展的状况进行全面的分析。社会需要教育塑造能够学习且愿意学习新知识、新技术的劳动力,以满足职业发展的需要。社区方面的一致性评估旨在评估教育在提升国民专业化水平方面的影响。更进一步而言,文化的发展以及文化遗产的传承需要教育的支持,有效的教育会赋予人们进行文化更新以及多元化发展的技能与知识。

就文化而言,与创造性、价值观、国际化态度有关的教育有效性非常重要,基于这些因素的教育有效性的评估是非常困难的,需要对教育评估的对象进行内容分析以及采用合适的方法获得可靠的评估数据。

2. 学业成绩与教育目标之间的一致性

学业成绩与教育目标之间的一致性可以从定性和定量两个角度来进行评估。

从定量的角度来评估学业成绩与教育目标之间的一致性需要证明所颁发的资格证以及文凭是否与设定的教育目标相符合。

从定性的角度来评估学业成绩与教育目标之间一致性有多种方式,但是通常所存在的问题是非常耗时间且停留在容易评估的教育对象上,由于关于学业成绩与教育目标之间一致性的定性评估太消耗人力物力所以不常被采用。

始于综合学校的教育评估在有关学业成绩上给予关注是十分必要的,仅仅关注于基本能力的成绩获得是不够的,还应该对基础教育文化的其他组成元素进行关注。

3. “学会学习”的能力

由于工作环境以及工作性质的急速变化,加上知识更新换代的加速,取得成功的关键因素还是要进行持续不断地学习。对学习与技能发展的现代性理解支持“学会学习”技能在个人发展中扮演着重要的角色,这种理念在新的课程大纲中也被加以重视。[1]

"学会学习"的技能以及对其的评估应该面向未来,必须要将教育计划与教育目标如何考虑正规教育之后的学习纳入评估的范围。教育应该为学生的终身学习做好准备,并且应该以个人的需要和目标为基础展开评估。

对"学会学习"能力的评估直接导向于对核心能力的评估,这种核心能力不是通过某一门科目就能够获得的。促进学生"学会学习"技能的发展是所有科目应该树立的教学目标。对"学会学习"技能的评估从小学教育阶段开始遍布所有的教育阶段。

学生在获得促进终身发展的学习能力上所取得成绩的程度是进行"学会学习"技能评估的基础。"学会学习"的技能意味着获取、处理以及适应新信息的能力;"学会学习"的核心评估标准还包括学生作为一名学习者的独立性以及自我意识;在"学会学习"的过程中,学习动力非常重要,独立自主学习的能力、问题解决能力、自我学习及策略的测评也十分重要。

在综合学校,有关"学会学习"能力的评估直接导向于学生的自我意识、学习动力、信息处理能力以及自主学习的能力。在高中学校,主要关注于学生独立学习、问题解决以及自我测评的能力。

4. 沟通能力

沟通能力在整个现代教育的所有阶段中都是不可或缺的重要组成部分,学生沟通能力的发展可以在所有学校科目的教学中得以检测。在对学生的沟通能力进行评估时,应该将学生进行沟通的背景与实际情景纳入考虑的范围。

对学生沟通能力进行评估的一项重点,是如何提升学生对不同媒体所提供信息的批判能力。另外,对教学提供的通过不同沟通形式发挥影响的培训形式进行评估也很重要。

学生沟通能力的评估对象包括视觉层面的、语言层面的以及书写层面的沟通能力,以及交际、协商、合作、利用现代数字科技及通讯科技的能力。

---

〔1〕 Finnish National Board of Education. Assessing Learning-to-learn A Framework [R]. Helsinki: Finnish National Board of Education, 2002.

基础教育最初阶段的学生沟通能力评估,应该集中在学生对母语的掌握以及社会能力的形成上,在综合学校教育的高级阶段对学生沟通能力评估应该向外语的读写能力、现代科技的利用拓展。

5. 终身学习的动力

个人发展的愿望与动力是教育有效性评估的重要对象。在这个充满变化的世界中,学生应该对学习及其意义树立起积极的态度。学生学习的动力是由多种需求、社会准则、生活的必然要求所支配的:需要以及想得到什么、人类在社会生活中的行事准则以及他们如何在生活中取得成功? 学生学习的动力反映了指引学生思考和行为的学生个体的内在渴求。

个体寻求发展的渴望在正规教育结束之后变得更加明显,因此学生纵向学习发展路径是对学生终身学习动力进行评估的重要指标。

除了自身适应变化的能力、个体持续发展的动力,终身学习动力的评估对象还包括以不同学习方式和策略为表现形式的多种指向性模式,这些模式包含了学习动力以及学习方式、习惯两个层面。

五、基于经济性的基础教育评估

1. 教育经济性评估的目的

教育经济性评估的目的是:第一,从国家层面、地区层面、不同教育类型层面,以及微观的学校层面对教育资源的分配进行检测;第二,分析影响某一教育领域或是某种学校类型教育花费结构及其发展的因素;第三,探究教育投资系统的功能及影响。

2. 教育经济性评估组成部分

(1) 教育系统的经济性、教育产品的可替代模式、国家层面的方向以及学校教育网络、教育重叠。

(2) 资源分配、资源数量及发展、国家层面的教育资源花费结构、教育服务的容量。

(3) 使用资源的效率以及产出率。

(4) 财政资助体系的功能。

3. 教育经济性评估的指标

对教育经济性的评估需要足够清晰的评估指标，更进一步说，这些指标要适合于测评。一方面是分配给教育的资源数量，一方面是教育服务供给的容量。对教育经济性的评估需要参照多种多样的投入/产出比率。在公立教育系统，应用简单的、以比率为基础的教育服务供给的效率及产出指标是可行的。生均花费指标在进行国家层面的教育经济性评估时是一个非常好的指标。除了与教育花费层面的指标，教育经济性评估还会采用其他基于投入/产出方面的指标，如生均教学时间。

对公立教育服务的容量的测评存在着一定的难度。教育产出可以多种方式来测评，学校的教育产出是由教学成果或支持性服务的成果所组成的，教学与支持性服务使学生能够更好地学习以及产生实际的效果。教育服务的容量可以从以下的角度来进行评估：

- 教育供给的角度；教师授课时间
- 教育消费者的角度；招生人数
- 生均服务容量；生均学时
- 教育最终成果；教育学位或者证书授予数量
- 以周为单位的学生学习时间；教育服务的内容

由于教育的经济性指标可以被直接用作国家、地区、学校等不同层面的多样性评估，教育指标与教育标准的选择变得很重要。评估指标与标准的制定应该考虑到适用的普遍性以及明晰程度。

第五节 学校层面的基础教育评估

学校自我评估的责任主要在于校长和教师。学校自我评估的目的在于改善学校的教学活动。在学校自我评估的过程中，学校的优点和不足都会得到分析，从而找出学校发展的最佳目标。

学校自我评估应该从召开学校全体员工的会议开始。通过全体员工大会，可以讨论自我评估的需要和确定合适的评估时间框架与进程。学校自我评估最好是能够确定一个固定的时间框架，评估的时间长度最长不超过两个学期。而且，学校各方都同意一致努力进行学校的自我评估。当学校的所有员工都认可学校自我评估的重要性，都积极投身于收集和处理评估信息时，学校自我评估能够收到最好的效果。非常重要的一点是，应该有人被授权负责领导整个学校的自我评估。

一般而言，学校的自我评估涉及的是学校的发展，或者聚焦于一个明确的领域来进行评估。学校自我评估的领导者需要合理规划评估所需要的投入，以适应评估的实际需求。同时，学校自我评估的领导者还要明确评估的分工和时间进程。评估的任务应该被清晰的界定，逐步分配到每个具体的人或者小的团体。在实施评估的过程中，定时召开分享会议也非常重要，能够让大家及时充分地交流评估过程中的发现，更好地进行评估。最后，评估的结果应该是以报告的形式呈现，包含了评估目标的描述、评估过程本身的描述，以及评估的结论。得出评估结论是一个评估过程最为关键的部分。为此，必须单独安排一些会议来得出评估结论。

在评估结论的基础上，学校还应该规划接下来的学校发展措施和时间表，以及各项发展任务及其责任人。在整个学校自我评估的过程中，校长有必要扮演非常积极的角色。

在大多数情况下，学校自我评估有必要安排一些员工培训来支持整个自我评估过程。这种培训可以通过外部专家来统一进行，也可以根据每个员工的具体需要来进行有针对性的培训。在一些情况下，同伴评估也是非常好的方式。在实践中，如果能够找到另外一所情况类似的学校共享经验的话，同伴评估能够最大地发挥作用。在两所学校进行同伴评估时，最好是能够选取一个具体的领域来进行评估，这样两所学校就能够互相从自身的视角评估对方学校的具体实践，同时又学习和采用对方学校的优点。

一般来说，自我评估成功的关键在于，人们能够对评估的目标达成一致，有获取评估信息的实用程序。评估的目标一般在于评估学校教育的效率、有效性和经济效益。同时,评估者们需要一致决定收集何种数据来进行评估。通常学校的统计数据、年度报告和学生的学习成绩能够提供非常有价值的评估信息。针对于每个评估所进行的访谈和问卷调查所得出的结果也能够成为很好的评估信息。

出于国家教育评估的目的而设计的教育评估框架也可以被应用于学校的内部评估或者自我评估。一所学校既是整个教育系统运行的一部分,也是一个单独的教育个体。此外,对于学校的工作人员而言,学校还是一个工作的共同体。

一、效率的评估

1. 教育供给

包括:

- 教育的目标是否符合社会、工作和个人的需要?
- 到达学校是否容易?
- 怎么提供指导和信息来帮助公民进行教育选择?

2. 教育的时效性和更新能力

包括:

- 教育过程中所使用的教学大纲、教学方法和工作方法是否会及时更新?
- 教育包含了对新发明的使用吗?

3. 教学安排、教学质量和合作伙伴

包括:

- 教育的价值基础是经过思考的吗?
- 在教育中,大家公认的学习的概念是什么?
- 学校中的课程是怎样制定和实施的? 教学活动是怎样的?
- 所提供的教育包含了多少选择? 在教学实践过程中,个人的学习计划会在多大程度上被尊重?
- 学校是否能够获得全面的、时常更新的学习资料?
- 图书馆是怎么样的?
- 特殊教育的需要是否被考虑了?
- 是否对那些诵读困难的学生提供了足够的帮助?

- 是否安排了其他合适的特殊教育？
- 学习指导和学生咨询是怎样进行的？
- 学习材料怎样符合学习目标的要求？

4. 学校和家庭之间的合作

包括：

- 使用了何种形式的合作来支持孩子的发展？
- 学习和学校工作在多大程度上被认为是一件快乐的事情？
- 怎样考虑学生的差异？
- 教师在多大程度上能够胜任教学？
- 教学框架是否会及时进行更新？

5. 受教育年限

包括：

- 有可能通过教学安排改变不同教学模块的时间长度吗？
- 非等级课程系统是怎样影响学生高中的毕业时间的？

6. 退学/毕业

包括：

- 退学率是多少？
- 学校是否记录了退学率和退学的原因？
- 怎样记录缺勤率？
- 针对缺勤，学校采取了什么措施？
- 学校是怎样处理和利用有关退学原因的信息的？

7. 教育中的重叠

包括：

- 是否有任何初步评估来评估不同个体的起始水平？
- 之前学生的信息是怎样被记录的？
- 学生转到另一所学校之后会被怎样记学分？

8. 工作人员

包括：

- 教学工作人员都有怎样的教育背景和工作经验？
- 教学工作人员的教育和能力水平符合其所提供的教育的要求？
- 是否有外部专家能够为学校的发展提供帮助？
- 学校工作人员的在职培训是怎样安排的？
- 学校教师以外的工作人员是否达到了足够的资格水平？
- 采取了什么样的措施来确保教师良好的教学能力？
- 学校内部的教师之间，不同学校的教师之间是否进行了积极的互动？

9. 学校设备

包括：

- 学校的物理教学环境怎么样？
- 学校的设备是否会及时进行更新，是否能够满足教学内容和现代化教学的需求？
- 学生是否有足够的空间和设备来按照他们自己的节奏进行学习？
- 图书馆的使用安排是怎样的？
- 学校在数据交流和信息服务上是否有足够的联系？

10. 学校管理

包括：

- 人们是否意识到了学校的管理规定？
- 学校的指导纲要能够支持学生的学习吗？
- 学校的管理规定会及时地更新吗？
- 学校的管理规定是有益于学生的吗？

11. 学校的管理文化

包括：

- 学校的管理文化支持学习吗？
- 学校的工作氛围是鼓励的、开放的和激励的吗？
- 在教学计划和评估中，教师和校长是怎样合作的？
- 教师在职培训的个人管理和计划系统是怎样运行的？
- 学校材料是怎样被管理的？

- 学校与当地其他教育机构是怎样融合的？
- 学校的交流网络是怎样运行的？

二、有效性的评估

1. 完成教育目标：学习成果

包括：

- 课程中所制定的教育目标的达成情况如何？

2. 学习能力

包括：

- 学校教育在多大程度上提高了学生的学习能力？
- 学生的问题解决能力得到提高了吗？
- 学生获得、处理和使用新信息的能力得到提高了吗？
- 学生的自尊和对学习的积极态度得到提高了吗？

3. 交流能力

包括：

- 学生交流能力(视觉能力、读写能力、口语能力)发展情况如何？
- 学生的社交能力在多大程度上得到了改善？
- 学生使用电子通信的能力发展如何？
- 学生也会被鼓励用外语交流吗？

4. 自我发展的动机

包括：

- 学校是否成功地传递了终身学习的理念？
- 学习是怎样提高或者降低学生的自我发展的愿望的？

三、经济效益的评估

包括：

- 如何决定可获得资源的数量和分配？
- 教育的预算过程是怎样的？教育预算怎样适应教育实际的变化？

- 怎样监测资源的使用?
- 怎样测量教育和其他服务的量?
- 在评估教育经济效益的过程中,会使用哪种比较信息(国家的、地区的、学校的、前一年的等)?
- 工作人员是否意识到了教育的消费及其结构?
- 学校的财政结构是怎样的?涉及哪些方面?

第六节 芬兰基础教育评估的启示

芬兰教育评估从20世纪70年代的教育督查开始,逐步发展起今天国家、省级、市级、学校等多层次的教育评估体系。教育评估从传统的国家层面的外部评估走向国家、地区和学校相结合的内外部评估体系。教育评估主体从传统的教育管理人员走向国家教育行政部门、大学科研人员和学校人员等多主体的评估模式。综观芬兰教育评估的发展之路,我们可以得出以下一些有益的启示。

一、建立健全教育评估的法律保障体系

芬兰教育评估成功的基本保障在于,建立了较为完善的教育评估的法律保障体系。早在1999年,芬兰就通过了一系列有关教育的法律法规。这些法律法规包括:《基础教育法规》《高中教育法规》《职业教育法规》《成人职业教育法规》《开放教育法规》《艺术基础教育法规》《公立和私立教育法规》《教育和文化财政投入法规》等。这些法律法规都突出强调了教育评估的重要性。并且,随着芬兰教育评估的不断发展,芬兰政府还在不断地完善教育评估的法律保障体系。

芬兰教育评估的法律保障体系涉及非常广泛的内容。它不仅为制定教育质量标准提供了指导,还明确了各级各类教育评估机构权力与责任、评估对象的覆

盖范围、评估方式的使用和运行保障、评估结果的发布与使用,等等。例如,在省级教育评估上,芬兰法律明确指出,省级教育评估应该坚持合作性和连续性原则,充分利用好原始统计数据和有关部门的数据库。每年都应该发布教育评估报告。在评估结果的发布与使用上,芬兰法律明确指出,教育管理机构在发布评估结果时,必须考虑评估结果的公开程度及其影响,必须努力消除评估结果所带来的负面风险,不能让学校、教师和学生受到评估结果的暗示,形成较低的自我认识,从而给自身的发展造成不利影响。〔1〕

当前,我国教育评估还存在评估对象比较局限、评估权责还不够明晰、评估结果的发布还不够透明等一些不足,教育评估的法律保障体系还有待完善。因此,我国应该建立健全教育评估的法律保障体系。

二、树立正确的教育评估理念

芬兰正确的教育评估理念是芬兰教育评估的先导。具体而言,芬兰的教育评估是基于以下理念:其一,教育评估的目的是为促进教育发展服务,而不是为了管理控制教育提供者;其二,教育评估不是为了进行学校和学生的排名,促进学校之间的相互竞争,而是为学校自身的发展提供反馈,促进学校的自身发展;其三,教育评估的信息面向教育行政部门、学校和家庭,但是,必须尊重和保护相关人员的隐私;其四,教育评估不实行官僚的问责制,而是倡导学校和教师为学生的学习结果负责。

芬兰认为,教育应该是多元的,适合具体的学校、教师和学生。高质量教育的组织形式应该是多样的。所以,不应该对学校、教师和学生做完全统一的教育评估。教育评估的任务在于跟踪学校、教师和学生的发展现实,根据实际的发展需要作出形成性和诊断性评估,并且及时地给予有效的支持策略,促进学校、教师和学生的发展。教育评估的核心不在于监督和比较,而在于促进每个学生更好的发展。

当前,我国的教育评估理念还有待提升。教育评估的标准太过统一和僵化,

---

〔1〕 田腾飞.芬兰基础教育的质量标准及其评估机制探析[J].比较教育研究,2013(4):54-59.

很少根据学校、教师和学生的具体情况灵活完善；教育评估太过强调学校、教师和学生之间的比较，容易造成学校、教师和学生的压力和不良竞争等。因此，我国应该树立正确的教育评估理念。

三、建立多层次、内外部相结合的教育评估体系

芬兰教育评估的重要特色之一，就是建立了国家、省级、市级和学校四个水平的多层次的教育评估体系，并且对每一个水平的评估主体、评估内容、评估目的和评估方式都有着非常清晰的描述。例如，在市级水平的评估上，芬兰教育评估明确规定，教育评估的主体是市级教育管理机构及其相关部门；评估内容是当地教育的有效性、效率和经济效果；评估目的是满足国家的教育需要、省级的教育需要和市级的教育需要；评估的方式包括参与外部评估、自我评估、调查和比较、报告、监测等。

芬兰的这种教育评估体系是一种国家评估和地区评估相结合的教育评估体系。一方面芬兰坚持国家承担教育评估的责任，另一方面芬兰国家充分授权给地区，给地方教育提供者充分的权利来根据自身的具体情况进行有针对性的教育评估。而且，国家、省级、市级和学校的教育评估在评估的目的、内容和方法上各具特色、各有侧重。这确保了教育评估的高效率和有效性。

芬兰的这种教育评估体系是一种外部评估和内部评估相结合的教育评估体系。一方面芬兰教育评估注重各级政府行政部门的外部评估，另一方面芬兰也非常重视学校的自我评估。在学校评估中，学校评估的内容非常广泛，包含了学校教育活动的结果、学校课程的功能、学校的运行基础和简介、学习成绩、学校的管理文化和工作等。这对客观全面地反映芬兰的教育状况起到了非常重要的作用。

当前，我国教育评估过度关注国家教育评估。教育评估比较重视高中、初中、小学毕业年级学生的会考、统考成绩。而且，长期以来，我国的教育行政部门的外部评估占据了更加重要的地位。因此，我国应该加强地区评估和学校的自我评估，建立多层次、内外部相结合的教育评估体系。

四、制定科学全面有效的教育评估指标

芬兰教育评估的重要特色之二，就是制定了科学有效的教育质量标准，为教育评估提供了切实可行的有效指标。以芬兰国家层面基础教育的评估标准为例，它从教育的效率、有效性和经济性三个大的方面进行评估。基于效率的教育评估涉及教育的供给、适时，以及反应能力、教学安排、教学质量，以及合作伙伴、受教育时长、辍学率/毕业率、教育中的重叠、人力资源、设施与设备、规定协议、学校管理文化等内容。基于有效性的教育评估涉及教育需求与所供给的教育服务的现实条件、既定目标的一致性、学业成绩与教育目标之间的一致性、“学会学习”的能力、沟通能力、终身学习的动力等。基于经济性的教育评估涉及到教师授课时间、招生人数、生均学时、教育学位或者证书授予数量、以周为单位的学生学习时间、教育服务的内容，等等。不仅如此，教育的效率、有效性和经济性这三大方面所涉及到的具体内容还会被进一步细化为更加可操作的指标。从而，确保教育评估的科学全面有效。〔1〕

当前，我国教育评估还比较片面单一，科学性不足。教育评估过度集中于对学生分数的考查。对教师、学校的评估也是集中于中考、高考、重点小学、中学和大学的升学率。教育评估并不能全面地反映学生、教师和学校的发展状况，并不能真正促进学生、教师和学校的全面发展。因此，我国应该制定科学全面有效的教育评估指标，科学全面有效地进行教育评估。

芬兰教育评估有着特定的历史背景，经历了从20世纪60年代以学校管控为导向的督查性评估，到七八十年代以学校管理为导向的结果性评估，再到90年代以学校发展为导向的质量评估的变迁过程。这种变迁渗透的是教育评估理念的不断提升，日益重视受教育者的满意度，评估主要为学校教育质量发展服务。如今，质量保障、质量体系以及质量手册这样的字眼在芬兰教育领域中已屡见不鲜。芬兰以质量为导向的教育思维模式激发了学校积极开展自我评估，并且为受教育者的满意度分析以及教育评估文化的发展奠定了良好基础。

---

〔1〕 朱恬恬．芬兰基础教育评估实践及其对我国的启示[J]．外国教育研究，2009(11)：22-25.

20 世纪 80 年代以来，芬兰国家政府不断放权，使地方拥有较多的教育教学自主权，有必要加强教育评估来确保教育质量，促进学生学习境况持续不断地改善、促进芬兰既定教育目标的实现。芬兰国会教育委员会也强调教育评估在促进芬兰教育公平方面所发挥的重要的社会和政治作用。

芬兰有着一套较为完善的教育评估系统，这套系统与国家教育法令、教育政策和课程标准所确立的教育目标紧密相关，而且整合了国家、地区、学校等多个层面的教育评估的目的、对象和方式方法。

芬兰教育评估系统有着精心设计的国家指标，从而使之能够反映有关教育长期发展趋势的信息。国家指标包括两种，一种是年度指标，另一种是周期性指标，年度指标旨在反映关于教育结果的必要的持续的信息，周期性指标应用于每隔几年进行一次的评估，它包含了教育结果各个不同的方面，信息更加详实，能够更加全面地反映教育现状。

芬兰教育评估系统还包括学习成果评估和专题项目评估。学习成果评估基于样本选取，国家教育委员会负责发布评估信息，芬兰教育部和其他决策机构会关注教育评估信息，但学习结果评估报告所呈现的数据不会直接针对具体的人或者学校。专题项目评估可能会涉及整个教育系统、学校的具体类型、教育政策的主要问题，也可能会聚焦于一个主题领域或者教育的某一个具体领域。专题项目评估发布的关于教育产出的信息所考虑的是教育活动的有效性、效率和经济效益。

芬兰国家层面和学校层面的评估都有着特定的评估目标、范围、原则、过程、对象、指标和标准，而且兼顾教育教学的效率、效益和效果，从多个维度对其进行综合考量。

芬兰基础教育评估有着健全的法律保障、合理的评估理念、较为完善的评估体系、全面有效的评估指标，这对我国更好地构建基础教育评估体系有一定借鉴意义。

第八章

芬兰基础教育师资

“教育系统的质量不会超过其教师的质量”,经合组织 PISA 项目国际协调员安德烈亚斯·施莱克尔如是说。[1] 芬兰教育成功的背后,其中一个重要原因就是拥有高质量的教师。[2] 在芬兰,尽管教师职业的工资收入仅略高于国家平均工资水平,但是教师职业因其享有高度的自主性、较高的声誉和社会地位,每年都能够吸引大量的最优秀的高中毕业生报考教师教育专业。芬兰中小学教师都要求获得硕士学位,并经过严格的学术训练。芬兰教师的专业自主性表现在课程开发和学生评价等方面。教师在一种相互信任的环境中工作,而没有外部的量化考评。芬兰教师教学时间要低于很多国家,教师自愿把时间投入到学校改进和自身专业发展上,因而,芬兰教师能够教得少,但教得好。

第一节 芬兰教师教育发展历程

芬兰教师教育始于 1863 年,在 150 余年的发展历程中,大致分为以下几个阶段:

第一阶段(1863—1933 年),芬兰建立了首个教师培训学校——于韦斯屈莱教师培训学校。当时,初中毕业生经过两年学习就可以成为教师。

第二阶段(1934—1965 年),于韦斯屈莱教师培训学校升级为学院或教育研究大学。不久,新的教师培训学院扩大了其学科组成,纷纷开设人文和社会科学。教师专业的学历水平有所提高,仅低于现在我们所说的学士学位。学院招

[1] McKinsey, Company. How the world's best-performing school systems come out on top[EB/OL]. [2014-09-23]. http://www.mckinsye.com/locations/ukireland/publications/pdf/Education report.pdf.

[2] OECD Ilibrary. Finland: A non-Competitive Education for a Competitive Economy[EB/OL]. [2014-06-15]. http://www.oecd-ilibrary.org/education/lessons-from-pisa-for-korea/finland-a-non-competitive-education-for-a-competitive-economy_9789264190672-9-en.

收对象为高中毕业生。

第三阶段(1966—1970年),尽管教师专业仍然低于学士学位,但对教师的学历要求有所提高,并且学院变成了完整的大学,于韦斯屈莱教师培训学院也改成了于韦斯屈莱大学。教师专业被称为小学教师资格。

第四阶段(20世纪七八十年代),从事教师职业需要硕士学位。

尽管1971年教师教育被完全转移到大学内,但在20世纪七八十年代,教师教育的课程被教育部制定的国家课程标准严格限制。在1971年的改革中,教学论被引入到学科教师专业中,比如英语、数学、文学、地理、化学等学科。原来的教师学位和专业变得更加注重实践和实用,不再包括科学分析和教育研究的部分,它们的目的是教会教师如何教学。

教师学位由副学士提高到最低要求的硕士学位。这种变化是当时教育改革者未曾料到的,其主要原因是因为芬兰高等教育的整体变化,客观上促使所有专业提高到硕士学位水平,唯一例外的研究领域是法学,今天仍旧只要求学士学位。

第五阶段(20世纪90年代),教师教育注重研究和反思能力。

20世纪90年代芬兰教师教育进一步得到加强,表现之一就是研究和反思能力被引入到教师专业当中。从90年代开始,芬兰教师教育主要基于以下要素:专业知识;阅读前沿研究;学科内容与方法的跨学科研究;适合于不同学生的教学方法;基于在不同文化背景下改进效率研究的教师教育;教师的研究态度;保持开放的心态,学习分析方法并将它运用到工作中;基于观察和实验得出结论;教学和学习环境的系统开发。

世纪之交,芬兰教师的一般特征是接受过大学教育,掌握实践和理论技能,具有很高的学术和专业声誉。简言之,芬兰所实施的改革,是对教师进行学术改造,并且提高教师职业的社会地位。

第六阶段(进入21世纪至今),教师教育招生制度进行了改革,以便吸引更多优秀的学生从事教师职业。同时,芬兰还进行了两次全国性的课程改革。2004年,芬兰实施了一轮课程改革,并于2006年在全国范围内所有学校正式实施。2012年芬兰开始实施新一轮的课程改革,并希望在2016年取得实效。

21世纪芬兰教师的典型特征，包括具备扎实的理论基础，掌握分析、反思和科学研究解释的工具，拥有教师培训学院内外的实践经验机会。更具体而言，基于大学的全面教育，以教师职业为志向的芬兰大学生们与其他专业的学生没有什么不同，教师教育专业的学生与其他专业的学生一样好。

目前，芬兰总共有13个教育学院，8个在大学，另外5个分别在多科技术学院、成人学院和位于瓦萨的瑞士教师学院，但赫尔辛基大学和于韦斯屈莱大学提供了最受欢迎的专业。

第二节　为什么芬兰教师职业是个好职业？

芬兰也许是世界上唯一能够吸引最优秀的高中生选择小学教师职业的国家。芬兰的这种能力已经为芬兰小学创造了强大的道德和职业基础，芬兰儿童可以和能干的、有效的教师度过他们第一个6年学校生活。当其他国家正在思考如何吸引最优秀的和最聪明的学生进入教师队伍时，芬兰的这种现象可以称为“芬兰优势”。[1] 芬兰能够做到这一点，主要是因为具备以下三大条件：

1. 教师的工作场所允许教师实现自己的道德使命

在芬兰，与其他国家一样，人们选择教师职业是因为他们内心渴望通过教学与他人一起工作、并帮助他人和社会。芬兰教师像医生、工程师或经济学家一样，拥有高度的职业自尊感。各级学校的教师们希望他们具有广泛的专业自治权，可以自主地计划、教学、对话、执行与评价；他们也希望有时间能够实现所有这些课堂内外的职责。事实上，芬兰教师比其他国家的同行花费相对较少的时

〔1〕 Pasi Sahlberg. Finnish Lessons: What can the world learn from educational change in Finland [M]. NewYork: Teachers College Press, 2011: 76.

间用于教学。比如在美国的中小学,教师在校的工作时间大部分都用于教学,只留下较少的时间用于其他专业活动。专业学习社区(Professional Learning Community, PLC)的概念经常被运用于教师在自己的时间如何在学校工作。学校被当作是专业学习社区,是教师日常专业工作的内在属性。

当与教师们谈论到哪些因素会使他们离开教师职业时,有趣的是,没有人会把薪水作为离开教师岗位的原因。事实上,很多教师认为如果他们失去了在学校和课堂上的自主权,他们会对自己的职业选择产生怀疑。例如,如果采用外部评价方式来评价他们的工作质量,很多教师将会选择离开教师职业。芬兰教师特别怀疑使用常见的标准化测试来决定学生在学校的进步情况。很多教师表示,如果他们需要像美国和英国同行那样接受外部评价的话,他们会寻找其他工作。简而言之,芬兰教师希望他们能够在工作中享有专业自主权、声望、尊重和信任。

2. 为了吸引有才华的高中毕业生,教师教育是高度竞争性的和高选择性的

教师教育吸引大量芬兰最好的高中毕业生,这是因为教师是一个硕士学位专业,并且对他们具有足够的挑战性。另外,由于高素质的芬兰学生进入到教师教育专业,教师教育专业的课程和要求,相比大学里的其他专业已经变成高标准了。教师教育专业毕业生如果不参加工作的话,可以申请博士研究生阶段的学习,还可以到中央政府或地方政府工作,到大学做教师,或者与其他硕士学位专业竞争到私立部门工作。不时有人提出疑问,小学教师是否需要硕士学位和以研究为导向的资质。然而,芬兰的经验证明,如果小学教师学位要求降低,那么很多人将选择能够给他们提供更高学术地位的专业学习,并获得职业发展的机会。

3. 工资不是成为教师的主要动机

芬兰教师的工资水平稍高于国家的平均水平。初中高年级教师工作 15 年之后,每年的法定工资大约为 41 000 美元,与 OECD 国家的平均水平相当。同等条件的教师,美国教师是 44 000 美元,韩国教师为 55 000 美元。尽管挣钱不是成为一名教师的主要原因,芬兰教师的工资还是应该系统性地增加。教师的工资按教龄分级,而不是基于绩效。

芬兰教师工资与美国教师工资具有显著的差别。在芬兰,教师的工资收入与学校层级相关,初中中年教师的工资要比小学中年教师的工资高 7%～10%,高中中年教师的工资要比初中中年教师的工资高 7%～10%。在美国,小学、初中、高中教师的工资基本相同,美国教师工作 15 年后其工资大约会增长 21%～26%。芬兰教师的处境相对更为有利,芬兰教师工作 15 年后其工资大约会增长 33%,芬兰初中教师最高工资比刚入职时工资高 58%,高中教师最高工资比刚入职时工资高 77%。[1]

第三节　如何成为教师?——芬兰教师的招生方式

芬兰中小学教师分为班级教师(小学教师)和学科教师,这两种类型教师的录取方式是不同的。对于班级教师而言,首先要通过标准化的国家考试,通过考试的学生可能还需要参加大学自行组织的考试,比如要想被于韦斯屈莱大学录取,还得参加该校组织的考试。其次,通过了前面的标准化考试的学生,才能进入到面试环节。最终学生的录取由大学自主决定。

学生的录取率在不同学校间存在差异。2010 年,芬兰全国的平均录取率是十分之一,于韦斯屈莱大学的录取率大约是八分之一。以前,报考教师专业需要考察其中学表现和大学入学考试成绩,现在招生方式进行了改革,任何人都可以报名参加国家入学考试,他们中学的学分成绩不再纳入考察范围。这项改革的主要原因是为了给所有中学毕业生提供更多的选择机会,而且也增加了申请教师教育专业学生的多样性。与班级教师录取不同的是,学科教师的录取程序由

〔1〕 Pasi Sahlberg. Finnish Lessons: What can the world learn from educational change in Finland [M]. NewYork: Teachers College Press, 2011: 77.

不同的具体专业决定，比如数学、物理、生物等学科教师，分别由相应的数学、物理、生物等学院决定。

在芬兰，成为一名教师具有多种途径。关键之处在于首先要被大学录取。进入大学后，教师教育的具体形式，依据大学内不同学术机构之间的合作而定，并且这种合作近些年也有所增加。在大学期间，大学生可以随时做出从事教师职业的决定。既可以在他们开始选课之初，也可以在学科教师专业的培养末期。当学生初入大学，并且具有明确的学习教师专业的意愿时，他们可以在两个专业之间进行选择，即在班级教师和学科教师之间二选一。入学申请是在他们所在大学的教育学院或教师教育学院之间进行。从这两个专业中毕业的教师可以在小学 1—6 年级担任班级教师，也可在初中 7—9 年级担任学科教师。小学和初中一起构成综合教育，即九年学校教育。

教师教育培养方案具有较强的灵活性。班级教师在选修特定课程之后，可以被允许在初中任教，同时，学科教师也可以在选修规定的教学论课程之后，被允许在小学任教。

成为教师的第二条途径是，青年学生在其所读大学内的另外一个学术机构学习某一特定领域，比如音乐、物理、数学、历史、生物、化学等，当他们完成该专业的学业后，他们可以选择获取教师资格。如果他们在专业学习期间或末期做出追求教师资格的决定，他们必须注册并完成一系列的由其所在大学的教师教育学院提供的教学论课程学分。很明显，大学内部的不同院系为学生选择不同专业学习提供了选择机会。

在某些情况下，学校会聘用未取得教学资格的人员担任教学工作。比如，当特定领域没有足够的人力资源，学校校长将视情况决定是否必须聘用未取得教学资格的人员填补某个临时岗位。

所有的班级教师和学科教师都必须获得硕士学位。这一要求背后的理念是每一位教师申请者他们自己必须是一位终身学习者。他们必须接受严格的理论和实践训练，掌握坚实的研究工具。教师是在一个新知识不断产生的环境中工作，因而，他们必须准备运用所掌握的工具来学习和反思他们自己的工作。芬兰不同类型学校的教师资格要求见表 8-1。

表 8-1 芬兰不同类型学校的教师资格要求〔1〕

学校类型	学生年龄	年级	教师资格要求
幼儿园	0—6		幼儿园教师(学士)
学前教育	6		幼儿园教师(学士) 小学教师(硕士)
综合学校	7—16	1—9	综合学校教师(硕士)
小学	7—12	1—6	小学教师(硕士)
初中	13—15	7—9	学科教师(硕士)
普通高中 职业高中	16—18	10—12	学科教师(硕士) 职业教师(学士) 学科教师(硕士)
大学	19—		高等学术学位(硕士/博士)
多科技术大学			高等学术学位(硕士/博士)

第四节 如何培养教师?——芬兰教师教育专业结构

由于各大学的学术自治,芬兰各大学的教师教育专业不是完全一致的,下面介绍一个由赫尔辛基大学发起的,由跨校合作项目促进的共同准则,即要求学生完成 300 个学分。

按照博洛尼亚进程要求,芬兰的教育系统由过去的单一的硕士学位要求资格,转变成所谓的"欧洲模式"。这种模式的基本计划是通过两种不同路径和两种资格证,一种是完成 180 个学分学习并获得学士学位,另一种是额外学习 120

〔1〕 A. Lieberman & L. Darling-Hammond. High quality teaching and learning: International perspectives on teacher. [M]//Sahlberg, P. Becoming a teacher in Finland: Traditions, reforms and policies. New York: Routledge Press.

个学分并获得硕士学位。这种变化发生在2005年8月1日。除了这些变化，博洛尼亚进程要求教师教育专业的大学生有更多的时间直接接触学生或面对面地教学，学生每周独立学习的时间也要求增加。这对芬兰的大学而言是件好事，因为每周独立学习比与学生直接接触更为方便。

尽管因为博洛尼亚进程将教师教育专业分成两部分，即学士专业和硕士专业，但这并没有改变芬兰教师教育的结构。在芬兰要成为有资质的教师，拥有硕士学位是必备条件，而不管博洛尼亚进程是如何规定的。

表8-2、表8-3总结了班级教师的教师教育专业的学习要求。

表8-2 班级教师学士学位的学习计划〔1〕

学科	内容	学分
沟通和指导学习	大学学习和个人学习计划、科学研究、信息通讯技术、母语、瑞士语和外语入门	20
教育中的基础学习	教育学、教育心理学、教育社会学、成长指导与学习、教师的基于研究成长等入门，包括教学实践10个学分	25
教育中的学科学习	个人学习、小组和网络中互动、学习型组织、学习的计划、实施和评价、研究方法与沟通、学士论文，包括教学实践10个学分	35
多学科的学校科目学习	技术、艺术、音乐、数学、芬兰语、纺织，包括每个学科的教学方面，外语学习除外	60
选修学科学习	地理、生物、物理、音乐、特殊教育、心理、社会科学	25
选修课学习	大学里的任一院系的任一学科(包括校外)。学生经常选择多个学科领域以强化他们的学习	15

表8-3 班级教师硕士学位的学习计划〔2〕

学科	内容	学分
沟通和指导学习	至少一门统计学入门课程；科学研究与一个统计软件(SPSS)导论；母语交流	5

〔1〕 Eduardo Andere M. Teachers' Perspectives on Finnish School Education, Creating Learning Environments [M]. New York: New York University Press, 1995, 59.

〔2〕 Eduardo Andere M. Teachers' Perspectives on Finnish School Education, Creating Learning Environments [M]. New York: New York University Press, 1995, 60.

续表

教育中的高级学习	教育学,教育伦理与哲学,成长与发展环境,学校社区与社会,作为研究者的教师,教师和学生的思维发展,一门高级选修学科,高级研究方法,论文研讨。教育实践(16 学分)	80
选修学科学习	作为研究者的教师,教育中的高级选修课程,研究方法与交流,两个研讨会,硕士论文,毕业考试	35

在初中和高中任教的教师,需要接受其所教学科领域的大学或多科技术学院教育,比如数学、物理、化学、语言、文学、体育等。在他们接受大学教育期间或之后,他们必须完成一个相当于 60 学分的教学教育项目,通常要求一年的学习时间。这种学习对于学生而言相当于一个辅修学习。这一年的学习内容如表 8-4 和表 8-5 所示,总体而言,这个项目被分为两个部分,一个是教育中的基础学习,另一个是教育中的中等学习。

表 8-4 学科教师的基础教学专业要求〔1〕

主题	次主题	内容	学分
教学向导和教师工作环境向导	教育人员工作向导	教育学导论	5
		教育心理学基础	5
		教育社会学基础	5
	教师工作向导	成长和发展导论	
		具有研究技巧的教师的实践教学指导	5

表 8-5 学科教师的中等教学专业要求〔2〕

学科	内容	学分
学习与学习管理	在小组中发展个体	6
	学习导论和学习型组织	7

〔1〕 Eduardo Andere M. Teachers' Perspectives on Finnish School Education, Creating Learning Environments [M]. New York: New York University Press, 1995, 60.

〔2〕 Eduardo Andere M. Teachers' Perspectives on Finnish School Education, Creating Learning Environments [M]. New York: New York University Press, 1995, 61.

续表

学习与学习管理	教师道德与教育哲学	4
	沟通与研究方法论	3
	教学基础实践:计划作为教与学的基础	5
	教学高级实践:一种探究、实验性教师;让自己像学生一样思考	7
	教学适应性实践	3
	教学专门性实践	3

简而言之,教师教育专业是具有强学术性要求的,但是又非常灵活且具有很强的制度支持。这就允许学生在学习和资格证书之间可以自主地选择。最终的结果也是令人惊奇的,一方面,教师以一种复杂的、深刻的方式做好学术准备;另一方面,他们以一种强烈的内部和外部动机专业于其职业。

第五节 教学实践场所——教师培训学院

教师培训学院设置在教育学院内部,学生在教师培训学院进行教学实践,这种教学实践是教师教育专业课程的一部分。

1. 班级教师的实践

在芬兰,进入教学实践环节的教师教育专业的大学生被称为学生教师(student teacher)。在教学实习中,学生教师完全自己主导小组活动,指导教师作为目标小组的主要教师,他们几乎很少干涉学生的小组活动。课堂活动以一种诚恳的方式开展,学生教师没有从主要教师那寻求帮助,他们表现的像一个替补教师。当课堂活动结束并且学生们(pupils)离开教室之后,在学生教师和指导教师之间有一场大约15分钟的对话,指导教师通过观察课堂并给学生教师提供建议。

2. 学科教师的实践

以初中七年级物理教师为例，学生教师带着一些教具来到教室，准备做一个关于光线和反射与折射角度的实验。学生教师主导着课堂，指导教师坐在教室后排，仅仅在要求学生遵守纪律时才偶尔打断课堂教学。在课堂结束后，学生教师与指导教师之间有一个简短的对话。指导教师根据记录的清单，经历了一系列课堂观察。在这种情况下，指导教师不是主要教师，一位大学教授主要负责监督指导学生教师们在初中的实践经验。一般而言，初中的学生教师们比小学的学生教师们要年龄大一些。

在小学教师专业中，要成为一名教师需要经过四个阶段的训练，首先是以监督和指导教授的严格指导开始，直到第四阶段成为一名独立的教师。

第六节　教师职业的受欢迎程度

在芬兰的话语体系中，教师职业是非常受欢迎的。在一些大学，教师专业的录取率为十分之一甚至更低。在这样严格的选择下，人们很难拒绝这样一种观点，即芬兰教育的成功应归功于教师。但事实说明了什么呢？当学生对教师专业具有巨大的需求，而大学仅能提供很少的录取名额时，这就保证了最有能力的一部分学生，或者说“对的人”申请并被录取到教师专业。

当谈到教师专业的受欢迎程度时，芬兰教育官员经常引用的结论是《赫尔辛基日报》发表的一篇著名调查报告，调查结果显示，教育专业是大学内最有影响力的专业，它具有最大的可能性挑选学生。在芬兰，教育一直被社会所尊重，这是芬兰的传统，因为芬兰过去一直是个贫穷的国家。芬兰社会上下有一种共识，那就是“接受更多的教育，人生会有更多的选择”。

芬兰的教师具有很大的创新自由度，教师可以决定教什么和怎样教，而没有外部的检查人员的限制,教师们感到快乐和满足。概括地讲,芬兰教师是学术导向的、不受限制的、受人尊敬的。国家通过法律和教育政策保证了教师的教学自治。上述这些观点和说法,在芬兰已经被当作常识而被普遍接受,它也经常作为芬兰教育成功的要素而被引用,事实也确实大致如此。不过,这种观点产生的起源是什么呢?这里有必要使用一些统计数据来回答这个问题。

爱德华多·安迪尔对赫尔辛基和于韦斯屈莱两座城市的4所中学调查显示,仅有5%～10%的高中生回答他们可能从事教师职业,或者说教师职业是他们考虑的选项之一。最好的情况,大约10%而不超过15%的高中生选择从事教师职业。[1] 这个比例是高还是低呢?如果我们将这个结果与其他专业进行比较,比如商业、自然科学、艺术、人文、法律、医学等,发现这个比例是低的。不过这种比较是不公平的,因为自然科学和人文学科包含很多专业,而教育仅仅包括与教育相关的少数专业,不同层级的数据进行比较违背了分析法则。

客观地讲,教育相关专业的学生人数所占比重有所下降(表8-6)。1988年,教育学专业在校生人数占在校生总人数的比重为9.35%,到2007年该比重下降为8.13%;1988年教育学专业新生人数占新生总人数的比重为12.41%,到2007年该比重下降为10.24%。这两个数据在一定程度上说明,大学的教育学专业已经失去了吸引新生的能力或意向。

表8-6 1988年和2007年芬兰全国大学在校生数和新生数[2]

	1988年				2007年			
学科	在校生数/人	比重	新生数/人	比重	在校生数/人	比重	新生数/人	比重
教育	9 713	9.35%	1 857	12.41%	14 332	8.13%	2 077	10.24%
其他	94 182	90.65%	13 108	87.59%	161 972	91.87%	18 205	89.76%
总计	103 895	100.00%	14 965	100.00%	176 304	100.00%	20 282	100.00%

[1] Niemi, H., Jakku-Sihvonen, R. Curriculum of Sceondary School Teachers Training[J/OL]. Revista de Educacion, 2009,350:173-202[2014-06-10]. Http://www.revistaeducacion.educacion.es/re350/re350_08.pdf.

[2] Central Statistical Office of Finland 1990: 417-420, Table 386. Statistics Finland 2007: 397, Table 389.

为了清晰和准确地理解整个变化过程，我们需要考察一下多科技术学院的统计数据。多科技术学院(Polytechnic School)建立于1996年，是芬兰另一种类型的高等教育机构。表8-7显示了芬兰1990年至2009年大学在校生人数和新生人数。2002年至2008年间，芬兰全国大学生的在校生人数没有大的变化，保持了适度的低速增长。这说明，多科技术学院并没有给大学的供给与需求带来影响，这种现象的部分原因是，大学教育服务的提供完全由芬兰教育部的招生计划决定。上表还显示，新生人数在2005年连续出现了三年下降，到2008年停止下跌而上升了0.41%；在校生总人数在2007年第一次出现负增长。多科技术学院自2000年有统计数据以来，学生数量保持了稳定增长。从2000年至2008年，在校生人数从114 020人增长到138 852人，增长了21.8%。[1]

表8-7 1990—2007年芬兰全国大学在校生数和新生数[2]

年份	在校生数/人	年增长率	新生数/人	年增长率
1990	112 921	—	15 977	—
1991	115 358	2.16%	16 653	4.23%
1992	121 736	5.53%	17 123	2.82%
1993	124 370	2.16%	17 383	1.52%
1994	127 846	2.79%	17 034	−2.01%
1995	133 359	4.31%	18 281	7.32%
1996	140 129	5.08%	18 980	3.82%
1997	142 962	2.02%	19 126	0.77%
1998	147 278	3.02%	19 903	4.06%
1999	152 466	3.52%	20 521	3.11%
2000	157 796	3.50%	21 077	2.71%
2001	162 939	3.26%	22 509	6.79%
2002	164 312	0.84%	22 574	0.29%
2003	169 846	3.37%	21 750	−3.65%

[1] Finnish Ministry of Education and Culture. Polytechnic education in Finland [EB/OL]. [2014-06-15]. http://www.minedu.fi/OPM/Koulutus/ammattikorkeakoulutus/? lan=en. &lang=en.

[2] Statistics, F. (2007). Statistical Yearbook of Finland 2007. Helsinki: Author. P394, Table 382; Statistics, F. (2008). Statistical Yearbook of Finland 2008. Helsinki: Author. P398, Table 390; Statistics, F. (2011). Statistical Yearbook of Finland 2011. Helsinki: Author. P391, Table 384.

续表

2004	173 974	2.43%	21 842	0.42%
2005	176 061	1.20%	21 716	−0.58%
2006	176 555	0.28%	20 936	−3.59%
2007	176 304	−0.1%	20 282	−3.12%
2008	164 068	−6.94%	20 365	0.41%
2009	168 475	2.68%	20 954	2.89%

再以赫尔辛基大学为例。赫尔辛基大学是芬兰规模最大的大学。数据显示，2009年，申请赫尔辛基大学的总人数为37 543人，其中5 579人申请了教育学专业，所占比重为14.86%，申请人文学科专业的为8 321人，占比22.16%，申请自然科学的为7 508人，占比20%，申请社会科学的为6 158人，占比16.10%。[1]

大学的教育学专业录取率有时达到十分之一，这经常被作为芬兰教师受欢迎的一个关键指标。如表8-8所示，教育学专业的总体录取率从2008年的12.68%下降到2010年的10.04%，如果继续用录取率来反映教师专业的受欢迎程度的话，这说明教师专业的受欢迎程度在增加。但是应该看到录取率变化的原因所在，因为近些年教育学专业的录取人数在下降，从2008年的726人降至2010年的661人，而申请人数却有所增长，从2008年的5 513人上升至2010年的6 586人。申请人数增长的原因可能是因为实行了新的招生政策，招生时对学生的条件要求有所放宽，吸引了更多的年青人申请教育学专业。

表8-8 第一志愿报考班级教师的各大学录取情况[2]

	年份	赫尔辛基大学	图尔库大学	于韦斯屈莱大学	奥卢大学	坦佩雷大学	约恩苏大学	拉普兰大学	合计
申请人数	2007	1 373	1 070	1 006	934	808	559	317	6 067
	2008	1 254	898	964	909	679	513	296	5 513
	2009	1 432	1 087	1 020	847	789	508	316	5 999
	2010	1 578	1 201	1 103	972	774	613	345	6 589

〔1〕 KOTA. Aiheiden Valinta [EB/OL]. [2014-06-15]. http://kotaplus. csc. fi/online/Haku. do.

〔2〕 Niemi, H., Jakku-Sihvonen, R. Teacher education in Finland. Unpublished manuscript, 2010: 9, Table 3.

续表

录取人数	2007	100	153	96	96	6	149	68	726
	2008	120	145	93	82	64	128	67	699
	2009	120	132	86	91	53	122	66	670
	2010	120	133	80	80	64	120	64	661
录取率	2007	7.28	14.30	9.54	10.28	7.92	26.65	21.45	11.97
	2008	9.57	16.15	9.65	9.02	9.43	24.95	22.64	12.68
	2009	8.38	12.14	8.43	10.74	6.72	24.02	20.89	11.17
	2010	7.60	11.07	7.25	8.23	8.27	19.58	18.55	10.04

教育学专业录取人数小幅下降的原因,与芬兰的招生制度相关。芬兰的大学招生人数实行严格的计划体制,这一点和中国的高招制度有些类似,芬兰的这一招生制度始于20世纪60年代末,目的是为了加强劳动力部门与教育部门之间的联系。每年,芬兰教育和文化部制订教育学专业招生人数计划,并将招生计划下发给各大学。

教育学专业与其他专业相比时发现,其他专业具有相同或更高的淘汰率。比如经济学、商业、艺术和法律等专业,它们有更多的学生申请,也录取了更多的学生。

上面所提供的数据与分析,并不是说进入教师教育专业的学生不是最优秀的一部分。事实上,大多数教师教育专业学生确实很优秀。特别是芬兰的基础教育体系是如此的公平和高质量,从而确保了芬兰大学的高学术水准。

第七节 芬兰教师的工作时长

在芬兰流传着这样一个笑话,“芬兰人有两个半理由解释为什么教师如此受欢迎,因为有6月、7月和半个8月”。教师可以享受一个长长的暑假。具体而言,芬兰教师的假期和休息时间包括:1月份有1周的圣诞节或新年假,2月份有1周的寒假,4月份有1天的复活节假,4月或5月有1天的国庆节假,6月、7月和半个8月的2个半个月假期,12月有1周的圣诞节假,加起来全年有3个多月的休息时间(表8-9)。除此之外,教师还有相对舒适的工作量。例如,一位生物教师每周工作17小时,芬兰语教师每周工作22小时。如果每周的工作量按5天平均分配的话,那么,教师每天直接的课堂工作量是4～5小时。尽管相比芬兰其他职业或者其他国家教师而言,芬兰教师的月薪或年薪要低,但就教师的工作量或者课堂每小时的收入而言,芬兰教师的收入可以被认为是高的。芬兰中小学教师全年休假情况见表8-9。

表8-9 芬兰中小学教师全年休假情况统计[1]

月份	节假名称	时长
1月	圣诞节或新年	1周
2月	寒假	1周
4月	复活节 国庆节	1天 1天
5月	国庆节(可能在4月)	1天
6月	暑假	1个月
7月	暑假	1个月
8月	暑假	半个月
12月	圣诞节和新年	1周
合计		3个多月

在学校层面,教师的常规工作时间和额外工作时间由校长和教师具体协商决定,校长需要考虑保持学校教师工作量的整体平衡。有些学校校长会对教师表达他们对工作量分配的想法,从而避免教师之间的误会;也有些学校的教师并不关心同事的工作量。教师的工资分配还取决于校长与教师之间的沟通和协商

[1] Eduardo Andere M. Teachers' Perspectives on Finnish School Education, Creating Learning Environments [M]. New York: New York University Press, 1995: 75-76.

情况。

教师的额外工作时间因人而异。有些教师在学校工作时间之外没有额外的工作室，或者一周会有一两个小时，也有教师会把他们下午的时间投入到工作中。教师合同规定的工作时间还包括每周 3 小时的管理或学习任务，教师需要参加专业学习社区(Professional Learning Community, PLC)。

第八节 芬兰教师专业发展

由于教师是一份令人羡慕的职业，大多数芬兰教师教育学院和学科专业学院的学生毕业时能迅速找到工作。在大学学习期间，学生形成从教师的视角理解的学校生活的印象。然而，毕业生并不必然掌握参与到教育人员社区的经验，担负起管理一个班级学生的责任，以及与家长打交道的方式。所有这些知识和技能在课程中被涉及，但很多毕业生们发现了书斋式理想与学校现实之间的差距与冲突。

尽管关于教师就职典礼的研究非常活跃，但芬兰对新教师从事教师职业的第一堂课的就职典礼重视不够。各学校的实施情况具有多样性，有些学校把新教师就职典礼作为学校的使命的组成部分，为新教师动用了高规格的迎接程序和支持系统；有些学校仅仅对新教师致以欢迎和把他们介绍给班级学生。在一些学校，新教师就职典礼是学校校长或副校长的明确责任，而在其他学校，新教师就职典礼可能会被作为一些有经验的班级教师的责任。

人们发现，教师的专业发展在职业培训没有与入职教师教育相匹配，也没有关注教学和学校发展的关键领域。主要的批评，集中在学术性的教师教育和教师继续专业发展之间缺乏协调。市政当局，作为中小学校的主要管理者，有责任根据教师的需求为教师提供专业发展的机会。根据教师的劳动合同，地方教育局有义务为每位教师每年提供法定的 3 天专业发展培训，法定时间之外的培训时间长度、内容、形式以及经费，由学校校长或教师个人根据需要决定。

在芬兰，各地和各学校之间资助教师专业发展的能力存在显著的差异。其主要原因是由于其教育财政制度。芬兰中央政府对地方和学校的财政预算影响能力十分有限。因此，有些学校能够明显地比其他学校得到更多经费，用于教师专业发展和学校改进。在经济下滑的特殊时期，教师专业发展预算经常是第一个被取消。

芬兰的教育治理在地区和学校间也存在较大差异。有些学校在学校运行和经费预算方面具有相对较高的自治权，而其他学校则没有。因此，芬兰教师专业发展也呈现了多种形式。理论上讲，学校是教师专业发展项目设计和实施的首要决策人。学校可能也有动机降低运行成本，比如图书费、取暖费和维修费，以便把省下来的经费用于支持教师专业发展。然而，一些地方教育局仍然组织各种面向所有教师的统一在职培训项目，并且给予学校很小的自由度。根据 2007 年于韦斯屈莱大学组织的一项全国性调查显示，教师每年平均花 7 个工作日或 50 小时用于专业发展，有一半左右的培训占用的是教师个人时间。[1]

2007 年，芬兰有大约三分之二的中小学教师参加了教师专业发展项目。[2] 这也说明，芬兰全国 65 000 名中有超过 20 000 名教师在当年没有参加过任何形式的教师专业发展项目。根据芬兰教育部的报告显示，参加教师专业发展项目的教师人数在下降。[3] 因此，政府正在考虑加强地方政府财政支持教师专业发展的立法，以便要求所有教师必须参加足量的专业发展。

每年，芬兰教师和校长通过各种形式的大学课程和在职培训的专业发展，获得的中央政府的经费预算大约为 3 000 万美元，相比于每年 500 万美元的学生评估和测试经费，这笔经费是相当可观的。这项人力发展投资的主要目的，是确

---

〔1〕 Piesanen, E., Kiviniemi, U., Valkonen, s. Follow-up and evaluation of the teacher education development program: Continuing teacher education in 2005 and its follow-up 1998—2005 by fields and teaching subjects in different types of educational institutions. [M]. Jyvaskyla: University of Jyvaskyla, 2007.

〔2〕 Kumpulainen, T. Teachers in Finland 2008[R]. Helsinki: Opetushallitus, 2008.

〔3〕 Ministry of Education. Ensuring professional competence and improving opportunities for continuing education in education [R]. Helsinki: Author, 2009.

保所有教师平等地获得继续教育的机会，特别是对处境不利学校的教师。专业发展服务的提供者需要通过竞争才能获得项目。中央政府基于当前的国家教育发展需求来决定培训的主要内容。地方教育局每年投入相似数量的经费用于学校和教师的专业发展。教育部与地方教育局正携手合作，计划到 2016 年使教师专业发展项目经费预算翻一番。

由于教师通常都拥有硕士学位，因而有权参加博士学习，这就增加了他们专业发展的机会。小学教师能够便利地在教育学院继续深造，他们的博士论文将会聚焦于教育科学中经过挑选的主题。小学教师会利用这样一个机会，同时在学校上课。对于其他学科的教师要进行教育博士学习，首先得完成教育科学的高级课程学习，因为主要学科需要进行初始学术专业转换，比如，由化学转为教育学，则需要完成教育学的研究。

第九节　芬兰教师教学反思的时间

自从 20 世纪 70 年代芬兰教师教育成为学术性大学学习的一部分之后，教师作为一门高度专业化的职业身份和感觉已经逐渐得到强化。芬兰教师的职业环境使得芬兰教师对工作的体会明显不同于其他国家的同行。教师有受人尊敬的职业环境工作，这不仅是教师教育政策的重要影响因素，也是解释为什么如此之多的芬兰年青人把教师当作一个最受尊敬的职业的原因所在。

课程计划是教师、学校和地方教育局的责任，而不是国家的责任。今天，大多数芬兰学校有自己的校本课程，这些课程符合当地教育局的要求并得到批准。这就合理地表明了教师和校长在课程开发和学校规划方面扮演关键角色。当每个学校开发自己的课程时，需要遵守国家课程框架所提供的指导和必要的限制。然而，芬兰没有严格的学生学习成果国家标准，各学校课程中不必要包含它，这和美国、英国、加拿大的情况一样。这也是为什么课程计划因学校而异，各个学校的实际课程不尽相同。教师在教学决策中的关键角色，明确要求教师教育要为师范生提供成熟的课程开发和学生评价的理论与技能。它还使得芬兰教师专业发展的重点从碎片化的在职培训转向更加系统化的学校改进，从而塑造更好的有效教学的伦理和理论基础。

教师的另一项重要责任是学生评价。芬兰的学校不使用标准化的测试来检验学生的进步或成功。这主要有以下四个原因：

第一，个性化学习和创造性教学是学校的重要组成部分，芬兰的教育政策给予它们高度的优先权。因而，学生在学校的进步应主要依据他们各自的品质和能力，而不是单一的标准和统计指标。

第二，教育促进者坚持认为课程、教学与学习是教育的优先组成，关键是必须推动教师思考和学校实践，而不是和其他国家的教育系统一样，只关注评价和测试。芬兰学生的学校评价是内嵌在教学和学习过程当中的，因而是用来改进教师的教和学生的学。

第三，决定学生的个性和认知过程是学校的责任，而不是外部评价。当教师对所有学生进行评价和评分时，大多数芬兰学校承认存在不足之处，比如可比性或一致性问题。同时，外部标准化测试存在的问题可能更多，它们包括窄化课程、为了考试而教学、学校和教师之间不正当的竞争。因此，课堂评价和学校评估被作为芬兰教师教育课程和专业发展的重要组成部分。

第四，芬兰学生评价的国家战略是基于多种证据原则，考试成绩仅仅是学术评价的一部分。各学科学生成就的数据通过抽样标准测试和主题评论来获得。地方教育局具有依据自身需求和愿望设计质量保障的自治权。

学生学习唯一的外部标准化评价，是学生高中毕业时参加的国家高中毕业会考。国家高中毕业会考是学生上大学的基本要求，考察学生在各学科的知识、技能和素养。该考试完全由学生自费，由外部考试委员会管理。大量芬兰教育专家认为，这项考试对高中课程与教学具有区分效应。

尽管芬兰教师的工作首要任务是课堂教学，但是教师的很多职责却是在课外。形式上，教师的工作时间包括课堂教学、课堂准备（特别是需要实验的学科，比如生物)、每周 2 小时的与同事一起研讨。与其他很多国家不同,芬兰教师在没有课时或者校长没有要求履行其他职责时,他们可以不用待在学校。从国际比较的视角来看,芬兰教师用于教学的时间要低于其他很多国家。

芬兰学校在工作日常安排上具有自主性,学校通常在 45 分钟课堂之后会有 15 分钟的休息。每所学校会给所有人提供三道菜的温暖午餐,午餐用餐时间从 20 分钟到 75 分钟不等,这取决于学校的日常安排。近年来,学校为了给教师提供更多的合作时间,采取了一些其他的安排,比如,几节课合起来上或者把几个班级合并起来上,这样就可以为教师在校时间内提供更多可自由决定的时间。

根据 OECD 统计结果显示,芬兰教师的平均教学时间明显低于美国同行(图 8-1)。那么,当其他国家教师正在给学生教学时,芬兰教师在做什么呢? 芬兰教师工作的一个重要部分就是自愿致力于学校改进和社区工作。芬兰教师有责任设计和开发学校课程,并且教师作为学生教育进步和学校表现的主要评价者,教师需要设计和实施适当的评价和测试来监测学生的进步,学生从教师那里得到自己的评分。芬兰教师已经把课程开发、教学方式实验、学生福利支持、与家长协作等活动作为他们课外的工作内容。

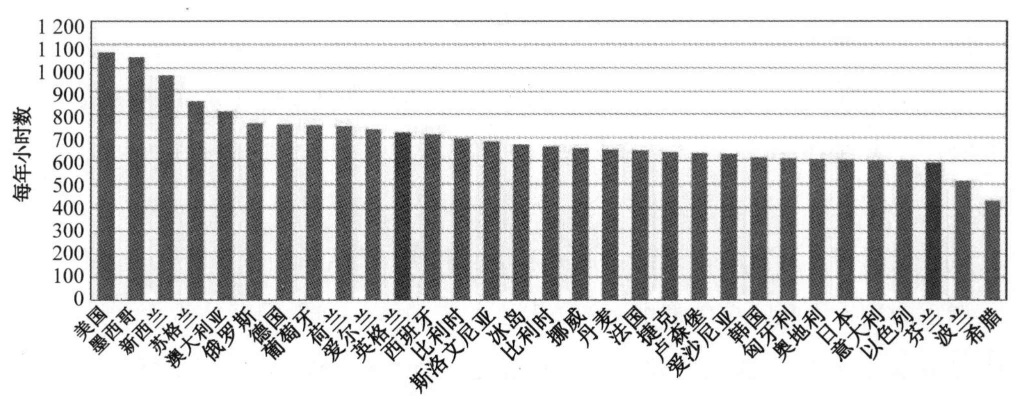

图 8-1 OECD 国家中学教师年授课(含交流)时间〔1〕

参观芬兰学校的外国访问人员经常询问这样一个问题,即如何基于教师的

〔1〕 芬中教育协会供图。

绩效来评价教师？或者说，管理人员如何知道哪些教师是有效的教师？哪些教师需要提升他们的教学能力？答案是非常明显的，在芬兰没有正式的教师评价措施。唯一的例外是，每年春天有家媒体会根据学生高中毕业会考的成绩对学校进行排名，但这些新闻几乎得不到家长和学校的些许关注。

在芬兰，关于教师绩效的问题是没有重要意义的问题。芬兰教师在校时间内共同合作，并且能够理解他们的同事是如何教学的。这种环境有利于教师反思自己的教学行为，建立起共同的责任感。评价教师教和学校运行情况的外部监督系统已于20世纪90年代初期废止了。如今，学校校长依据自己做教师的经验，能够帮助教师认识到自己工作的优点与需要改进的地方。芬兰学校的基本假设是，教师是经过良好专业训练且在学校尽全力工作的。在实际的专业学习社区中，教师们彼此信任，经常交流教与学。

在国际上，测量教师绩效已经成为改进教育方式的新趋势。最新的统计技术已经被运用到教师绩效评价。比如，增值模型（Value-Added Modeling，VAM）通过调整学生的前期成绩和人口统计变量来解决社会经济和其他差异的问题。尽管增值模型比仅依据学生成绩来判断教师绩效更加合理，但是经过对增值模型结果的深入分析，研究人员怀疑这种方法是否能够像其设计者所宣称的那样鉴别出好教师与差教师。[1] 几乎没有一种定量方法能够测量出好教师或差教师的单一的或首要因素，持有这样的保守观点是安全的。即使是商业领域的一些管理专家，也警告使用这种方法来做薪酬决策，比如以学生成绩作为教师绩效的主要依据来给教师发放工资，会带来很多问题。在医学界有这样的例子，当政府试图使用病人的存活率来给心脏外科医生排名时，结果发现，外科医生会远离最严重的病人。教师按绩取酬，这对芬兰人来说是一种不相容的观念。政府和大多数家长都认为教学、照顾和教育儿童是一个如此复杂的过程，以至于不能单独使用数量标准来度量。芬兰学校坚持的一条原则是，教学质量和学校质量是通过学校、学生和家长之间的互动来决定的。

---

〔1〕 Bake, E., Barton, P., Darling-Hammond, Haertel, Problems with the use of student test scores to evaluate teachers: Briefing paper 278. Washington, DC: Education Policy Institute.

芬兰教育成功的主要原因之一就是拥有高质量的师资。

在芬兰,非常优秀的高中毕业生才能争取到教师教育学习机会并在日后从事教师职业。之所以如此,有赖于几方面原因:一是芬兰教师拥有广泛的专业自主权,可以灵活自主地选择教学材料和教学方式方法并对学生开展评价,能够获得学校、家庭和社会给予的充分尊重和信任;二是芬兰大学为师范生提供获得硕士学位的机会,有助于他们更好地自我实现;三是芬兰教师工资按照教龄会较大幅度地增加,而且没有绩效考核的压力;等等。

芬兰教师教育专业具有很高的学术要求,学生需要学习非常广泛的学科知识和教学理论知识。芬兰特别注重对师范生实践教学能力的培养,课程学习的重要一环即教学实践。芬兰大学的教育学院一般设有与之配套的教师培训学院,为师范生开展教学实践提供专门场所。

与很多国家相比,芬兰教师工作量适中、工作时间短,每年有 3 个多月的假期。尽管相比芬兰其他职业或者其他国家的教师而言,芬兰教师的月薪或年薪不高,但就教师的工作量或者课堂每小时的收入而言,芬兰教师的收入可以被认为是高的。

目前,芬兰教师的专业发展存在一些不足,如职前学术性的教师教育和职后教师专业发展之间缺乏协调,一些市政当局没有根据教师的需求为教师提供足够的专业发展机会,不同地区和不同学校之间资助教师专业发展的能力存在明显差异等。芬兰国家政府正在考虑加强地方财政支持教师专业发展的立法,以确保所有教师必须获得足够的专业发展机会。

尽管芬兰教师的工作首要任务是课堂教学,但是教师的很多职责却是在课外。与其他很多国家不同,芬兰教师在没有课时或者校长没有要求履行其他职责时,可以不用待在学校。芬兰教师已经把课程开发、教学方式实验、学生福利支持、与家长协作等活动作为他们课外的工作内容。芬兰没有教师绩效考核,因为芬兰学校的基本假设是教师都经过良好专业训练并会在学校尽最大努力工作。

第九章

芬兰政府如何应对21世纪基础教育的挑战

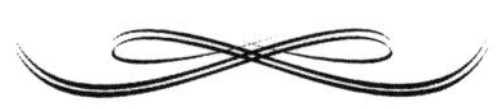

任何教育变革或行动都需要以共同的核心价值理念和美好愿景为基础。芬兰过去几十年艰辛曲折的教育改革之路与取得的教育成功,在很大程度上依赖于芬兰国家和社会所秉持的“教育梦”。

芬兰的“教育梦”往往能在关键时刻将社会不同阶层、不同行业的人民大众凝聚起来,使他们产生教育改革或行动热情,积极拥护并参与教育改革,最终取得教育成功。20 世纪六七十年代,芬兰人从二战的阴霾中成功走出来,并很快树立起伟大的“教育梦”:为每个公民提供公平高质的受教育机会,不论其经济、政治、社会背景如何。PISA2000 结果表明,芬兰这个伟大的“教育梦”得到了圆满实现。20 世纪 90 年代初,芬兰陷入严重经济危机,芬兰当时的“教育梦”是唯有提升教育水平才能保障芬兰走出经济危机、完成经济转型,迎接知识和信息社会的挑战。事实表明,芬兰在经济困境之中坚持优先发展教育的选择是正确的。后来,芬兰社会经济和科技发展水平在较短时间内便占据世界鳌头。这与其 20 世纪 90 年代所坚持的“教育梦”有着密切关联。

当前,世界变化发展越来越快,给学校教育带来越来越多的挑战。社会和工作迅速变迁,要求学生学习和掌握越来越多的新知识、新技能,尤其是创新思维与能力。芬兰要在未来几十年取得更大的教育成功,亟须树立新时代的“教育梦”,重新审视并进一步变革现有的教育目标、内容与形式。

第一节　芬兰当前社会和教育正面临的挑战

一、芬兰正面临失去最民主透明、最具经济竞争力、最公平的国家桂冠的危险

从公民经济收入的公平性来看,芬兰虽然和其他北欧国家仍位于全球前列,但不容忽视的是芬兰公民经济收入差距在过去 20 年间一直处于不断增加之中。经济收入差距拉大可能会导致社会问题的增加,如犯罪率上升、社会信用度受

损、儿童健康状况下降、贫困现象增多、受教育机会减少等。

二、芬兰教育的不公平性有所增加

PISA2009、PISA2012 测试结果已对此有所证实。与其他国家相比，芬兰不同地区、不同学校、不同学生性别之间的成绩差距仍然较小。但从历史角度来看，这些成绩差距在逐步增加，对芬兰一贯倡导的教育公平理念构成一定威胁。芬兰地方和学校有很大的办学自主权，这在促进学校多样化、个性化发展的同时，也给教育均衡发展带来不利因素。

不同地区经济发展状况与对待教育的热情有所差异，这导致有的地方和学校每学年所开设的课时远远多于其他地方和学校，选修课的种类也远远多于其他地方和学校，增加了不同地方和学校学生学习机会的不公平性。

近年，芬兰国家教育行政部门加大了对学校的管控力度。这种变革方向表明，政府对学校判断学生及家长需求能力的信任感减少了。例如，2004 年国家义务教育课程标准在一定程度上减少了学校在课程开发和规划方面的自主权。

三、芬兰政府开始强调教育投入产出比可能不利于学校发展

芬兰政府所颁布的《2006—2010 年教育部门产出能力计划》以及《2011—2015 年芬兰国家政府发展规划》都号召地方行政部门和学校以更少投入取得更多产出。这使得学校合并现象增加、学校规模增大。某些情况下，学校投入产出比的增加是以牺牲对学习困难学生的支持与咨询指导为代价的。这可能对学校社会资本的积累与发展造成威胁。就如何更好地应对与满足当前社会经济发展对创造力的需求这一问题，芬兰学校教育系统亟须开展更多探索。

四、学校教育亟须满足更加个性化、多样化的学习需要

不同学生因遗传因素、家庭环境、社区环境不同，学习能力和学习需要可能存在很大差异。近些年，芬兰特殊教育学生数量增加明显，2009 年特殊教育学生约 47 000 名，占基础教育阶段学生总数的 8.5%。原因有发育迟滞、智力障碍等。如何满足这些学生的学习需要，给基础教育带来一定挑战。

当前学生在学校所学知识与其日常生活有所脱节。学校过于强调学生对碎片化的知识与信息的学习。过多的课程内容与有限的学习时间,使学生不能充分吸收和消化所学知识,学习质量日益难以保证。学生越来越需要通过创新性的、灵活性的学习方式,快速吸收和消化所学知识。2010 年的一项研究表明,芬兰初中八年级和九年级的学生有 5%不喜欢去学校。

尤其在未来,学生将越来越多地通过媒体、网络等学校之外的渠道来获取传统上在学校内部才能学习的知识。这将使越来越多的学生对学校所教知识失去兴趣,因为他们或许已经通过其他渠道获得相关知识。在电子和信息通讯技术高速发展的时代,学生在学校教学之外所掌握的知识和信息差异将越来越大。学校教师可能对他们感兴趣的新知识和新信息并不了解。因此,及时了解学生的个性化学习需要,并为他们量身打造个性化的教学内容,将越来越重要。

五、学校教育亟须进一步丰富教学和学习环境与形式

伴随信息技术高速发展,学生在任何时间、任何地点都可以借助电子设备进行学习。传统的学校教学时间的长短,对学生知识和信息获取结果的影响将越来越小。要为学生创设更加适切的学习情境,帮他们制定更加科学合理的知识和信息获取方案。学校和教师减少传统课堂教学的时间,反而会利于学生通过其他更加丰富多彩的学习形式,掌握更多的知识和信息。这需要政府增加对学校的信任,学校和教师给予学生充分而必要的指导与帮助。传统的语言、数学、科学等学科的课堂教学,应更多让位于项目学习和综合实践活动学习。针对低年级学生,有组织的课堂教学安排可以多一些,但伴随学生自我学习能力的逐步增强,课堂教学所占比重应逐步减少,让他们有更多时间参与工作坊和项目形式的学习。

六、学校教育亟须进一步加强信息技术在教学和学习中的应用

新技术所带来的学习环境、学习工具和学习材料的变化对学校教育教学的影响日益明显。芬兰有些地方和学校加大了对教育技术的投入。如电子互动白板、电子学习材料、各种各样的移动终端日益成为学校常规教育教学的重要组成

部分。然而，与欧洲其他国家尤其是北欧国家相比，芬兰中小学对信息技术的使用程度不算高。不同地区之间、同一地区不同学校之间也存在一定差距。虽然80％的学校平均每10个学生拥有一台电脑，但其余20％的学校平均每40个学生才拥有一台电脑。

未来人们将把越来越多的时间与精力投在信息媒介和通讯技术上。学生在真实世界中的人际交往将越来越少，在电子社交网络等虚拟世界中的人际交往越来越多，从而将越来越多的通过虚拟世界来认识和了解他人及社会。这使得学校和教师对学生开展的基本知识与能力教学日显不足。学校和教师应更多地教给学生如何在现实世界与虚拟世界中与人交往、与人合作，学会应对日益复杂的现实世界与虚拟世界对人的交往与合作能力带来的挑战。

总之，芬兰中小学亟须引入和使用更多的信息技术手段来改进教育教学，培养和提升学生的信息素养。

七、学校教育目标应进一步由知识传授转向创造力培养

许多研究表明，随着年龄增长，学生对学校教育教学内容的兴趣越来越少。其中一点很重要的原因在于，学校教育教学越来越难以满足学生对新知识的需求。因此，能否使学生保持对学校教育教学的兴趣，应当成为今后判断学校教育成功与否的重要标准。当前学校和教师给予学生的仍然主要是既定的知识与信息，而非处理复杂信息的智慧、提出新观点新想法的原创力。如果创造力被界定为一种能够提出有价值的原创性观点的智慧与能力，那么它至少应与既定的知识同等重要或比后者更为重要。芬兰学校教育有鼓励冒险、探索和创造的优秀传统。学校教育在今后发展中应进一步加强和发扬这种传统，使教育目标进一步由知识传授向创造力培养转变。

八、校长和教师的领导、管理及教学能力需要进一步提升

学校教育教学对校长和教师提出日益多元并可能伴有冲突的需求与期望。在芬兰，校长既要有好的领导与管理能力，也应有教学变革的把控能力。校长日益感到学校领导与管理工作面临越来越多的新挑战。教师应成为学习的促进者

与新学习环境的创建者。以学生学习为中心的教学,需要教师了解并学会使用更加多样化的教学方法。社会结构变化、文化多元化、职业要求变化等,都会对教师教学带来一定影响。教师普遍感到教学工作变得越来越难,在时间紧、任务重的双重压力下,教师很难深入钻研教学内容,并对学生提供有针对性的帮助。信息技术快速发展,使课程形式和学生学习方式都发生很大变化,迫使教师教学方式随之发生改变。不同学科内容日渐融合,迫使不同学科的教师要学会互相合作,共同开展备课和教研工作。

第二节　芬兰政府应对挑战的举措

面对以上新挑战,芬兰政府正努力采取一些新措施。

一、颁布系列政策文件引领基础教育改革发展方向

当前,芬兰国家政府、教育与文化部、国家教育委员会等诸部门相继颁布的系列政策文件,都对基础教育改革方向做了相应规定,使基础教育改革发展方向更加明确。这些政策文件主要包括:芬兰国家政府 2011 年 6 月颁布的《芬兰国家政府发展规划》(*Programme of Government*),教育与文化部 2010 年颁布的《教育与文化部 2020 战略》(*Ministry of Education and Culture* 2020),教育与文化部 2012 年初颁布的《教育与研究发展规划 2011—2016》(*Education and Research* 2011—2016),国家教育委员会 2012 年颁布的《学校教育机会——发掘每个学习者的全部潜力》(*The School of Opportunities-Towards Every Learners' Full Potential*)等。

二、厘定以未来公民能力培养为主的教育目标

芬兰基础教育未来发展的核心目标在于培养未来公民所需要具备的能力。

芬兰国家教育委员会认为，学生需要在知识、技能、价值观共同发展的基础上形成综合能力，以更好地应对不断变革的社会所带来的越来越多样化的挑战。对于未来公民应具备哪些综合能力，世界上不同国家的政府与学者都开展了积极探索与讨论，芬兰国家教育委员会认为，芬兰社会未来公民应具备五大方面的综合能力，如图 9-1 所示。

思考能力
- 问题解决，推理，辩论和结论提炼能力
- 批判、分析和系统思维
- 创新思维

自我掌控意识与责任意识
- 自我认知与反思
- 个人健康与安全意识
- 道德、责任与集体意识
- 良好行为与情绪

动手与表达能力
- 身体协调性
- 表达技巧与勇气
- 规划与产出能力
- 实验操作能力与想象能力

参与与动员能力
- 对社会和集体的认识能力
- 动员和管理能力
- 对不同观点差异的接受能力
- 媒体素养
- 未来规划能力

工作与交往能力
- 获取、管理与运用知识的能力
- 交流 合作与协商能力
- 开展独立、长期工作的能力
- 时间管理与灵活安排能力
- 创业和应对外界变化的能力
- 信息通讯技术应用能力

图 9-1 芬兰合格公民所应具备的能力

三、进一步推进课程整合性与多样性

芬兰国家教育委员会认为，基础教育应帮助学生认识与理解不同学科知识的关联性，让他们更好地认识世界。学科知识的选择与编排应努力靠近学生的日常生活体验。学科教学的目标与内容应进一步明确，不同学科内容之间的融合性应进一步加强。芬兰学科教学有着良好的教学理论基础和学科管理模式，所有学科教学既有自身具体的教学目标又尽量服务于统一的教育目标。芬兰基础教育在未来发展中将进一步加强跨学科教学，将相近的学科知识重新编排形成不同学科知识相互融合的课程模块(图 9-2)。

芬兰基础教育课程分为必修和选修，必修课旨在让所有学生学习和掌握基本知识与能力，选修课旨在为学生提供更加多样化、个性化的学习选择，更加强调以不同学生的学习兴趣与能力为中心。芬兰基础教育未来发展将进一步增加选修课比例，通过课时分配政府令及国家基础教育课程标准的修订保证其落到实处。

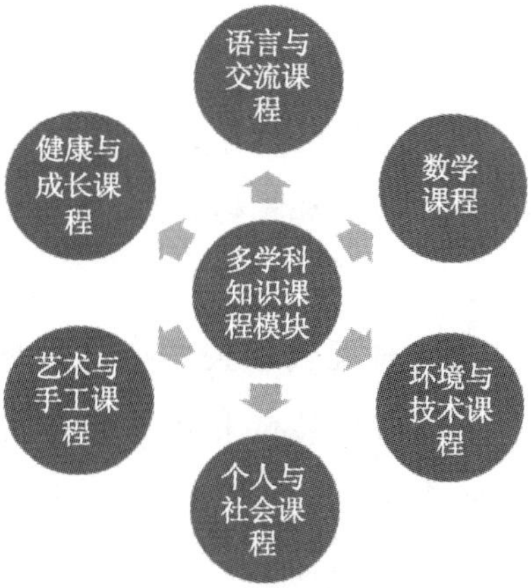

语言与交流课程
数学课程
环境与技术课程
个人与社会课程
艺术与手工课程
健康与成长课程
多学科知识课程模块

图 9-2 芬兰基础教育未来课程模块构成

四、进一步提升校长与教师多方面能力

芬兰教育行政部门和学校将进一步做好校长和教师在职培训，促使校长和教师领导、管理和教学等多方面能力不断提升，以应对各种挑战。只有校长和教师能力不断提升，才能确保基础教育增加学习的意义和动力。校长和教师应有能力帮助学生理解学习与未来生活和工作的联系，让他们了解学习的价值和必要性。校长和教师应有能力支持与帮助每个学生挖掘潜力获得充分发展。校长和教师应有能力为每个学生提供更加公平高质的学习机会，通过学习环境改善、教学方式调整、学习材料改进、评价方式工具进一步合理化等综合性措施使每个学生基于自身能力、优势与内在动机获得最好成长。

五、进一步推动信息技术在学校教育教学中的应用

芬兰有着很好的教师资源，这为新技术在学校教育教学中的实际应用提供了很好的前提条件。芬兰一些地区和学校已经在新技术应用方面取得了优秀做法和经验，将这些做法和经验传播扩散到全国不同地区和学校，已被芬兰政府列入议事日程。2012 年芬兰发起了新一轮国家基础教育课程标准修订工作，2016 年新的国家课程标准将颁布实施。新的国家课程标准特别强调信息技术在学校教育教学中的实际应用。

芬兰国家教育委员会强调，推动信息技术在学校教育教学中的应用，并非倡

导学校和教师对学生放任不管，任由他们个人借助电子和信息通讯设备来获取知识。校长和教师应当结合信息技术对教学和学习带来的变化，与学生及家长开展更为密切的合作，针对每个学生制定更加适切的、内容和形式更加丰富多彩的个性化教学和学习计划，并根据实际情况适时调整。

六、进一步强调学校整合式发展

芬兰基础教育未来发展将在继承传统优势的基础上更加强调学校教育目标、课程内容、组织管理的立体式整合。课程设置与管理运行以教育目标的实现为着眼点，更好地服务于教育目标的实现。如图 9-3 所示。

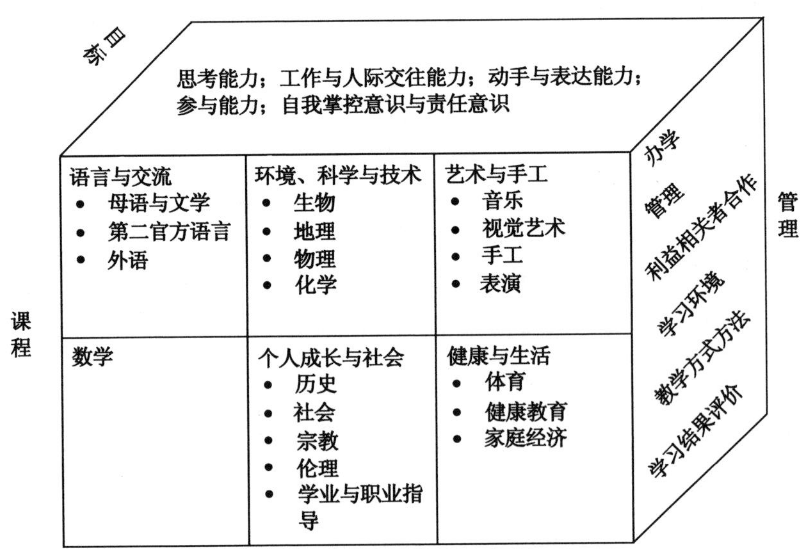

图 9-3　芬兰基础教育整合式发展图示

七、进一步加强多方利益相关者的凝聚力

芬兰基础教育未来发展将一如既往地强调以学生学习为中心，教育行政部门、教育举办者、学生家长及其他利益相关者与学校校长、教师及其他工作人员进一步加强互动与合作，形成更强的凝聚力，共同推进学校教育改革发展。如图 9-4 所示。

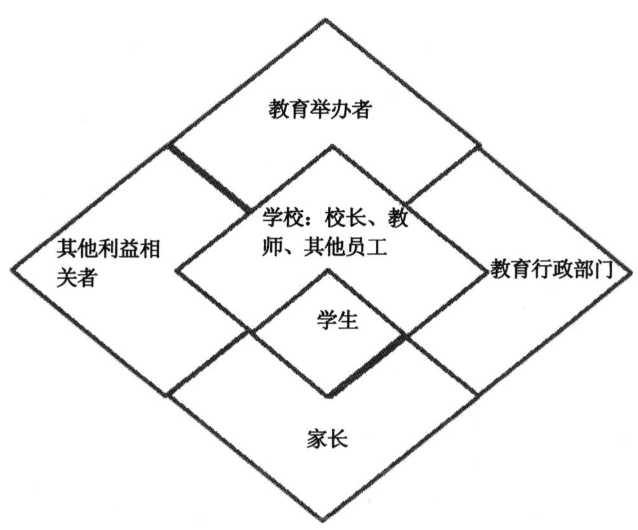

图 9-4 芬兰基础教育不同利益相关者关联图

过去几十年，芬兰基础教育已经积累起丰富的改革发展经验。面对当前诸多新挑战，芬兰已经拟定新的教育目标及系列改革措施。相信芬兰通过系统的、持续的、渐进式的教育改革发展，能继续实现新的“教育梦”！

附录

一、名校简介

1. 泰莫高斯格高中(Tammerkoski High School)

泰莫高斯格高中坐落于坦佩雷市中心附近,距离芬兰首都赫尔辛基约180千米。该高中采用不分年级教学制度,学生没有固定的班级,而是根据自身学习能力和兴趣自主创设学习方案,在教师指导下自主选课,自主安排和调控学习进度。学校学习环境和氛围积极、包容、向上。学校开设多种必修和选修课程,包括艺术、手工和语言课程等。学校近两年刚进行翻修,融入了更多现代化元素和风格,并且积极响应国家要求在教学中积极探索和使用信息技术。除了现代化气息浓厚的教室,学校还有设施设备优良、环境优雅的剧场、餐厅、礼堂、健身房及城市图书馆。学校主要提供普通文化知识教育,但同时开展视觉艺术和手工教育。以学习普通文化知识为主攻方向的学生,同样可以自主选修视觉艺术和手工教育课程。学校运转的核心任务之一是进一步加强国际化。学校为学生提供很多去国外修学旅行的机会,并且非常乐于与中国一些学校建立联系(附图1)。该校学生参加过很多国际比赛,2013—2014年度在国际性的写作、辩论和足球比赛中屡获佳绩。

2. 思奇德特高中(Schildt High School)

思奇德特高中坐落于芬兰于韦斯屈莱市,距赫尔辛基约270千米,学生规模约1 200人(附图2)。该高中于2015年刚刚成立,由先前的斯格涅斯高中(Cygnaeus High School)和沃恩玛高中(Voionmaa High School)合并而来。由于正在改革的过程中,目前该校分为两个校区,分别在维特涅米(Viitaniemi)和沃恩玛(Voionmaa)。

附图 1 中国青少年未来工程师赴芬兰瑞典国际交流代表团访问泰莫高斯格高中留影[1]

附图 2 思奇德特高中一瞥[2]

学校教学用语主要为芬兰语,采取的也是不分年级的教学制度,课程设置模块化,每堂课 38～45 分钟不等。每学年包括六个学习阶段,学生在每个学习阶段可以选择学习 6 个课程模块。根据国家课程标准要求,每个学生在毕业前至少要学完 75 个课程模块。根据国家规定,芬兰学校有权开设彰显本校特色的校本课程。思奇德特高中在开设国家规定的课程基础上,特别注重体育课程和音

---

〔1〕〔2〕 芬中教育协会供图。

乐课程。体育课程包括足球课、冰球课、篮球课、越野滑雪课、游泳课和田径课等。此外,该校学生如果对科学和数学课程特别感兴趣,也可以在修习国家规定的基本课程的基础上选修学校专门开设的科学和数学课程。该校正在参与一项有关如何在学生学习中更好地融入社会传媒素养的国家级课题。学生每学完一个课程模块,就要接受一定的学业评价。评价分数一般从 4—10 不等,4 代表不合格,10 代表特别优秀。

该校办学成绩优异,荣获多种奖项,如荣获 2008—2009 年度芬兰国家自然科学和数学中心优秀奖(National LUMA-center Excellence Award),两次获得亚欧基金会(Asia-Europe Foundation)颁发的亚欧课堂奖(Asia-Europe Classroom Award),在英国第四台(Channel 4)于 2011 年策划的学校音乐比赛节目中通过激烈竞争取得第三名,等等。

3. 许尔凡学校(Sylvää School)

许尔凡学校成立于 1973 年,该校教学楼是芬兰第一所用于学校教学的建筑。该校是一所吸纳 1—9 年级学生的综合学校。它坐落于桑斯达马拉市(Sastamala),距赫尔辛基约 200 千米。该校共有约 600 名学生,50 位教师,学生来自不同地区。学校 1—6 年级的课程设置基本遵照国家课程标准的一般要求,没有特别侧重哪一方面的课程。但 7—9 年级的课程相对灵活多样,为学生提供了很多选课机会,诸如语言、家政、艺术、体育、音乐、信息技术、历史、物理、化学等。该校教学特色在于特别注重“做中学”(Learning by Doing)。教师通过创设富有感染力和艺术性的教学氛围来激发学生学习的动机和兴趣。学校校长和教师对不同的学习策略和方法深入研究,并在此基础上积极引导和鼓励学生自主寻找最适合自身特点的学习方法和技巧。学校每个班级 23 个学生,每周 30 节课。该校学生曾参加 PISA 考试,取得的成绩在芬兰学校中可以称得上佼佼者,过去几年在芬兰国家开展的评价中也表现优异(附图 3)。

4. 伊劳雅韦学校(Ylöjärvi School)

伊劳雅韦学校是一所吸纳 1—9 年级学生的综合学校,有 700 多名学生,80 余位教职员工。该校之前只是一所吸纳 1—6 年级学生的小学。2008 年改革后,升格为目前的综合学校。2014 年秋季当地一所特殊学校并入该校,故而该

附图 3　芬中教育协会组织的中国学生社会实践营访问许尔凡学校留影〔1〕

校目前有专门针对特殊学生开设的班级。该校目前是伊劳雅韦地区基础教育领域规模最大的学校。它坐落于伊劳雅韦市，距离赫尔辛基约 200 千米，伊劳雅韦市毗邻坦佩雷市。

伊劳雅韦市共有约 32 000 名居民，其中义务教育适龄儿童正在逐步增长。该校共有约 40 个班级，平均班额 20 名学生，教学用语主要为芬兰语，学校开设英语和瑞典语必修课程，以及德育、法语和西班牙语选修课程。根据伊劳雅韦市有关学校课时分配的规定，该校 1—2 年级学生平均每周上课时间为 19 小时，3—4 年级学生平均每周上课时间为 23 小时，5—6 年级学生平均每周上课时间 24 小时，7—9 年级学生平均每周上课时间 30 小时。

根据国家课程标准总体要求，该校针对学习困难学生的支持工作分为一般性支持、强化性支持和特殊支持三个层次。〔2〕 该校共有 6 个特殊支持班级，有的学生所有学习都需要在这样的班级中进行，有的学生则只有部分学习需要在这样的班级中进行。在这样的班级中，学生根据自身学习需要会得到更多的个性化支持。在可能的情况下，学校也会安排特殊班级的学生和普通班级的学生共同开展学习。普通班级的学生也有机会得到一些一般性支持或强化性支持。

---

〔1〕 芬中教育协会供图。

〔2〕 有关这三个层次的具体内涵参见本书第二章第四节第八部分。

芬兰国家所倡导的旨在促进青少年情感和交流技能发展的集体游戏法(Team Play),在伊劳雅韦市基础教育领域得以落实。集体游戏法主要促进青少年倾听能力、注意力、同理心等情绪能力得到更好地发展。目前,伊劳雅韦学校正积极推进集体游戏法在本校的实验,以期为国家教育改革发展做出应有的贡献。

芬兰目前正在发起新一轮课程改革,新的国家课程标准将在 2016 年正式实施。伊劳雅韦学校的很多教师参与到国家课程标准的编制工作中。目前该校的发展主题包括:进一步加强知识和信息技术教育;进一步完善学生支持体系;进一步探索和使用更加丰富多样的教学方式方法以充分发掘学生潜力;等等。

根据新的国家课程标准理念要求,该校教师合作进一步增强,努力打破学科界限。在不同学科教师、不同班级的共同努力下,开展主题教育周活动,使教育教学活动更加综合化。该校 7—9 年级学生可以选修手工、家政、运动等多种特色课程。之前,3—6 年级学生选修课程的机会相对较少,根据国家即将实施的新的课程标准的理念,目前该校正在增设 3—6 年级的选修特色课程。

该校将学生安全工作放在第一位,对学生之间可能产生的冲突与矛盾努力在第一时间干预和化解。学校负责学生健康福利工作的团队积极预防学生出现任何社会问题(附图 4)。

附图 4　芬中教育协会组织的中国民办学校校长考察团访问伊劳雅韦学校留影〔1〕

〔1〕 芬中教育协会供图。

二、教育家简介

1. 迈迪・海尼凯恩(Matti Hännikäinen)

迈迪・海尼凯恩是芬兰泰莫高斯格高中(Tammerkoski High School)校长,同时也是数学和自然科学教师(附图5)。他曾在芬兰奥卢(Oulu)、赫尔辛基和坦佩雷(Tampere)等不同地区多所学校担任校长职务。2000年以来,他一直担任泰莫高斯格高中校长职务。他在芬兰国家校长协会中扮演着积极角色,同时也是坦佩雷地区校长协会的主席。他在地方性的教育工会中也发挥着积极作用。迈迪・海尼凯恩校长认为,学校是一个知识性组织,教师则是和校长共同分享和发挥领导力的专业人士。他作为坦佩雷地区校长协会主席,积极调动和组织协会成员的交流沟通,使校长更好地分享有价值的信息和经验,互通有无。当今社会,基础教育国际交流与合作对改进学校教育教学、促进学生多样化发展,扮演着日益重要的角色。迈迪・海尼凯恩校长认为,校长的主要职责之一就是促进学校与外部利益相关者建立合作和关系网络。该校每年都组织学生赴瑞典、德国、意大利和俄罗斯开展学习交流活动。迈迪・海尼凯恩校长希望本校和中国的某些学校建立姊妹学校关系,开展越来越广泛的联系与合作。

附图5　迈迪・海尼凯恩(泰莫高斯格高中校长)

2. 艾瑞・布卡(Ari Pokka)

艾瑞・布卡是芬兰思奇德特高中(Schildt High School)校长(附图6)。2011年以来,他一直是国际校长联合会(International Confederation of Principals)董事会成员,2015年又被推选为该组织董事会主席。2009年以来,艾瑞・布卡就一直担任芬兰国

附图6　艾瑞・布卡(思奇德特高中校长)

家校长协会主席。在此之前，他长期在芬兰国家校长协会中扮演着积极角色。2008 年，他曾是芬兰于韦斯屈莱(Jyväskylä)地区高中校长的佼佼者。1999 年以来，他就一直担任芬兰中部地区校长协会主席。他参加过很多国际研讨会和工作小组，并在世界范围内做过多次精彩报告和演讲。2014 年，他出版了芬兰语的有关芬兰学校领导力的专著(芬兰语书名：*Huippuluokka-miten suomalaista koulua johdetaan*)，2015 年该书的英文版也将问世。在艾瑞・布卡看来，学校领导力的主要目标是建立对有能力的教师的信任，确保学生不断获得新知并健康成长，确保学生咨询和指导工作的质量，促使学校所有成员共同参与营造良好的校园文化氛围，推动学校与国内及国外的利益相关者开展积极广泛地合作，等等。他的座右铭是："严肃认真而不僵化刻板。"(seriously but not serious)

3. 雅里・安德森(Jari Andersson)

雅里・安德森目前是许尔凡学校校长，自 2001 年任职以来，在学校教育教学发展方面做出很多贡献(附图 7)。2009 年以来，他成为芬兰桑斯达马拉市(Sastamala)市政委员会主席之一。他坚持用教育哲学的观点来理解和践行学校领导力。他认为学校环境的构建必须以集体观念为前提，充分调动和组织所有人员积极参与，学生、家长、教师和学校管理者在合作协商的基础上制定的学校规章制度，更易被大家共同遵守。雅里・安德森校长特别注重学校和家庭之间的互动。另外，他还是芬兰国家学生健康福利法律政策制订工作组成员。

附图 7　雅里・安德森(许尔凡学校校长)

4. 赛图・斯潘妮蒂・瓦卡玛(Satu Sepänniitty-Valkama)

赛图・斯潘妮蒂・瓦卡玛目前是伊劳雅韦学校的校长，她 1990 年教育学硕士毕业，获得全科教师(class teahcer)学位(附图 8)。她的教育生涯始于音乐教师。2006 年以来，她一直担任坦佩雷地区匹斯帕拉学校(Pispala School)校长。

附图 8 赛图・斯潘妮蒂・瓦卡玛
(伊劳雅韦学校校长)

2014 年夏季,她回到家乡伊劳雅韦市并成为伊劳雅韦学校校长。瓦卡玛女士参加过一系列专业培训来不断提高校长领导力并获得专门的领导力学位。

芬兰学校的优势之一在于拥有专业水平的教师并对这些教师予以充分信任。校长的职责一方面在于尊重和支持教师的专业独立性,另一方面在于持续推进教职员工共识不断往前发展。作为一名校长,瓦卡玛女士特别注重营造开放的、积极沟通的工作氛围。她不仅努力做好学校常规管理工作,而且积极发挥战略领导能力推动教职员工不断取得新的发展共识。她认为,学校发展虽然是一个渐进的持续的过程,但具有变革性的领导力也很重要。

目前,芬兰正在酝酿新一轮课程改革,瓦卡玛女士积极参与到地区层面和市级层面的课程编制工作中。她结合本校实际,为新课程标准制定工作积极建言献策。

早在匹斯帕拉学校担任校长时,瓦卡玛女士就致力于使汉语成为学校开设的第一外国语,该校是芬兰全国第二个采取此做法的学校。目前,匹斯帕拉学校已有两个学习组在学习汉语。她还是 POP 中国(POP China)项目的主要成员之一,该项目旨在促进芬兰全国基础教育领域有更多的学习者学习汉语,并帮助这些学习者找到更加合适的汉语学习资料。

目前,受制于芬兰国家课程标准规定,伊劳雅韦学校尚未开设汉语课程。但 2016 年新的国家课程标准实施后,该校可能会拥有更多开设汉语课程的机会。该校已经接受过芬中教育协会组织的中国学生及教师考察团,瓦卡玛校长相信将来会有更多的中国学校领导及管理人员对本校的管理文化感兴趣,尤其是本校针对特殊学生所提供的颇具特色的支持工作。

后记

芬兰基础教育取得的骄人成绩，使得每年都有成百上千来自不同国家的教师、校长、学者、官员、媒体记者等教育利益相关者来到芬兰本土探寻教育成功的秘密。虽然在PISA2009、PISA2012中，中国上海、新加坡等亚洲地区或国家取得了优异成绩，芬兰在PISA中的成绩排名有所下降，但仍然保持着较高的位置。芬兰基础教育追求的是公平基础上的质量，质量基础上的效率。从此意义上而言，芬兰基础教育世界第一仍然当之无愧，续写着教育领域的传奇。希望本书能为我国基础教育改革发展提供一些来自芬兰的启示，同时也为有志于学习芬兰基础教育的同仁提供一些有价值的信息。

本书是由不同人员共同努力取得的研究成果，凝结了集体智慧。中国教育科学研究院国际比较研究研究中心康建朝博士、芬中教育协会副主席兼秘书长李栋先生为本书总负责人，承担了框架设计、组织协调、资料搜集整理、具体撰写和统稿定稿工作。

本书所使用的大部分照片都由芬中教育协会专门提供，附录部分的所有内容都由芬中教育协会积极联络芬兰名校校长提供的一手资料编译而来，并获得有关当事人授权使用。在此特别感谢芬中教育协会对本书撰写工作的大力支持。

此外，本书第六章的资料整理和部分撰写工作得到北京师范大学教育学部硕士生刘民建的鼎力支持，第七章的资料整理和部分撰写工作得到北京师范大学教育学部硕士生周彬的鼎力支持，第八章的资料整理和部分撰写工作得到中国教育科学研究院国际比较教育研究中心黄海军博士的鼎力支持，在此一并致谢。

康建朝

2015年7月